S. Hartz, U. Höwer, B. Kienzle-Müller
Babys im Gleichgewicht

Sabine Hartz, Ulrike Höwer, Birgit Kienzle-Müller

Babys im Gleichgewicht

Geborgen und getragen im ersten Lebensjahr

ELSEVIER

ELSEVIER

Hackerbrücke 6, 80335 München, Deutschland
Wir freuen uns über Ihr Feedback und Ihre Anregungen an books.cs.muc@elsevier.com

ISBN 978-3-437-45227-7
eISBN 978-3-437-17053-9

Alle Rechte vorbehalten
1. Auflage 2018
© Elsevier GmbH, Deutschland

Die Erkenntnisse in der Physiotherapie und Medizin unterliegen laufendem Wandel durch Forschung und klinische Erfahrungen. Herausgeber und Autoren dieses Werkes haben große Sorgfalt darauf verwendet, dass die in diesem Werk gemachten therapeutischen Angaben (insbesondere hinsichtlich Indikation, Dosierung und unerwünschter Wirkungen) dem derzeitigen Wissensstand entsprechen. Das entbindet den Nutzer dieses Werkes aber nicht von der Verpflichtung, anhand weiterer schriftlicher Informationsquellen zu überprüfen, ob die dort gemachten Angaben von denen in diesem Werk abweichen, und seine Verordnung in eigener Verantwortung zu treffen.

18 19 20 21 22   5 4 3 2 1

Für Copyright in Bezug auf das verwendete Bildmaterial siehe Abbildungsnachweis
Das Werk einschließlich aller seiner Teile ist urheberrechtlich geschützt. Jede Verwertung außerhalb der engen Grenzen des Urheberrechtsgesetzes ist ohne Zustimmung des Verlages unzulässig und strafbar. Das gilt insbesondere für Vervielfältigungen, Übersetzungen, Mikroverfilmungen und die Einspeicherung und Verarbeitung in elektronischen Systemen.

Planung: Dorothea Kammel, Montabaur
Projektmanagement und Herstellung: Christine Kosel, München
Redaktion: Christel Hämmerle, München
Satz: abavo GmbH, Buchloe
Druck und Bindung: Drukarnia Dimograf Sp. z o. o., Bielsko-Biała/Polen
Umschlaggestaltung: SpieszDesign, Neu-Ulm
Titelfotos: Andrea Mössinger, Talheim

Aktuelle Informationen finden Sie im Internet unter **www.elsevier.de**

Vorwort

Viele Jahre durften wir Eltern und ihre Babys im ersten Jahr und darüber hinaus begleiten. Manche Leser kennen vielleicht das Buch *Babys in Bewegung* bzw. *Babys in Balance*. In dem nun vorliegenden Buch *Babys im Gleichgewicht* werden die Themen um viele Aspekte erweitert und vertieft. Obwohl jedes Baby einzigartig ist und jede Familie etwas ganz Besonders, scheinen sich viele Fragen und Erfahrungen häufig zu wiederholen. In diesem Buch möchten wir Ihnen als Eltern und ebenso den vielen Menschen, die mit Ihnen diese Zeit teilen oder Sie begleiten, unsere Erfahrungen und unser Wissen zur Verfügung stellen. Wir wissen, dass die erste Zeit mit einem Baby eine Zeit der Freude und der Müdigkeit ist, der Bestätigung, aber auch der vielen Fragen. In diesem Buch möchten wir Antworten geben, Ihren Blick schärfen und Sie ein Stück begleiten auf dem Weg zu Ihrer ganz persönlich gelebten Elternschaft. In diesem Buch finden Sie:

- Breitgefächerte Informationen zu den Meilensteinen und Besonderheiten der Entwicklung in den einzelnen Phasen der ersten 14 Monate
- Hintergrundwissen und praktische Anleitungen zum Tragen
- Altersbezogenes Handling, Unterstützungs- und Bewegungsangebote für den Alltag

Die einzelnen Kapitel, die nach Alter geordnet sind, laden zum Stöbern und vertieften Lesen ein, können aber auch schnelle Antworten geben. Sie finden in den altersentsprechenden Kapiteln immer die gleichen thematischen Strukturen vor – Informationen zur Entwicklung (*Entwicklungsschritte*), Informationen zum Tragen (*Das Baby als Tragling*) und Informationen zum Handling (*Den Alltag gestalten*). Die Altersangaben der Meilensteine beziehen sich auf das Entwicklungsalter und nicht auf das tatsächliche Alter des Kindes. Ist ein Kind 14 Tage zu früh geboren, so muss diese Zeit in seiner Entwicklungsbegutachtung berücksichtigt werden.

Da wir drei Autorinnen mit unterschiedlicher Schwerpunktsetzung sind, liegt es in der Natur der Sache, dass hin und wieder grundlegende Informationen unter einem anderen Blickwinkel dargestellt werden. Unsere Absicht war es, mit diesem Buch nicht nur Eltern, sondern auch denjenigen Menschen vertieftes Wissen zu vermitteln, die auf professioneller Basis mit Babys und Kindern im ersten Lebensjahr arbeiten. Der Kreis dieser Menschen ist in den letzten Jahren größer geworden. Dieses Buch soll die Wissensvermittlung der vielen Fortbildungsangebote unterstützen und ergänzen.

Unser besonderer Dank gilt den vielen Kindern und Eltern, die Sie auf den Fotos sehen. Denn es sind auch die Bilder, die viele Inhalte aussagekräftig und plastisch vermitteln. Ganz herzlich bedanken möchten wir uns auch bei den beiden Fotografinnen – Andrea Mössinger und Cornelia Krieger –, die diese Momente so eindrucksvoll eingefangen haben.

Viel Freude beim Lesen und Ausprobieren der Anregungen und Ideen.

Hamburg, Dresden, Bad Friedrichshall
Sabine Hartz, Ulrike Höwer, Birgit Kienzle-Müller

Abbildungsnachweis

Der Verweis auf die jeweilige Abbildungsquelle befindet sich bei einigen Abbildungen im Werk am Ende des Legendentextes in eckigen Klammern.
Alle nicht besonders gekennzeichneten Abbildungen © Andrea Mössinger, Talheim.

K115	A. Walle, Hamburg
K383	C. Krieger, Hamburg
K385	A. Serfling, Hamburg
L138	M. Kosthorst, Borken
L298-1	Anita Laage-Gaupp in: Gisela Stemme, Doris v. Eickstedt, Die frühkindliche Bewegungsentwicklung. Vielfalt und Besonderheiten, verlag selbstbestimmtes leben, Düsseldorf 2012
V744	DIDYMOS Erika Hoffmann GmbH, Ludwigsburg, www.didymos.de
W274	European Kinaesthetics Association (EKA), Linz

Über die Autorinnen

Sabine Hartz, ausgebildete Kinderkrankenschwester und fünfzehn Jahre Leiterin der Kinderkrankenpflegeschule am Altonaer Kinderkrankenhaus in Hamburg sowie Lehrerin für Pflegeberufe. Jetzt Lehrerin für Pflegeberufe in Teilzeit an der Albertinen Schule in Hamburg.

Seit 2009 selbstständig als Kinaesthetics-Trainerin mit dem Fokus auf gesunde und behinderte oder kranke Kinder. Ihre in zahlreichen Aus- und Fortbildungen erworbenen Kenntnisse in den Fachdisziplinen Kinaesthetics, Wassergewöhnung für Babys, Schwimmen lernen, Bindung, Kommunikationspsychologie, Tragen von Babys gibt sie in Kursen und Workshops für Profis und Eltern weiter. Nähere Informationen finden Sie unter www.keg-hamburg.de

Ulrike Höwer, Studium der Philosophie (M. A.), mit den Schwerpunkten medizinische Ethik und Familienethik, ausgebildete Krankenschwester, Stillberaterin, Master Coach (DGfC). Seit 1996 Gründerin und Inhaberin der „Die Trageschule®" in Dresden und weltweit Ausbilderin von TrageberaterInnen. Sie hat den Fachkongress „Dresdner TrageTage" ins Leben gerufen. Die Autorin ist Mutter von vier Kindern. Nähere Informationen über „Die Trageschule" finden Sie unter www.trageschule-dresden.de

Birgit Kienzle-Müller, Ausbildung zur Physiotherapeutin 1981 an der Physiotherapieschule Heidelberg. Seitdem zahlreiche Fortbildungen in der Säuglings- und Kinderbehandlung (Vojta, Bobath, Manuelle Therapie, Osteopathie, Skoliosetherapie und Hippotherapie). Seit 1990 in eigener Praxis in Bad Friedrichshall tätig. Die Autorin ist Mutter von zwei Kindern.

Ihr besonderes Interesse gilt der Förderung der natürlichen Entwicklung des Kindes. Nähere Informationen über Ihre Praxis finden Sie unter www.kienzle-mueller.de

Inhaltsverzeichnis

1	**Vom Zauber des Anfangs**	1
1.1	Vorgeburtliche Entwicklung	1
1.1.1	Bewegung als Quelle von Entwicklung	1
1.1.2	Bewegungs- und Sinnesentwicklung in der Schwangerschaft	2
1.2	Der Anfang	3
1.3	Berührung und Bewegung als zentrale Momente der kindlichen Entwicklung	3
1.3.1	Der Mensch als Tragling	4
1.3.2	Kinaesthetics: Konzepte zur Entwicklungs- und Bindungsunterstützung	7
1.4	Entwicklung im ersten Lebensjahr (Meilensteine)	9
1.4.1	Entwicklungsschübe	9
1.4.2	Motorische Entwicklung	11
1.4.3	Aufrichtevorgang	13
1.4.4	Die ersten drei Monate: Ankommen	13
1.4.5	Vom vierten bis zum sechsten Monat: (Be)greifen	14
1.4.6	Vom siebten bis zum neunten Monat: Fortbewegung	15
1.4.7	Vom neunten bis zum vierzehnten Monat: Hoch hinaus	16
2	**Der zehnte Tag**	19
2.1	Entwicklungsschritte	19
2.1.1	Beginnende Bewegungsentwicklung	19
2.1.2	Die Sinne	23
2.2	Das Baby betrachten	24
2.2.1	In Rückenlage	24
2.2.2	In Bauchlage	26
2.3	Kleine Hilfen mit großer Wirkung	30
2.3.1	Mein Kind ist schief! Asymmetrien vorbeugen	30
2.3.2	Bauchnabel	30
2.3.3	Bauchweh	31
2.3.4	Schluckauf	31
2.3.5	Wie das Tragen die Entwicklung fördert	32
2.3.6	Wirkungen des Tragens	32
2.4	Das Baby als Tragling	33
2.4.1	Grundbedürfnis nach Nähe und Körperkontakt	33
2.4.2	Tragen – aber wie? Bindetechniken	36
2.5	Den Alltag gestalten	45
2.5.1	Dem Baby zeigen, wie es sich in der Welt bewegen kann	45
2.5.2	Aufnehmen und Ablegen	45
2.5.3	Anziehen und Ausziehen	48
2.5.4	Baden: Wie es Freude macht	48
2.5.5	Wickeln: Der Verdauung auf die Sprünge helfen	51
2.5.6	Schlafen legen: Was ein Baby entspannen lässt	52
2.5.7	Mein Baby weint	54
3	**Acht Wochen**	57
3.1	Entwicklungsschritte	57
3.1.1	Beginnende Kopfkontrolle	57
3.1.2	Lebhafte Ganzkörperbewegungen	58
3.1.3	Die Ausreifung der Sinne durch Reflexe	58
3.2	Das Baby betrachten	60
3.2.1	In Rückenlage	60
3.2.2	In Bauchlage	60
3.3	Kleine Hilfen mit großer Wirkung	61
3.3.1	Dreimonatskolik	61
3.3.2	Reflux	62
3.3.3	Schreiphasen	62
3.3.4	Ganz früh zur Osteopathie?	63
3.3.5	Wie das Tragen die Entwicklung fördert	64
3.4	Das Baby als Tragling	64
3.4.1	Sensorische Integration – Kuscheln als Hausaufgabe	64
3.4.2	Gebunden und verbunden	66
3.4.3	Tragen konkret: einstellbare Tragehilfen	69

3.5	Den Alltag gestalten	72
3.5.1	Bauchlage anbieten	72
3.5.2	Auf dem Schoß	74
3.5.3	Spielen ist Arbeit für die Kleinen	74
3.5.4	Schlafen im Elternbett	75
4	**Vier Monate**	**77**
4.1	Entwicklungsschritte	77
4.1.1	Greifen und erste Drehung der Wirbelsäule	77
4.1.2	Feinmotorik – mit Hand und Auge	78
4.1.3	Rumpf und Wirbelsäule	80
4.1.4	Reflexe – Split-Brain-Phase	81
4.2	Das Baby betrachten	82
4.2.1	In Rückenlage	82
4.2.2	In Bauchlage	83
4.3	Kleine Hilfen mit großer Wirkung	83
4.3.1	Auto fahren erleichtern	83
4.3.2	Windel und Co.	84
4.3.3	Bewegungsimpulse nachempfinden	84
4.4	Das Baby als Tragling	85
4.4.1	Auf der Hüfte reiten – Hüftreifung und Entwicklung	85
4.5	Den Alltag gestalten	91
4.5.1	Mein Kind wird mobiler	91
4.5.2	An- und ausziehen auf dem Schoß	91
4.5.3	Mit dem Baby in Bewegung: Spielerisch den Alltag gestalten	93
5	**Sechs Monate**	**95**
5.1	Entwicklungsschritte	95
5.1.1	Drehen – die erste Fortbewegung	95
5.1.2	Handstütz: Stützen auf eine höhere Ebene	95
5.1.3	Mahlbewegung des Kiefers	97
5.1.4	Emotionale Intelligenz	98
5.1.5	Atmung	98
5.1.6	Schutzreflexe statt frühkindlicher „Primitivreflexe"	98
5.1.7	Symmetrisch Tonischer Nackenreflex (STNR) – der Beginn des Krabbelns	99
5.2	Das Baby betrachten	100
5.2.1	In Rückenlage	100
5.2.2	In Bauchlage	101
5.3	Kleine Hilfen mit großer Wirkung	101
5.3.1	„Mein Kind möchte sitzen!"	101
5.3.2	Tragen mit Blickrichtung nach vorne	102
5.4	Das Baby als Tragling	103
5.4.1	Ausbalanciert – Bedürfnisse des Babys und eigene Bedürfnisse	103
5.4.2	Tragen konkret: Das Baby im Tuch auf dem Rücken	105
5.5	Den Alltag gestalten	107
5.5.1	Drehen: Das Baby mag sich selbst entdecken	107
5.5.2	Wickeln auf dem Schoß: Gemeinsam in Bewegung	109
5.5.3	Quantität und Qualität in der Bewegung	110
6	**Acht Monate**	**111**
6.1	Entwicklungsschritte: Bewegungsentwicklung – Robben, Krabbeln, Sitzen	111
6.1.1	Vierfüßlerstand	112
6.1.2	Robben	112
6.1.3	Variationsreiches Sitzen	113
6.1.4	Krabbeln	114
6.2	Die optimale Bewegungsentwicklung	115
6.2.1	Wenn das Krabbeln ausgelassen wird	115
6.2.2	Warum man ein Kind nicht einfach so hinsetzen sollte?	115
6.3	Weitere Entwicklungsschritte	116
6.3.1	Sehen	116
6.3.2	Fremdeln	116
6.4	Das Baby betrachten	117
6.4.1	Auffälligkeiten in der Fortbewegung	117
6.4.2	Verknöcherung in der Wirbelsäule	117
6.4.3	Das tut jetzt besonders gut	118
6.5	Das Baby als Tragling	118
6.5.1	Tragen in aller Welt	118
6.5.2	Tragen konkret: Vielfalt entdecken – etwas Neues ausprobieren	120
6.6	Den Alltag gestalten	121
6.6.1	Sitzen: der Weg dahin	121
6.6.2	Essen macht Spaß – am Liebsten alleine	123
6.6.3	Ebenen des Lernens	124
6.6.4	Grundpositionen von Kinaesthetics: Hierarchie der Kompetenzen	124

6.6.5	Begegnungen mit anderen lernen	126	8.2	Entwicklungsschritte: Sprechenlernen und Feinmotorik	143

7 Zehn Monate ... 127

- 7.1 Entwicklungsschritte: Bewegungsentwicklung – vom Hochziehen zum Stehen ... 127
- 7.1.1 Von der Bauchlage zum Stand ... 127
- 7.1.2 „Küstenschifffahrt" und Fußentwicklung ... 128
- 7.1.3 Halte-, Stell- und Gleichgewichtsreaktionen ... 128
- 7.2 Das Baby betrachten ... 132
- 7.3 Entwicklungsfördernde Impulse ... 132
- 7.4 Das Baby als Tragling ... 133
- 7.4.1 Streifzug durch die Geschichte des Tragens in Europa ... 133
- 7.4.2 Tragen konkret: Mobil mit Kind ... 135
- 7.5 Den Alltag gestalten ... 135
- 7.5.1 Krabbeln und Umgebung: an Grenzen entlang bewegen ... 135
- 7.5.2 Mein Kind ist ein Po-Rutscher ... 137
- 7.5.3 Bewegung und Interaktion ... 138
- 7.5.4 Mit dem Baby sprechen und gebärden ... 138

8 Vierzehn Monate ... 141

- 8.1 Entwicklungsschritte: Bewegungsentwicklung – das Gehen ... 141
- 8.1.1 Die ersten Schritte ... 141
- 8.1.2 Haltung und Bewegung ... 141
- 8.1.3 Erste Schuhe ... 142
- 8.2 Entwicklungsschritte: Sprechenlernen und Feinmotorik ... 143
- 8.3 Das Kind betrachten ... 144
- 8.4 Das tut jetzt besonders gut ... 145
- 8.4.1 Zusammenfassung der Entwicklung ... 146
- 8.4.2 Entwicklungsförderung durch das Tragen ... 146
- 8.4.3 Zwölf Hilfen für gutes Tragen ... 147
- 8.5 Das Baby als Tragling ... 147
- 8.5.1 Zwischen Autonomie und Verbundenheit ... 147
- 8.5.2 Empathie ... 148
- 8.5.3 Tragen konkret: Lösungen für kleine Läufer, die auch mal müde werden! ... 148
- 8.6 Den Alltag gestalten ... 150
- 8.6.1 Zwischen Autonomie und Verbindung ... 150
- 8.6.2 Wickeln im Stehen: Bedürfnisse und Fähigkeiten anerkennen ... 151
- 8.6.3 Kommunikation durch Berührung und Bewegung ... 152

Anhang ... 153

Auf einen Blick:
Wirkungen des Tragens ... 153
Auf einen Blick:
Zwölf Hilfen für gutes Tragen ... 154

Literatur ... 155

Register ... 157

KAPITEL 1

Vom Zauber des Anfangs

1.1 Vorgeburtliche Entwicklung
Birgit Kienzle-Müller

Ab dem Zeitpunkt der Befruchtung reifen in den neun Monaten der Schwangerschaft das Gehirn, die Sinne, das Nervensystem, die Organe, der Bewegungsapparat mit Knochen, Muskeln und Bindegewebe heran. Durch Zellteilungen entwickelt sich aus der befruchteten Eizelle ein neuer Mensch mit einer unvorstellbaren Anzahl von Zellen. Wie beeindruckend ist es doch, dass sich aus einer einzigen Zelle eine Vielzahl unterschiedlicher Zellen ausdifferenziert, die sich sinnvoll anordnen, Strukturen bilden, miteinander interagieren und schließlich einen lebensfähigen Organismus bilden. Dieser überaus komplexe Prozess wird durch die Erbinformation der Gene gesteuert. Es ist ein staunenswerter Entwicklungsprozess, der eines Schutzes bedarf. Reifungs- und Entwicklungsprozesse sind an Zeitfenster gebunden, die nur während dieser Zeit geöffnet sind. Hat sich das Zeitfenster geschlossen, ist keine Reparatur durch die Natur möglich, es bleibt unvollständig.

Beachte
Gifte in Form von Nikotin, Alkohol und Medikamente sowie Umweltgiften oder viralen Infekte, können die Entwicklung des Embryos in einem Zeitfenster stören.

1.1.1 Bewegung als Quelle von Entwicklung
Birgit Kienzle-Müller

„Tragen ist Entwicklung von Bewegung". Schon im Mutterleib wird das Kind getragen. Durch das Getragen werden im Bauch der Mutter erfährt das Kind Bewegung. Diese „bewegende" Erfahrung hat Einfluss auf seine psychomotorische Entwicklung. Das Kind nimmt Bewegungsreize über das Fruchtwasser und später über die Gebärmutterwand wahr. Es ist immer dabei, wenn die Mutter Treppen steigt, tanzt, einen Spaziergang macht oder entspannt auf dem Sofa liegt. Es nimmt den Herzschlag der Mutter war, die Atembewegung, die Tätigkeit des Darms, das Rauschen des Blutes und den Pulsschlag. Jede Mutter bewegt sich individuell, die eine mehr, die andere weniger. Schon jetzt wirkt dies prägend auf das Kind aus. Es entwickelt in dieser Zeit einen Sinn für Bewegung. Dies lässt sich leicht daran erkennen, dass leichtes Schaukeln und Summen das Kind in den ersten Lebenswochen beruhigt und entspannt, hektische Bewegungen das Kind eher verunsichern und weinen lassen. Das Tragen im Tuch, wie auch in der Tragehilfe, knüpft an das Tragen im Mutterleib an, dadurch werden beruhigende Bewegungen vom Kind bewusst erlebt.

Beachte
Die Basis der Motorik ist also das Getragenwerden.

Der Embryo lernt durch zufällige Bewegungen beabsichtigte Bewegungsmuster. Durch Wiederholungen und Häufungen von noch unkoordinierten, zusammenhängenden Bewegungen entwickeln sich die genetisch vorgegebenen Bewegungsmuster. Diese bestehen in der Hauptsache aus dem **Drehen** und dem **Kriechen,** ähnlich dem Kriechen von Amphibien (z. B. wie beim Lurch). Drehen und Kriechen sind die Grundlagen für die gesamte weitere Bewegungsentwicklung bis zum späteren freien Laufen nach Vojta, dem Entdecker der Reflexlokomotion. Nur diese beiden Bewegungsmuster **liegen** der gesamten Bewegungsentwicklung zu Grunde und doch bewegt sich jeder auf seine ganz eigene Weise.

Über die Bewegung kommunizieren Mutter und Kind miteinander. Das Kind bewegt sich im Bauch und die Mutter spürt ihr Kind. Manche Kinder erscheinen lebhaft, andere eher ruhig. Auch die Mutter bewegt sich auf ihre eigene Art und Weise, hat

Vorlieben und Abneigungen. Diese Erfahrungen gibt sie ihrem Kind weiter.

> **GUT ZU WISSEN**
> Die Entwicklung der Motorik ist ein Reifungsprozess, der nach physiologischen Gesetzen abläuft und so gut wie gar nicht von außen beeinflusst werden kann. Ein Kind läuft, wenn es laufen kann, und keinen Tag früher.

1.1.2 Bewegungs- und Sinnesentwicklung in der Schwangerschaft
Birgit Kienzle Müller

Jedes Kind macht von Anfang an seine eigenen individuellen Erfahrungen mit Bewegung und Reizen. Einfühlsame Stimulationen wirken sich positiv auf die noch unreife Sinneswahrnehmung des Embryos aus. Die Mutter streichelt sanft ihren Bauch und das Kind reagiert auf das Streicheln – oft, indem es sich an die streichelnde Hand schmiegt. Ebenso positiv reagiert das Baby auf klassische Musik.

Erster Monat

In der zweiten Schwangerschaftswoche formt sich das **zentrale Nervensystem (ZNS)** aus dem sogenannten Neuralrohr (vgl. hierzu auch „Tastsinn und Haut" ➤ 2.4.1). Es entstehen ebenfalls die Anlagen für Knochen, Muskeln und Organe.

> **GUT ZU WISSEN**
> Wichtigste Grundbausteine des Nervensystems sind die Nervenzellen oder Neurone, die allerdings nicht die einzigen Bausteine sind, aus denen Gehirn und Rückenmark aufgebaut sind. Die Neurone sind eingebettet in ein spezielles Stützgewebe, das aus sogenannten Gliazellen gebildet wird. Diese sind für den Schutz und die Isolierung der Neuronen voneinander zuständig und sie versorgen offenbar die Nervenzellen mit Nährstoffen und entfernen Giftstoffe. Sie bilden ebenfalls die Myelinschicht, die die größeren Axone umgibt und deren Leitungsgeschwindigkeit beträchtlich steigert.

Auch der **Darm** beginnt sich schon zu bilden. Der Darm ist unsere innere Haut. Er reguliert sich selbst, ohne Beteiligung des Gehirns. Unser Wohlbefinden hängt mit vom Darm ab. Der Darm gehört mit zu unserem Immunsystem. In der Osteopathie wird der Darm als zweites Gehirn bezeichnet, unser „Bauchgefühl". Ohne Darm ist schlucken nicht möglich.

In der vierten Schwangerschaftswoche bilden sich **Herz und Nabelschnur** aus und in der fünften Schwangerschaftswoche beginnt der Gleichgewichtssinn heranzureifen.

Zweiter Monat

Der Embryo bewegt sich ab der achten Schwangerschaftswoche frei im Fruchtwasser. Die Wirbelsäule lässt jetzt schon erkennen, dass sie später für den aufrechten Gang bestimmt ist. Nun beginnen die **ersten Bewegungen** im schwerelosen Raum des Fruchtwassers, als eine Art Zuckungen des ganzen noch sehr kleinen Körpers. Die Gliedmaßen sind noch nicht vollständig ausgebildet. Sie ähneln zu diesem Zeitpunkt Knospen. Bei den Bewegungen handelt es sich meist nicht um Reaktionen auf äußere Reize, sondern um spontane Lebensäußerungen bzw. um zufällige Bewegungen. Diese lassen das Gehirn reifen und tragen dazu bei, dass die Nervenzellen mit ihren Verknüpfungen entstehen und erfüllen zahlreiche Funktionen, die für die weitere Entwicklung von größter Wichtigkeit sind. In diesem Zeitraum finden auch die ersten Atembewegungen statt.

Dritter, vierter und fünfter Monat

In der 13. Schwangerschaftswoche lässt sich deutlich das **menschliche Äußere** und das **Geschlecht** des Kindes erkennen. Es lutscht am Daumen und hält regelmäßige Aktivitätsphasen und Ruhepausen ein und kann den Kopf und Körper hin und her drehen. Es macht Saugbewegungen, schluckt Fruchtwasser und gähnt ausgiebig. Der Embryo wird nun Fötus genannt und wiegt stattliche 10 g und ist 5 cm groß. Alle Organe und Strukturen sind angelegt, sie müssen jetzt nur noch wachsen. Die vorgeburtlichen Bewegungsmuster bleiben über den Geburtstermin hinweg zunächst bestehen, bis sie dann vom dritten Lebensmonat zunehmend von absichtsvollen und gezielten Bewegungen abgelöst werden.

Ab der 19. Schwangerschaftswoche **spürt die Mutter ihr Kind deutlich.** Zuvor ist es ein zartes

Rumoren im Bauch, später sind es deutliche Tritte. Es läuft, es sitzt, es schlägt Purzelbäume, bis es mit der Zeit seine Kopfüberstartposition erreicht hat und mit dem Kopf im Becken der Mutter liegt. Je größer das Kind nun im Bauch der Mutter wird, umso weniger Platz hat es, um seine Aktivitäten auszuleben, umso mehr macht es nun wichtige sensomotorische Erfahrungen.

Sechster und siebter Monat

Ab der 24. Schwangerschaftswoche ist das **Ohr** vollständig entwickelt und das Kind hört die Stimme der Mutter durch die Bauchdecke. Außerdem reagiert der Embryo bereits auf Lichtreize, auf Berührung, auf Geräusche, zudem sind Riechen und Schmecken angelegt.

In der 28. Schwangerschaftswoche öffnen und schließen sich die **Augen** zum ersten Mal. Der Geschmack- und Geruchssinn sind angelegt. Der taktile Sinn, Tasten und Fühlen ist am besten bei der Geburt ausgebildet. Die noch zuvor unregelmäßigen Bewegungen folgen immer mehr einem Rhythmus – dies bedeutet, dass Aktivitätsphasen von Ruhephasen abgelöst werden. Zudem nehmen die Aktivitäten im Lauf der Entwicklung immer mehr zu.

Neunter Monat

Etwa drei Wochen vor der Geburt entwickeln sich die **Muskeln.** Durch die Spannkraft der Gebärmutter drückt das Kind, wie bei einem Boxsack, gegen deren Wände. Die Muskelkraft, die Ausdauer, die Koordination der Bewegungen werden gestärkt durch diese isometrische Aktivität, d. h. durch eine Muskelkontraktion, in welcher der Muskel seine Spannung ändert, aber nicht seine Länge.

> **GUT ZU WISSEN**
> Hoher Dauerstress und große Ängste während der Schwangerschaft tun Mutter und Kind nicht gut. Sie können zu Frühgeburten oder Komplikationen bei der Geburt führen. Kinder reagieren nach der Geburt dann häufig mit Belastungszeichen. Probleme mit der Selbstregulation treten in einem solchen Fall vermehrt auf. Dies kann sich in erhöhter Reizbarkeit, Empfindlichkeiten und exzessivem Schreien zeigen. Während der Schwangerschaft reagiert das Ungeborene auf Stresssituationen der Mutter häufig mit Schluckauf, stärkerem Schlucken von Fruchtwasser, Daumenlutschen, sowie stärkeren Bewegungen.
> Durch den Schluckauf wird allerdings auch das Schlucken eingeübt. Das Zusammenspiel von Zwerchfellbewegung und Schluckmechanismus muss sich erst noch koordinieren.

1.2 Der Anfang
Birgit Kienzle-Müller

Mit der Geburt eines Kindes verändert sich Einiges: Aus einem Paar wird eine junge Familie und der zuvor geregelte Alltag wird völlig auf den Kopf gestellt. Nichts ist mehr, wie es vorher war. Die Bedürfnisse des Kindes stehen nun im Vordergrund. Der Hunger muss gestillt werden, das Kind will gewickelt sein, es möchte schlafen und möchte in die Augen seiner Eltern sehen. Sein Bedürfnis nach Nähe und Geborgenheit ist groß und unersättlich. Es beginnt eine spannende Zeit des gegenseitigen Kennenlernens und Vertrauens.

Die ersten Wochen können für das Kind und seine Eltern sehr anstrengend sein. Das Kind muss vieles neu lernen: Nahrung zu sich nehmen, den Tag-Nachtrhythmus einüben, viele neue Eindrücke aufnehmen und auf sich wirken lassen – all das kann dazu führen, dass es abends vor Überforderung stundenlang weint und schreit. Und die Eltern brauchen Geduld und Kraft, um ihr Kind durch diese erste Zeit zu begleiten.

1.3 Berührung und Bewegung als zentrale Momente der kindlichen Entwicklung
Ulrike Höwer

Wer ist der Mensch, ist eine der zentralen Fragen der Philosophie. Nur wenn wir verstehen, wer der Mensch ist und welchem Menschenbild wir folgen, können wir auch verstehen, was dem Menschen entspricht. Zu verstehen, wer wir und unsere Kinder sind, was uns ausmacht und formt, ist daher zentral für die Frage, welcher Begleitung die Säuglingsentwicklung bedarf. Was der Entwicklung dient, braucht die Frage nach dem Menschen: „Wer ist der Mensch?". Als Menschen gehören wir z. B. in die Gruppe der Säugetiere. Damit ist die beste Ernährung unserer Kinder die Muttermilch und das Stillen. Säugetiere wiederum teilen sich in drei große Gruppen auf, in Nestflüchter, Nesthocker und Traglinge. Entsprechend dieser Untergruppen stehen unterschiedliche Bedürfnisse und Verhaltensweisen im Vordergrund.

1.3.1 Der Mensch als Tragling
Ulrike Höwer

Betrachten wir unterschiedliche Säugetiergruppen, so fallen große Unterschiede in den Fähigkeiten der Neugeborenen auf. Kleine Fohlen z. B. sind in der Lage, kurze Zeit nach der Geburt auf eigenen Füßen zu stehen und der Mutter zu folgen. Katzen oder Hundebabys hingegen liegen nackt und blind im Nest und sind sehr hilflos.

Kleine Affen wirken ebenfalls sehr hilflos nach der Geburt, haben jedoch geöffnete Augen und werden selbstverständlich die gesamte Zeit von der Mutter am Körper getragen.

Diese drei Beispiele stehen in der Verhaltensbiologie für drei unterschiedliche Jungentypen. Der Jungentypus Nesthocker und Nestflüchter ist vielen aus der Schule bekannt. Der Typus des „Traglings", der bereits 1972 von Bernhard Hassenstein definiert wurde, findet nur langsam Eingang in die Lehrbücher.

> **GUT ZU WISSEN**
> Die Verhaltensbiologie ist ein Teilbereich der Biologie, der sich mit dem Verhalten von Menschen und Tieren beschäftigt. Das beobachtete Verhalten wird beschrieben und verglichen. Es wird vor allem versucht zu verstehen, was Bedeutung und Ursprung des Verhaltens sind. Die Verhaltensbiologie kennt wiederum verschiedene Untergebiete. Eines davon ist die Humanethologie, die Verhaltensbiologie des Menschen. Eine besondere Bedeutung kommt der Verhaltensbiologie des Kindes zu, die von Bernd Hassenstein mit begründet wurde. Kinder bringen eine Fülle von naturgegebenen Verhaltensweisen mit auf die Welt, die stammesgeschichtlich der Erhaltung des Individuums bzw. der Art dienen. Diese Verhaltensweisen haben ebenfalls eine große Bedeutung für die Entwicklung der individuellen Persönlichkeit und ihrer Beziehungen. Die Verhaltensbiologie hat für die Kommunikations- und Bindungsforschung wesentliche Erkenntnisse gebracht.

Nestflüchter

Nestflüchter sehen wie eine Miniaturausgabe ihrer Eltern aus. Sie sind vollständig behaart, werden mit offenen Augen und Gehörgängen geboren und sind kurz nach der Geburt in der Lage, ihrer Mutter selbstständig zu folgen. Das oben erwähnte Fohlen gehört in diese Gruppe ebenso wie ein Kälbchen oder eine kleine Giraffe. Überraschenderweise auch Schweine.

Nesthocker

Der Nesthocker ist im Gegensatz zum Nestflüchter in seinem gesamten Erscheinungsbild sehr unreif. Er kann sich nicht selbst fortbewegen, seine Temperatur nicht ausreichend regeln und wird nackt, gehörlos und blind geboren. Die Mutter baut vor der Geburt ein Nest, in dem die Jungen geschützt liegen können. Sie wärmen sich gegenseitig und sind zufrieden, wenn sie ungestört im Nest liegen können. Typische Nesthocker sind Hunde, Katzen und Mäuse.

Nesthocker sind darauf eingestellt, stundenlang im Nest alleine zu sein. Da sie weder sehen noch hören, sind sie für jegliche Art von außen kommender Störung unempfänglich. Der hohe Fettgehalt der Muttermilch versorgt sie über mehrere Stunden mit ausreichend Energie. Wären unsere Kinder echte Nesthocker, bräuchten wir uns über die Vereinbarkeit von Beruf und neugeborenem Baby keine Gedanken zu machen. Vier bis sechs Stunden Abwesenheit vom Kind, ohne dass wir eine Betreuungsperson bräuchten, wären ohne Probleme möglich. So machen es alle Nesthockermütter. Wolfsmütter oder jagende Raubkatzen können über sechs Stunden auf Jagd gehen und ihre Kinder alleine lassen.

Kein Mensch mit gesunden elterlichen Instinkten würde sein Kind so lange alleine im Bett liegen lassen. Denn wir wissen sehr genau, dass unsere Kinder nicht stundenlang ruhig und schlafend bzw. passiv wartend in einem Bett liegen können. Sie beginnen nach kurzer Zeit zu weinen und lassen sich nur durch die spürbare Anwesenheit einer Person, am liebsten durch die vertraute Mutter trösten.

Der Überlebensinstinkt der Nestflüchter lässt das Junge der Mutter folgen. Der Überlebensinstinkt der

Nesthocker lässt sie sehr ruhig im Nest liegen. Ohne diese äußerste Ruhe würde ein anderes Raubtier die Jungen aufspüren. Der Überlebensinstinkt unserer Kinder lässt sie weinen, wenn sie sich alleine und verlassen fühlen. Dies hat mit Verwöhnt sein nichts zu tun. Es ist ein jahrtausendealter angeborener Instinkt.

Traglinge

„Traglinge sind Säugetierjunge. Sie sind zwar noch unfertig, kommen aber in kein Nest, sondern bleiben am Körper der Mutter oder anderer Erwachsener und werden dort herumgetragen … Sie haben offene Augen und Gehörgänge und werden mit voller Behaarung geboren … Jungtiere dieses Typus sind in ihrer ersten Lebensperiode ganz darauf angewiesen, vom Muttertier getragen zu werden." (Bernd Hassenstein)

Bedürfnis nach Nähe und Körperkontakt

Als Eltern findet man sich häufig mit der folgenden Situation konfrontiert: Sie haben ihr Kind gewickelt, gefüttert, es vielleicht sogar massiert, mit ihm gesprochen, gespielt – und es nun in sein Bettchen zurückgelegt. Das Kind findet keine Ruhe und fängt an zu weinen. Sie nehmen es nochmal hoch und klopfen ihm sanft auf den Rücken und schauen, ob noch ein „Bäuerchen" heraus möchte. Ihr Baby beruhigt sich. Sie legen es wieder ins Bett und es beginnt wieder zu weinen. Erste Stimmen aus der Verwandtschaft haben bereits vor dem Verwöhnen gewarnt. Nur nicht zu viel auf den Arm nehmen und schon gar nicht bei jedem Weinen. Doch Ihr Baby ist so süß und weint so jämmerlich, Sie bringen es nicht übers Herz das Weinen zu ignorieren. Sie nehmen es auf den Arm und weil Sie selbst müde sind, setzen sie sich gemeinsam in den Schaukelstuhl. Ihr Baby ruht auf Ihrer Brust und auf einmal ist es ganz entspannt und schläft ein. Hat es nun „seinen Willen bekommen"? Eigentlich waren ja alle Bedürfnisse gestillt. Keine Sorge, sie und ihr Baby haben gerade alles richtig gemacht. Ihr Baby hat die ihm angeborenen Signale ausgesendet und sie haben genau richtig darauf reagiert.

Abb. 1.1 Durch sein Weinen bringt das Baby sein Bedürfnis nach Nähe und Körperkontakt zum Ausdruck, dies nennt man auch Kontaktweinen.

Unsere Babys haben wie alle Traglinge ein existenzielles Bedürfnis nach Nähe und Körperkontakt. Um das besser zu verstehen, müssen wir viele Jahrtausende in die Vergangenheit reisen. Dort sehen wir Gruppen von ersten Menschen durch die Savanne ziehen, auf der Suche nach Nahrung und Schutz. Das Gras ist hoch und es gibt viele kleine und große Tiere, die der Menschengruppe durch Bisse und Angriffe gefährlich werden können. Alle Babys sitzen auf der Hüfte oder dem Rücken der Mütter. Hier sind sie sicher. Ein hier abgelegtes Baby – und sei es auch nur für eine Stunde –, wäre dem sicheren Tod preisgegeben. Der Ort des Überlebens ist der Körper der Mutter. Hier gibt es Schutz, Wärme und Nahrung. Auch wenn heute viele Menschen auf diesem Globus nicht mehr unter nomadischen Bedingungen leben, so sind unsere Kinder noch auf genau dieses Leben hin angepasst. Teil dieser Anpassung ist das Kontaktrufen bzw. – weinen

Abb. 1.2 Das Baby wird hochgenommen und beruhigt sich sofort. Das Kontaktbedürfnis wird gestillt.

1 Vom Zauber des Anfangs

Abb. 1.3 „Ruhe nach dem Sturm" – auf dem Arm ist das Baby entspannt und ruhig.

(➤ Abb. 1.1). Das Baby weint bei Kontaktverlust und beruhigt sich durch den spürbar wieder hergestellten Kontakt (➤ Abb. 1.2, ➤ Abb. 1.3).

Auch wenn ihr Baby im hier und heute lebt, so wissen Sie, dass Ihr Baby alleine in seinem Zimmer sicher ist, doch woher soll das Baby dies wissen? Die Natur hat ihrem Baby ein Überlebensprogramm mitgegeben – seine Reflexe und Reaktionen. Das Kontaktweinen ist Teil dieses Programmes, der nicht einfach ein oder abgestellt werden kann. Daher ist es für Babys besonders angenehm, bewegten Körperkontakt, als sanftes Wiegen zu erleben und zu wissen, dass es nicht alleine ist, sondern es jemanden gibt, der für es da ist. Aus der Interaktion zwischen Suche nach Nähe und dem Geben von Nähe entsteht eine sichere Bindung als Basis für Entwicklung, Fürsorge und Gemeinschaft, ohne die kein Kind gesund aufwachsen kann. Ganz nebenbei lassen uns Bindung (➤ Abb. 1.4) und Liebe auch die vielen schlaflosen Babynächte deutlich besser überstehen, da durch die Nähe viele Hormone ausgeschüttet werden, die uns gelassener machen und Kraft geben (➤ 3.4.2).

> **GUT ZU WISSEN**
> Es gibt neben dem Weinen aufgrund von Schmerz, Hunger, Traurigkeit, das Kontaktweinen, das dazu dient, den verlorenen Kontakt körperlicher Nähe wiederherzustellen.

Fähigkeit zur Resilienz

Der angeborene Instinkt nach Nähe und Körperkontakt fußt auf der Urangst, ohne diese Nähe sterben zu müssen. Ein solches Weinen unbeantwortet zu lassen, vermittelt die Botschaft von Einsamkeit und Verlassenheit und bedeutet ein hohes Maß an Stress: Um diesen Stress zu bewältigen, werden entsprechende Hormone und Botenstoffe ausgeschüttet, die die biologischen Prozesse im Körper nachteilig beeinflussen. Das Weinen zu beantworten und dem Baby die Nähe zu geben, die es braucht bedeutet, eine tiefe Erfahrung von Annahme und Geborgenheit. Eine Erfahrung, die sich positiv prägend auf das gesamte Leben auswirkt und eine starke emotionale Basis schafft, die hilft mit vielen späteren Stresssituationen umzugehen. Diese Basis nennt man die Fähigkeit zur Resilienz (➤ 3.4.2, ➤ 8.5).

Aktiver und passiver Tragling

Die Verhaltensbiologie unterscheidet zwischen zwei Arten von Traglingen, zwischen dem aktiven und dem passiven Tragling.

- **Passive Traglinge** sind Beuteltiere. Sie werden im Beutel der Mutter getragen, ohne sich weiter aktiv am Prozess des Getragenwerdens durch Haltereaktionen zu beteiligen. Das Känguruhjunge wird geboren, wenn es gerade mal so groß ist wie einer unserer Daumen. In dem Beutel, der eine Art äußere Gebärmutter darstellt, wird das Junge die folgenden Monate verbringen. Weder seine Pfoten noch seine Extremitäten sind dafür gemacht, sich aktiv anzuklammern.
- **Aktive Traglinge:** Die kleinen Äffchen hingegen krallen sich mit den Händen im Fell der Mutter

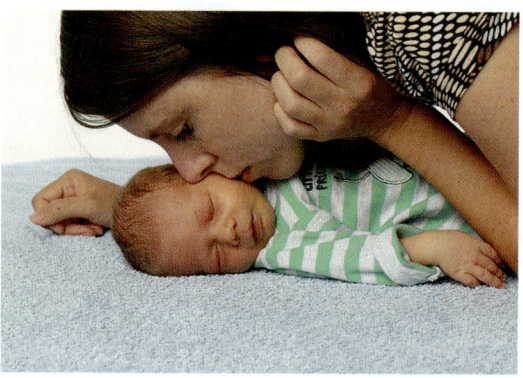

Abb. 1.4 Bindung – Nähe und Geborgenheit

fest und umschlingen mit leicht angehockten Beinen deren Körper. Die Füße sind leicht nach innen gewendet und mit den Zehen finden sie zusätzlichen Halt. Das Jungtier hilft aktiv beim Getragenwerden mit.

Unsere Babys benötigen zwar mehr Unterstützung als die kleinen Klammeräffchen, wenn sie auf dem Arm mit dabei sind; sie verfügen jedoch über ähnliche aktive Mechanismen und körperliche Merkmale um beim Tragen aktiv mitzumachen, wie z. B. über den

- Greifreflex in Hand und Fuß (➤ 2.2.1) und die
- Anhock-Spreiz-Haltung, mit der das Baby am Getragenwerden aktiv beteiligt ist (➤ 2.2.2, ➤ 2.4.2)

1.3.2 Kinaesthetics: Konzepte zur Entwicklungs- und Bindungsunterstützung
Sabine Hartz

Bewegung ist die Grundlage für Entwicklung und lebenslanges Lernen. Je kleiner ein Kind ist, desto mehr braucht es unsere Nähe, um sich selbst als wirksam zu erleben. Dies zu berücksichtigen, ist ein besonderes Anliegen der Begründer von Kinaesthetics, Lenny Maietta und Frank Hatch. Lenny Maietta promovierte unter Begleitung von K. U. Smith und Moshe Feldenkrais in klinischer Psychologie, Frank Hatch studierte und promovierte bei Prof. K. U. Smith an der University of Wisconsin in Verhaltenskybernetik. Hier erforschte er die Fähigkeit des menschlichen Organismus, sich in seinem Verhalten über ständiges Feedback im Bewegungs-, Wahrnehmungs- und Nervensystem regulieren zu können. Dabei interessierten Maietta/Hatch v. a. die Unterschiede in der Bewegungsentwicklung und der Einfluss auf die eigene Gesundheit.

Frei übersetzt bedeutet Kinaesthetics „Kommunikation durch Berührung und Bewegung", und meint die **Prozesse, die wir in uns selbst und mit anderen in Bewegung erfahren.** Grundlage der Entwicklung von Kinaesthetics sind langjährige Bewegungserfahrungen und -analysen vieler Menschen unterschiedlicher beruflicher Hintergründe (z. B. Physiotherapeuten, Tänzer, Erzieher, Pflegende, Lehrer), getragen insbesondere von Forschungsergebnissen der Verhaltenskybernetik. Hier wurde erforscht, wie sich die Interaktion zwischen Menschen beeinflusst, so auch die Beziehung zwischen Eltern und ihren Kindern.

Grundannahmen

Im Zentrum von Kinaesthetics steht die Annahme, dass wir uns ausschließlich in uns selbst regulieren können – das bedeutet, dass wir durch physiologische Vorgänge in unserem Körper fähig sind, uns an Reize und Impulse von außen anzupassen und darauf zu reagieren. Diese hohe Fähigkeit setzen wir von Beginn unseres Lebens an durch motorisch-sensorische Feedback-Prozesse unbewusst ein. Um hier zu lernen und bewusster zu werden, sind individuelle Bewegungsangebote hilfreich, um uns immer differenzierter erfahren zu können. Kinaesthetics bietet das Handwerkszeug, mit dem wir lernen können, feinfühliger in unserer eigenen Bewegung zu werden, insbesondere im Umgang mit Kindern.

Erwachsene setzen bei den alltäglichen Aktivitäten den eigenen Körper und die eigene Bewegung ein, um das Kind gezielt zu unterstützen und zur Bewegung anzuleiten. Die Interaktionen sind für das Kind so gestaltet, dass es seine Bewegungen wahrnehmen und nachvollziehen kann. Es hat die Möglichkeit, aktiv beteiligt zu sein oder sogar den Bewegungsablauf selbst zu übernehmen. Es lernt die Bewegungsgrundlagen zu entwickeln, die es uns ermöglichen, auf dieser Welt zurecht zu kommen und erfährt sich dabei selbst als wirksam.

Konzepte

Es wurden sechs Konzepte als Handwerkszeug entwickelt, die es ermöglichen, eigene Bewegungssituationen und Interaktion mit anderen, so auch mit Kindern, leichter zu analysieren und zu verstehen. Sie beziehen sich auf folgende Bereiche (➤ Abb. 1.5):

- **Interaktion – Kinästhetisches Sinnessystem:** als Quelle unserer Sensibilität in der Bewegung mit uns und mit anderen – z. B. wie nehmen wir Kontakt zu einem schlafenden Kind auf?
- **Funktionale Anatomie** – anatomische Strukturen unseres Körpers wie Knochen und Muskeln: das Verständnis über die Unterschiede der Struk-

turen erleichtert es uns, unser Gewicht hilfreich in der Schwerkraft zu bewegen **und** damit Bewegungsangebote an kleine und große Menschen zu machen, z. B. wie sitzt eine Mutter bequem, um ihr Baby zum Stillen im Arm zu halten?
- **Menschliche Bewegung** – hier geht es um den Unterschied zwischen parallelen und spiraligen Bewegungsmustern. Beobachten wir Kinder, so erleben wir mehr die spiralig orientierten Bewegungen, da sie in der Schwerkraft leichter auszuführen sind. Die parallelen Bewegungsmuster fordern mehr Anstrengung in der Bewegung. Wie nehme ich ein Kind aus der Rückenlage auf den Arm? Was würde das Kind selber tun?
- **Anstrengung:** in Erfahrung zu bringen, an welcher Stelle sind wir eine Hilfe für Kinder, um immer leichter und differenzierter zu lernen, ein eigenes Muskelspannungsnetz an die Situation angepasst sinnvoll aufzubauen oder ob wir eher stören – z. B. wie können wir beim Wickeln Angebote machen, die es dem Kind ermöglichen, sich selbst in die Seitenlage zu bewegen, indem es mit der Hand an unseren Finger ziehen oder auf unsere Hand mit dem Fuß drücken kann?
- **Menschliche Funktion:** Positionen, die wir oder die Kinder einnehmen spielen eine wichtige Rolle in der Bewegung an einer Stelle, wie beim Essen oder um woanders hinzukommen (> 4.5.3).
- **Umgebung:** Nicht zuletzt können wir lernen, unseren Blick auf die Umgebung zu richten. Oft können wir mit wenig Anpassung in der Umgebung hilfreich sein in der Entwicklung von Kindern oder auch einschränkend, wenn die Kleinen z. B. zu viel und zweckentfremdet im Autosicherheitssitz sitzen.

Die Beschreibungen in diesem Buch über Kinaesthetics im Alltag beziehen sich auf diese sechs Konzepte.

Bewegungserfahrungen vor der Geburt

Bereits vor der Geburt macht ein Baby vielfältige Bewegungserfahrungen. Der Ursprung liegt bereits in der Begegnung von Samen und Eizelle. Ab diesem Moment der Verschmelzung findet eine dynamische Differenzierung von Zellen in unterschiedliche Funktionen und Aufgaben statt, bis sich deutliche Strukturen zunächst beim Embryo und später beim Fetus zeigen. Früh lassen sich die Ansätze von Bein-

Abb. 1.5 Das Kinasthetics Konzeptsystem [W274]

chen und Ärmchen erkennen, Knorpelstrukturen weisen auf das spätere Skelett hin und auch das Herz, das Gehirn, die Sinnesorgane – alle Organe sind in ihrer Zartheit früh erkennbar.

Man weiß heute, dass die Zellen der Knochen im Inneren des Körpers sich neben der genetischen Bestimmung auch durch die umgebenden Zellen und den dadurch von außen entstehenden Druck differenzieren (Erich Blechschmidt). Auch Sehnen/Bänder/Muskeln werden in ihrer Entwicklung – in diesem Fall durch ziehende Kräfte – unterstützt. Je weiter sich ein Baby im Mutterleib entwickelt, desto vielfältiger werden seine Bewegungen. Es beginnt, seine Beinchen und Ärmchen zu erfahren, indem es Kontakt an der Gebärmutterwand aufnimmt. Es erfährt durch Abdrücken, wie es in Bewegung kommt. Sein kleiner Körper reagiert durch feine kleine Bewegungen, die es ihm ermöglichen, sich selbst immer besser „kennen zu lernen". Die Schwerelosigkeit im Fruchtwasser macht viele differenzierte Richtungen und Varianten für Bewegung möglich. Darin entwickelt sich ein **Rhythmus** von **Aktivität** und **Ruhe** im Zusammenspiel mit der Mutter. Das Kind wächst, der kleine Körper entwickelt sich immer weiter, bis zu dem Moment der Geburt.

Bewegungserfahrungen nach der Geburt

Mit der Geburt verändert sich alles: Plötzlich reichen die mitgebrachten Fähigkeiten nicht mehr aus – die

Schwerkraft wirkt. Arme und Beine müssen gegen die Schwerkraft gehalten werden – sie finden aufgrund ihrer Kürze keinen oder nur wenig Platz auf einer Unterstützungsfläche. Die dadurch entstehende Spannung wirkt sich auf den ganzen Körper aus. Das Kind könnte sich fragen: „Hat jemand meine Arme und Beine gesehen?" Das Kind scheint seine bereits erworbenen Fähigkeiten nicht mehr nutzen zu können.

Hier kommen wir ins Spiel. Durch die Arbeit mit Kinaesthetics richten wir unseren Blick auf die Fähigkeiten des Kindes und die Frage: Was würde **das Kind tun, wenn es das schon selbst (in der Schwerkraft) könnte?** Wie machen wir durch unsere Angebote weiterhin **Bewegung** zu der **Quelle seiner eigenen Entwicklung?**

Mit dieser Leitfrage begegnen wir kleinen Kindern und machen Ihnen Angebote, damit sie nicht nur bewegt werden, sondern sich selbst bewegen, sich als wirksam erfahren und damit wieder, wie vorerst im Mutterleib, differenziert erfahren können.

Ziele und Anwendung

Entwicklungsunterstützung ist das höchste Anliegen von Kinaesthetics. Unterschiede zum Erwachsenen und der besondere Bewegungs-, Begleitungs- und Unterstützungsbedarf von Kindern werden in dieser Arbeit berücksichtigt. Gemeinsam mit den Babys und den Kindern können wir im Alltag lernen, welche unserer Bewegungs- und Interaktionsangebote, z. B. beim Aufnehmen, Wickeln, Füttern, Tragen, für (die kleinen behinderten oder gesunden) Kinder hilfreich und wirksam sind. Auch die Regulation innerer Prozesse wie Atmung, Schlaf, Verdauung und Selbstkontrolle wird durch die Arbeit mit Kinaesthetics unterstützt.

Das zunehmende Vertrautwerden und das feinere Kennenlernen von Signalen, Vorlieben und Fähigkeiten stärken die Bindung zwischen Eltern/Bezugspersonen und ihrem Kind. Das macht den Alltag bunt, lebendig und freudvoll.

1.4 Entwicklung im ersten Lebensjahr (Meilensteine)
Birgit Kienzle-Müller

Nie wieder lernt ein Mensch so viel wie in seinem ersten Lebensjahr als Baby. Was er in dieser Zeit erfährt, erfühlt und oft auch erarbeitet, prägt ihn für den Rest seines Lebens. Es passiert sehr viel während der ersten 14 Monate: Das hilflose Wesen, das anfangs die meiste Zeit schlafend verbringt, entwickelt sich schnell und lernt ständig dazu: Bewegungen mit den Augen zu folgen, mit den Händen zielgerichtet nach Gegenständen zu greifen, sich auf den Bauch zu drehen und – ein paar Wochen später – sich auch wieder zurückzudrehen, auf dem Bauch zu robben und auf allen Vieren zu krabbeln. Und es folgen weitere rasante, vom Beobachter oft als Schübe empfundene Entwicklungsschritte.

Angesichts dieser Dynamik hat es sich bewährt, in groben Rastern zu denken und den Entwicklungsstand in klaren Kategorien „einzufangen", den Meilensteinen der Entwicklung.

1.4.1 Entwicklungsschübe

Ganz von selbst zeigt ein Kind einen neuen Entwicklungsschritt. Vielleicht haben Sie diesen nur aus den Augenwinkeln wahrgenommen und warten dann, dass das Kind sein Können wieder preisgibt. Doch es kann durchaus 14 Tage dauern, bis Ihr Kind das Gelernte wieder zeigt. Also haben Sie Geduld. Kurz vor einer neuen großen Errungenschaft kann es sein, dass das Kind besonders unruhig ist. Scheinbar grundlos ist das Kind quengelig, unruhig, weinend und unzufrieden, die Nächte werden zum Tag und am Tag ist es auch nicht viel besser. Die motorische Entwicklung verläuft in Entwicklungsschritten. Lange tut sich scheinbar nichts und plötzlich, wie aus dem Nichts, zeigt das Kind das neu Erlernte.

Beachte
Doch Vorsicht: Nicht jede Unzufriedenheit zeigt einen neuen Entwicklungsschritt an. Manchmal können sich dahinter sehr ernst zu nehmende Erkrankungen verbergen. Gehen Sie zum Arzt, wenn etwas unklar ist. Fragen Sie lieber öfters nach, fragen Sie

Ihre Hebamme, holen Sie sich Rat. Bei Fieber gehen Sie immer zum Arzt.

Insbesondere in den ersten drei Monaten gibt es sehr **markante Phasen,** die sich den Eltern einprägen: Ihr Baby reagiert häufig mit Unwohlsein, da der kindliche Organismus erst lernen muss, sich zu regulieren. Der Darm muss Nahrung aufnehmen und verdauen. Unbekannte Reize müssen verarbeitet werden. Hier hilft kein Buch, keine App, um im Vorfeld zu wissen, wann das Kind seine Entwicklungsschritte macht und mit Unwohlsein reagieren wird und dies scheinbar für die Eltern zur Qual werden kann. Hier hilft nur: Sich diese Zusammenhänge bewusst zu machen, sich in Geduld zu üben und entspannt bleiben. Die markantesten Entwicklungsschritte (Meilensteine) haben wir hier im Buch festgehalten. Während dieser Zeit erlebt das Kind bedeutende Schritte in seiner Entwicklung der Aufrichtung, der Fortbewegung und der Feinmotorik.

Mit unseren Anregungen des Handlings und des Tragens wollen wir den Eltern Hilfe sein, diese markanten Entwicklungsschritte (➤ Abb. 1.6) mit dem Kind gemeinsam zu meistern.

- Um den zehnten Tag reagiert das Kind auf sein Umfeld mit Anpassungsschwierigkeiten (➤ Abb. 1.6).
- Die achte Woche beinhaltet die beginnende optische Orientierung, der erste Blickkontakt (vierte Woche), das erste Lächeln (sechste Woche) und die beginnende Kopfkontrolle (achte Woche ➤ Abb. 1.6).
- Mit dem vierten Monat beginnt das erste Greifen, dadurch wird der Grundstein für das Begreifen gelegt.
- Im sechsten Monat dreht sich das Kind vom Rücken auf den Bauch, dies ist die erste Fortbewegung.
- Ab dem achten Monat kommt noch mehr Bewegung ins Leben – das Robben, das Krabbeln (➤ Abb. 1.6) und das Sitzen.
- Mit dem zehnten Monat geht es hoch hinauf in den Stand.
- Mit 14 Monaten laufen die meisten Kinder frei (➤ Abb. 1.6)

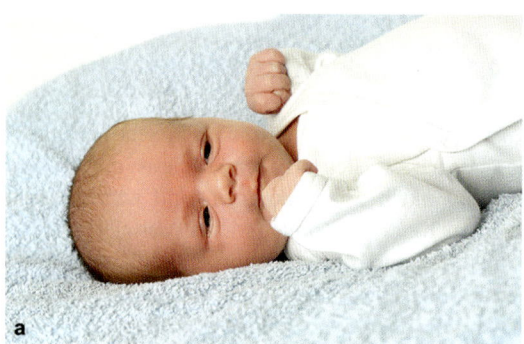

Abb. 1.6 Die wichtigsten Entwicklungsschritte. a) Die Neugeborenenphase ist von Reflexen gekennzeichnet. b) Der Symmetrischer Ellenbogenstütz – die ideale Motorik ist gestartet. c) Krabbeln ist ein wichtiger Entwicklungsschritt. d) Das freie Gehen ist eine Errungenschaft der menschlichen Entwicklung.

1.4 Entwicklung im ersten Lebensjahr (Meilensteine)

Beachte

Die Altersangaben der Meilensteine beziehen sich auf das Entwicklungsalter des Kindes. Ist ein Kind 14 Tage zu früh geboren, so muss diese Zeit in seiner Entwicklungsbegutachtung berücksichtigt werden. Bei der Betrachtung des individuellen Kindes, kann es aufgrund des Geburtstermins oder anderer Faktoren zwischen beiden Altersangaben Unterschiede geben.

GUT ZU WISSEN

Die naturgesetzlichen Abläufe der menschlichen Entwicklung wurden von Vaclav Vojta und Dorothea Wassermeyer sowie dem Ehepaar Karel und Berta Bobath über einen langen Zeitraum beobachtet und erforscht. Aus ihren Erkenntnissen der menschlichen Ontogenese (Entwicklung) ergibt sich die Kenntnis der idealen motorischen Entwicklung, an welche die im Buch aufgezeigten Entwicklungsschritte angelehnt sind.

Vojtas Einstufung der Entwicklung orientiert sich an der Veränderung der frühkindlichen Reflexe, die sich scheinbar zurückbilden, tatsächlich aber von sich entwickelnden Anpassungsmustern, der Willkürmotorik, kontrolliert werden. Die Willkürmotorik ist stärker als die Reflexe. Zudem orientiert sich Vojta an der Entwicklung der Aufrichtung, Fortbewegung (Lokomotion) sowie an der Feinmotorik. Vojta ist der Entdecker der Reflexlokomotion, der durch Reflexmuster initiierten Bewegung. Er hat die folgenden vier Stadien der Bewegungsentwicklung des Kindes unterschieden:

Stadium (bis zur sechsten Woche): Stadium der primitiven Reflexe
Stadium (siebte bis 13. Woche): Stadium des Nachlassens der primitiven Reflexe, Beginn der Willkürmotorik
Stadium (vierter bis zum siebten/achten Monat): Vorbereitung der ersten menschlichen Fortbewegung
Stadium (achter/neunter bis zum zwölften/14. Monat): Aufrichtung und Beginn der Feinmotorik

„Wer sich der Praxis hingibt, ohne geordnetes Wissen, ist wie ein Steuermann, der ein Schiff ohne Ruder und Kompass besteigt und nie weiß, wohin er fährt." Leonardo da Vinci (1452–1519).

1.4.2 Motorische Entwicklung

Die motorische Entwicklung folgt einem festgelegten Plan (> Abb. 1.7) und genetisch verankerten Bewegungsmustern. Hier kommt dem Drehen und Kriechen, aus denen sich das gesamte Bewegungsbild entwickelt, eine zentrale Bedeutung zu. Gebahnt wird diese Entwicklung durch die Vernetzung der einzelnen Nervenzellen und die Myelinisierung (> 2.1.2) der Nervenstränge. Dabei werden Sie feststellen, dass Ihr Kind zwischen **asymmetrischen,** also einseitigen, und **symmetrischen Bewegungen** (> 2.1.1) abwechselt – je nach Entwicklungsphase.

Ein Beispiel: Mit drei Monaten stützt sich das Kind in der Bauchlage symmetrisch auf beide Unterarme. Es schiebt einen Arm nach vorne, dabei wird es „schief" – es rotiert die Brustwirbelsäule, wie Experten sagen. Dadurch kann es nach vorne greifen. Der sogenannte einseitige Unterarmstütz, ein asymmetrischer Bewegungsabschnitt, ist geboren. In einem Wechselspiel von Symmetrie über die Asymmetrie schraubt sich das Kind über die Drehung von der Bauchlage nach oben in die Senkrechte. Zur Aufrichtung braucht es Bewegungskoordination, Muskelkraft, Ausdauer und Gleichgewicht. Diese Bewegungselemente werden durch jeden einzelnen Entwicklungsschritt gefordert, gereift und angemessen eingesetzt.

Das Ziel der Bewegungsentwicklung ist das freie Gehen, das Greifen, das Be-greifen. Durch Tasten, spüren, fühlen erkundet das Kind seine Welt. Dies dient der Selbstständigkeit und des Selbstbewusstseins. Dabei treiben die Neugierde und der brennende Wille sich mitzuteilen, das Kind an. Die **Initialzündung** ist das Sehen, die **optische Orientierung** (> 2.1.2). Jedes unangemessene Eingreifen, wie z. B. das zu frühe Hinsetzen oder das zu frühe Hinstellen, behindert den Bewegungsfluss und stoppt die Koordination der Bewegungsabläufe. Es gibt sie, die optimale Entwicklung – lassen wir sie zu.

Beachte

Die motorische und geistige Entwicklung gehören im Säuglingsalter untrennbar zusammen. Ein Beispiel dafür ist das bewusste Öffnen der Hand mit drei Monaten, dadurch wird das Zugreifen mit vier Monaten möglich und somit das Be-greifen: Jetzt kann ein Gegenstand wahrgenommen werden. Erfahrungen mit diesem Gegenstand werden im Gehirn abgelegt und können jeder Zeit abgerufen werden. Das Kind beginnt sich zu erinnern. Aus diesem Grund wird die Entwicklung im ersten Lebensjahr auch „psychomotorische Entwicklung" genannt.

Symmetrie Asymmetrie

Abb. 1.7 Die Entwicklung folgt einem fest gelegten Plan. [L298-1]

1.4.3 Aufrichtevorgang

- Der Aufrichtevorgang, der in der Bauchlage beginnt, dauert etwa ein Jahr und erfolgt nach bestimmten Gesetzmäßigkeiten. (Die vollständige körperliche Entwicklung ist mit 24 Jahren abgeschlossen, mit dem Ausreifen des Beckens.) Die Entwicklung in die Aufrichtung erfolgt in der Reihenfolge vom **Kopf (kranial)** zu den **Füßen (kaudal)** und von innen (medial) nach außen (distal). Dies zeigt sich zuerst mit den Augen, mit der beginnenden optischen Orientierung (medial). Die Augen bringen den Kopf in die Aufrichtung, durch die erwachende Neugierde. Ein weiteres Beispiel sind die Hände (distal): Bevor die Hände greifen können, müssen sich die Schulterblätter (medial) am Rumpf „verankert" haben. Die Zunge (medial) entdeckt die Finger (distal) und auch das Greifen der Hände (kranial) entwickelt sich vor dem Stehen der Füße (kaudal).
- Gleichzeitig findet die Entwicklung von den **Füßen (kaudal)** zum **Kopf (kranial)** statt und von distal nach medial. Dies bedeutet: Ohne die gleichzeitige Entwicklung der Füße, könnte sich der Kopf nicht in der Bauchlage aufrichten. Die Füße müssen sich in die Unterlage mit einstemmen, damit der Kopf angehoben werden kann. Die Füße dienen hier als Widerlager zum Kopf. Ein weiteres Beispiel für die Entwicklung von außen nach innen (distal zu medial) ist, dass die Finger (distal vom Körper entfernt) die Zunge (medial) entdecken.

Nur durch das perfekte Zusammenspiel in der motorischen Entwicklung der einzelnen Körperabschnitte zu einander, ist Aufrichtung und die spätere Fortbewegung überhaupt möglich. Die gesamte Entwicklung folgt ihrer eigenen Gesetzmäßigkeit, ihrem eigenen Plan und ergibt die optimale Entwicklung. Der Antrieb ist die Neugierde, das Ziel ist die Selbstständigkeit.

1.4.4 Die ersten drei Monate: Ankommen

Ganz im Vordergrund der Wachaktivität steht das Saugen als Überlebensreflex und über das Saugen die erste zufällige Selbsterkundung. Hand und Mund können sich zufällig treffen. Dann saugt das Kind zaghaft an der Hand und ertastet mit seinen Fingern vorsichtig seinen Mund und seine Zunge. Während dieser Phase sind die **frühkindlichen Reflexe** (➤ 2.1.1) vorherrschend, wie z. B. der Such-, Saug- und Schluckreflex, ebenso der Greifreflex an Händen und Füßen. Ansonsten schläft das Neugeborene bis zu 20 Std. am Tag, manche Kinder auch weniger. In der Neugeborenenphase, d. h. in den ersten vier Wochen, ist der Rumpf asymmetrisch (➤ Abb. 1.8) und instabil. Arme und Beine unterliegen der Massenbewegung, alles bewegt sich noch reflexgesteuert und unkoordiniert. In der Bauchlage zieht das Neugeborene seine Beine häufig unter den Bauch. Mit viel Kraftaufwand kann es am Ende der vierten Woche seinen Kopf von der einen auf die andere Seite ablegen. Dabei kommt ganz zufällig der Mund, der noch zur Faust geschlossenen Hand nahe und das Neugeborene saugt an der Hand

Das **Hören** (➤ 2.4.1) ist bereits weit entwickelt. Das Kind hört sehr gut. Es nimmt alle Geräusche noch ungefiltert war. Es kann die Geräusche noch nicht der Geräuschquelle zu ordnen, reagiert jedoch schon auf Glockenläuten oder ähnliche Geräusche. Bei hoher Geräuschkulisse führt dies gerade in den ersten Wochen zu einer Reizüberflutung. Diese Reizüberflutung kann dann zu stundenlangem abendlichen Weinen führen.

Neugeborene zeigen früh Interesse am **menschlichen Gesicht** und beruhigen sich durch An-den-Körper-Nehmen. Schon in der ersten Woche erkennt das Baby Gesichter eher als runde, dunkle Scheibe und zwei helle große Flecken. Es nimmt die Farben Schwarz und Weiß wahr. Interessant für das Kind wirken Schwarz-Weiß-Schablonen, z. B. ein gemalter Kreis, ein Viereck oder auch schon mal eine ausgeschnittene und aufgehängte schwarze Spirale. Es ist auch die Zeit, in der das sogenannte En-

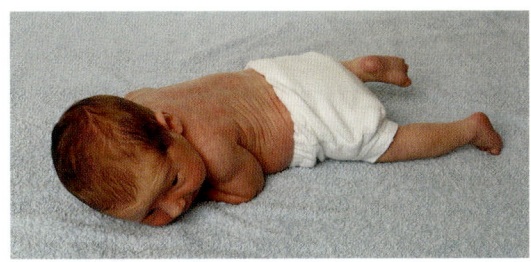

Abb. 1.8 Asymmetrische Bauchlage

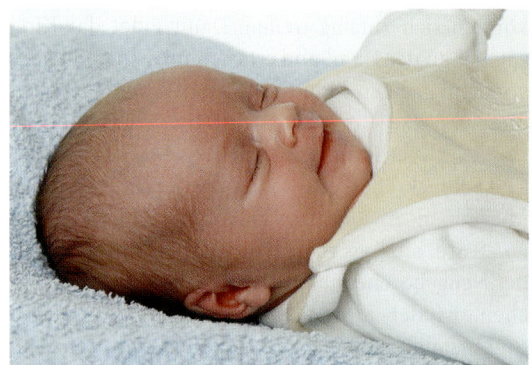

Abb. 1.9 Engelslächeln – viel Zuwendung schafft eine tiefe Bindung.

gelslächeln (> Abb. 1.9), das unbewusste Lächeln im Schlaf, beobachtet werden kann. Vom ersten Engelslächeln zum bewussten Anlächeln seines Gegenübers dauert es sechs Wochen.

Mit **acht Wochen** kann das Kind in der Bauchlage den Kopf heben, es verfügt über die sogenannte **Kopfkontrolle** (> 3.1.1), dabei strecken sich die Beine immer mehr. Gleichzeitig werden sie in der Rückenlage immer mehr von der Unterlage abgehoben, bis sie dann mit drei Monaten angewinkelt über dem Bauch gehalten werden können. Die Hände führt das Kind vor dem Körper zusammen, es entsteht die **Hand-Hand-Koordination** (> 4.1.3). Die Finger ertasten sich gegenseitig.

Die **Neugier** erwacht durch den Geruchs- und Geschmackssinn, durch Tasten, Hören, Sehen. Diese Neugierde und seine Fähigkeit, über die Körpersprache mit dem Gegenüber eine Kommunikation aufzubauen, ist der Motor der kindlichen Entwicklung. Das Ziel der Entwicklung ist die Selbstständigkeit und das sich Selbst Erkennen, auch mit seinen eigenen Wünschen.

Tipps und Tricks

- Tragen, wiegen, schaukeln, streicheln, massieren und liebkosen Sie Ihr Kind, so lernt es sich selbst und Sie durch diese intensive Berührung kennen.
- Vermeiden Sie Überforderung, hektische Aktivitäten und Reizüberflutung. Bieten Sie Ihrem Kind Hilfen an, welche die Selbstregulation und die Selbstberuhigung unterstützen,

indem Sie für einen geregelten Tagesablauf, gedämpftes Licht und eine ruhige Atmosphäre sorgen. Bleiben Sie bei einer evtl. abendlichen Schreiphase in einer ruhigen Atmung und stellen Sie sich vor, Ihr Kind würde über etwas berichten, was es sehr bewegt und Sie würden Ihrem Kind zuhören. Beides hilft Ihrem Kind, Sie als sichere Basis zu erleben.
- Ihr Kind nimmt sehr intensiv Ihre Stimmung auf. Deshalb kann sich Ihr eigener Gemütszustand in der Stimmung Ihres Kindes widerspiegeln. Nehmen Sie so viel Hilfe wie möglich an und lassen sich mit einer guten Tasse Tee und etwas zu Essen verwöhnen. Schlafen Sie auch, wenn ihr Kind schläft. Der Schlafentzug, der vielen unterbrochenen Nächte macht es schwer immer ausgeglichen zu sein.
- Das Neugeborene lässt sich häufig mit einem Schnuller nicht beruhigen, weil es mit der Saugtechnik am Schnuller, die sich vom Saugen an der Brust unterscheidet, noch nicht zurechtkommt. Die Zunge stößt den Schnuller heraus. Aus der Sicht der Stillberatung wird daher der Schnuller in dieser Zeit auch kritisch gesehen.
- Das abendliche Weinen in den ersten Wochen lässt sich manchmal mit Stillen und manchmal mit dem Saugen am Finger der Eltern gut beeinflussen, da das Saugen beruhigt: Oben am Gaumen hinter der Zahnleiste des Kindes befindet sich eine Reflexzone zur Selbstregulation. Diese Reflexzone wird mit der Brustwarze oder dem Finger berührt. Schon mit wenigen Wochen kann das Kind sich über das Daumenlutschen auch selbst beruhigen.
- Geben Sie acht! Lassen Sie Ihr Kind nie alleine auf dem Wickeltisch oder auf dem Sofa liegen. Durch die frühkindlichen unkontrollierten Bewegungen kann ein Sturz leicht ausgelöst werden.

1.4.5 Vom vierten bis zum sechsten Monat: (Be)greifen

Mit drei Monaten kann das Baby Kopf und Schultern von der Unterlage heben und für längere Zeit halten (**Kopfkontrolle**) (➤ 3.1.1). Dabei stützt es sich typischerweise in Bauchlage auf die Unterarme (**Unterarmstütz**) und entdeckt seine Welt. Beim Hochziehen aus der Rückenlage – dies ist ein Untersuchungsvorgang beim Arzt – hängt der Kopf nur noch geringfügig nach hinten.

Das Kind betrachtet zunehmend seine Umwelt. Es beobachtet und entdeckt die eigenen **Hände:** Über die Hände (➤ 4.1.1) begreift das Kind seine Welt. Es betrachtet seine Hände und Finger, dreht und wendet diese und lauscht dabei hingebungsvoll seiner eigenen Stimme. Die anfänglich geschlossene Hand öffnet sich immer mehr, bis sie vollständig geöffnet ist – die Hand hat sich vom „Seeigel zum Seestern" (➤ 4.1.2) entwickelt

Mit vier Monaten nimmt das Kind, das ihm angebotene und von außen gereichte Spielzeug, mit der Hand und erkundet es mit dem Mund (➤ 2.4.1). Das Kind erfährt seinen Körper, greift zum Bauch, ergreift seine Hände und streckt diese in den Mund. Durch das Hochnehmen der Beine von der Unterlage kommt das Kind auf der Seite zum Liegen.

> **GUT ZU WISSEN**
> Fast alle frühkindlichen Reflexe sind nun erloschen. Seinem Bewegungsdrang steht nun nichts mehr im Wege. Interessantes Spielzeug wird in Bauchlage auf der Unterlage entdeckt und wenn es erreichbar ist, wird es ergriffen, intensiv betrachtet und erkundet.

Mit fünf Monaten kann das auf dem Rücken liegende Kind Spielzeug aus der Körpermitte herausgreifen und das Spielzeug von einer Hand in die andere geben. Dies ist das Zeichen dafür, dass beide Gehirnhälften miteinander verbunden sind – eine Voraussetzung für das spätere Drehen vom Rücken auf den Bauch.

In der Bauchlage streckt sich das Kind mit einem Arm nach vorne, bis es sein Spielzeug erreicht. Um einen besseren Überblick zu bekommen, stützt es sich mit seinen Händen nach oben und kann nun den Raum überblicken.

Ihr Kind kann nun über die Mittellinie hinweg greifen: Das ist der Beginn der Fortbewegung! Bis zur vollständigen Umdrehung vom Rücken auf den Bauch dauert es allerdings in der Regel sechs Monate. Das Kind lacht heiter mit lauter Stimme und freut sich über ein Versteckspiel.

Es beginnt ein weiterer spannender Entwicklungsabschnitt – die Fortbewegung, die Zeit des Entdeckens.

Tipps und Tricks

- Legen Sie ihr Kind in seinen Wachphasen häufig auf den Bauch, um seine Bauch- und Rückenmuskeln zu kräftigen. Es bekommt Kraft, um sich hoch zu drücken und sich später nach vorne zu schieben.
- Vorsicht: Lassen Sie ihr Kind auf dem Bauch liegend nicht alleine!

1.4.6 Vom siebten bis zum neunten Monat: Fortbewegung

Arme und Beine sind nun bereits seit längerem gestreckt. Dies zeigt die allmähliche **motorische Vorbereitung** auf den **aufrechten Gang** an. Drehend, robbend, krabbelnd, sitzend – so wird ihr Kind die eigene Welt erkunden. Der Säugling dreht sich ab dem sechsten Monat ohne Hilfe vom Rücken auf den Bauch. Mit der Zeit wird es den Weg zurück auf den Rücken finden und dann durch den ganzen Raum kullern. Es wird von Tag zu Tag mobiler und mit seinem Bewegungsdrang zieht es immer größere Kreise. Vom Kreiseln um die eigene Achse, über das rückwärts Schieben zum Robben und zum Krabbeln, zum freien Sitzen – alles ist möglich. Das Baby stützt sich gerne in Bauchlage auf die geöffneten Hände, wobei Brust und Oberbauch von der Unterlage gehoben werden.

Das Kind entwickelt eine enorme Kreativität; es kreiselt auf dem Bauch um sich selbst, schiebt sich rückwärts, um dann den Weg nach vorne zu finden, das Kind robbt um den siebten Monat. Es drückt sich hoch auf alle Viere und hier geht es stürmisch weiter: Vor und zurück wird geschaukelt. Mit viel Schwung geht es nach hinten und das Kind sitzt im sogenannten **Schrägen Sitz** (➤ 6.1.2). Hat es gelernt die Beine nach vorne zu bringen, so sitzt es im **Langsitz** (➤ 6.1.2). Hier hat es nun die Hände frei, kann Spielzeug intensiver anschauen und untersuchen. Zurück im Vierfüßlerstand ist es zum Krabbeln nicht mehr weit. Nun gibt es keine Grenzen mehr, seine eigene Welt zu entdecken.

Das **Krabbeln** (➤ 6.1.3) ist ein wichtiger Schritt. Hier trainiert das Baby Gleichgewicht, Koordination, Kraft, Raumgefühl, Tiefenwahrnehmung und Ausdauer. Wichtig ist der Hand-Augen-Abstand beim Krabbeln. Es ist der gleiche Abstand, den das Kind später in der Schule beim Schreiben hat. Es werden bereits jetzt Fähigkeiten eingeübt und angelegt, welches das Kind später in der Schule braucht: So wird das Fern- und Nahsehen insbesondere beim Krabbeln perfektioniert – dies wird für das spätere Texteabschreiben von der Tafel in der Schule benötigt. Nah zum Boden, weit in die Ferne, so werden die Augen gefordert. Dieser Entwicklungsschritt der Fortbewegung geht über Wochen und Monate. Genießen Sie jede neue Bewegungserrungenschaft Ihres Kindes und vergessen Sie darüber hinaus nicht, Ihre Wohnung vor Gefahren zu sichern.

Mit neun Monaten erweitert sich der Bewegungsraum schlagartig: Das Baby **sitzt frei,** steht mit Festhalten und beginnt zu krabbeln. Es lernt nun den Pinzettengriff und hält Gegenstände zwischen Zeigefinger und Daumen, wirft Spielzeug bewusst auf den Boden und erwirbt sich hierdurch das Raumgefühl und damit eine mathematische Grundkompetenz. Das Baby kann sich zunehmend selbst beschäftigen. Es hat sich noch etwas Wichtiges entwickelt – die Objektpermanenz und die Personenpermanenz, d.h. das Kind weiß, dass Dinge und Personen weiter existieren, auch wenn sie seinem Blickfeld entzogen sind. In diesem Zusammenhang entwickelt sich die dauerhafte Bindung an die Eltern und die Trennungsangst. Das Kind weint, wenn die Mutter den Raum verlässt und scheint nur noch am „Rockzipfel" der Mutter zu hängen. Versteht man die obigen Zusammenhänge, so ist dies ein sehr nachvollziehbares Verhalten.

Tipps und Tricks

- Machen Sie ihre Wohnung sicher: Bringen Sie an Treppen Schutzgitter und an Steckdosen Kindersicherungen an, entfernen Sie Blumentöpfe aus der Reichweite des Kindes.
- Die Küche ist ein wunderbarer Ort, um vieles zu entdecken. Auf die Kleinen üben Schubladen, die Dosen und Töpfe enthalten, einen besonderen Reiz aus. Da in der Küche auch Maschinen und Messer zu finden sind, nebst Hitzequellen, heißem Wasser und Fett, ist es hier besonders wichtig, Gefahrenzonen zu erkennen und auf ausreichenden „Arbeits- und Spielschutz" zu achten. Denn die meisten Unfälle passieren in der Küche. Manchmal ist ein Laufstall ideal, um das Kind schnell aus einem Gefahrenbereich zu bringen.
- Lassen Sie Ihr Kind niemals alleine auf dem Sofa, Bett und Wickeltisch liegen. Der Entdeckerdrang ist riesig. Der Boden – mit einer dicken warmen Decke ausgelegt – ist für Vieles der sicherste Ort und lädt zu gemeinsamer Bewegung und gemeinsamen Spiel ein.
- Fingerspiele, Reime und Kinderlieder sind eine herrliche Möglichkeit, mit Ihrem Kind zu spielen. Machen Sie sich keine Sorgen, auch wenn Ihr Repertoire nicht so umfangreich ist. Kinder genießen hier jede Minute.

1.4.7 Vom neunten bis zum vierzehnten Monat: Hoch hinaus

In den nächsten drei Monaten fallen weitere Schranken: Das Kind krabbelt viel (teils mit gestreckten Knien), läuft mit Festhalten an einer Erwachsenenhand und macht erste freie Gehversuche. Der **erste Schritt** ist ein ganz besonderes Ereignis. Laufen können wie die Großen, das ist das Größte. Nun ist der Entdeckerdrang des Kindes nicht mehr zu bremsen. Überall versucht sich das Kind hoch zu ziehen. Entlang der Wand oder am Sofa in der Art der „Küstenschifffahrt" (➤ 7.1.2) kommen die ersten seitlichen Schritte. Die ersten Versuche alleine zu stehen, enden oft auf dem Po und ganz alleine schafft das Kind seine ersten Schritte ins Leben hinein. Kann es erst einmal gehen, so ist es nicht mehr zu stoppen. Die ersten Worte kommen, meist ist es „Mama" oder „Papa". Die Fingerfertigkeit wird immer feiner. Das Baby wird groß und entwickelt sich zu einer eigenen Persönlichkeit.

Kurz vor dem ersten Geburtstag zieht sich das Kind an allem hoch und hangelt sich von einem Möbelstück zum anderen weiter. Krabbeln und freies Sitzen funktionieren jetzt wunderbar. Schnell kommt es überall hin und untersucht im Sitzen seine Schätze.

Alle Möglichkeiten sich fortzubewegen, stehen dem Kind zwischen dem 14. und 18. Monat zur Verfügung. Die ersten Schritte kommen für die Eltern dann doch plötzlich und unerwartet. Es ist ein unbeschreiblicher Moment, wenn das Kind frei in die Arme seiner Eltern läuft. Es wird noch kurz das Krabbeln beibehalten, aber schon bald wird es aus dem freien Sitzen hochkommen und gehen. Kann das Kind gehen, wird es nicht mehr robben oder krabbeln. Nun ist Laufen angesagt.

Im Sitzen wird die **Fingerfertigkeit** (➤ 7.1.3) immer besser, Bücher werden angeschaut und die Seiten werden umgeblättert. Das Kind zeigt mit dem Zeigefinger auf Dinge, welches es kennt und macht Tiergeräusche nach. Die Sprache gewinnt nun immer mehr an Bedeutung. Hat das Kind für sich ein Wort für einen Gegenstand gefunden, nimmt es diesen Gegenstand nicht mehr in den Mund. Es wird immer seltener Spielzeug in den Mund stecken. Das Kind versteht kleine Aufforderungen, wie z. B. „Bring mir den Ball". Auf Bildern erkennt das Kind geliebte Personen und es kennt seinen eigenen Namen.

Wunderbar fühlt es sich für das Kind an, überall hinzukommen. Sie als Eltern werden entsprechend auf Trab gehalten.

Tipps und Tricks

Lassen Sie Ihrem Kind Zeit für seine Entwicklung, greifen Sie nicht ein, indem Sie Ihr Kind passiv hinsetzen oder mit ihm das Laufen üben. Dieses Eingreifen verzögert mitunter die Entwicklung und kann zu Fehlhaltungen an der Wirbelsäule, wie an den Füßen führen.

KAPITEL 2

Der zehnte Tag

2.1 Entwicklungsschritte
Birgit Kienzle-Müller

Ein wegweisender Entwicklungsschub findet am zehnten Tag statt: Die ersten zehn Tage umfasst im engeren Sinn auch die Zeit im Wochenbett. Zwischen dem dritten und dem zehnten Tag in Babys Leben steht seine zweite Untersuchung an, die Neugeborenen-Basisuntersuchung. Es erfolgt der erste Wachstumsschub, zudem wird der Grundstein gelegt für die optische Orientierung. Mit dem Beginn der optischen Orientierung, dem Auftreffen des ersten Lichtstrahls auf die Netzhaut des Auges, beginnt auch die Bewegungsentwicklung. Die Neugierde erwacht.

2.1.1 Beginnende Bewegungsentwicklung

Jedes Kind kommt mit seinem eigenen Charakter und seiner eigenen Persönlichkeit auf die Welt. Auch das Umfeld formt die Persönlichkeit, die sich mit drei Jahren langsam erkennen lässt. Nehmen Sie sich die Zeit und die Ruhe, Ihr Kind kennenzulernen und genießen Sie die Nähe zu ihm. So lernen Sie seine Gefühle und Bedürfnisse kennen und können angemessen auf seine Signale reagieren.

Körperkontakt, wie getragen zu werden, Nähe, Liebe, Wärme und Nahrung sind Grundbedürfnisse eines Kindes und geben ihm Geborgenheit und Sicherheit. **Bonding** nennt man diese Phase der intensiven Gefühls- und Bindungsentwicklung. Diese Bindung entsteht im feinfühligen Umgang, in der täglichen Begegnung beim Füttern, Wickeln, Spielen und Trösten. Widmen Sie sich liebevoll und entspannt Ihrem Kind.

> **GUT ZU WISSEN**
> Der Begriff Bonding bezeichnet die Mutter- bzw. Eltern-Kind-Bindung (engl. bond = Bund). Schon während der Schwangerschaft entwickelt die Mutter eine Verbundenheit mit ihrem Kind. Diese Bindung vertieft sich nach der Geburt. Auch der Vater lernt sein Kind immer mehr kennen. Eltern und Kind werden immer vertrauter, die Familie wächst zusammen. Viel gemeinsame Zeit miteinander von den ersten Stunden an fördert das Bonding.

Nach der Geburt muss sich das Baby mit ganz neuen Reizen auseinandersetzen: Mit Licht, lauten Geräuschen, Berührung und mit der Schwerkraft. Atmung, Kreislauf und die Temperaturregelung müssen nun ganz selbstständig, ohne die Hilfe der Mutter, vonstattengehen. Dies ist eine große Herausforderung für den kleinen Organismus nach einer anstrengenden Geburt.

Obwohl das Neugeborene in seinem Verhalten eher passiv ist und die meiste Zeit schlafend verbringt, ist es keineswegs bewegungsunfähig. Es lassen sich zwei Arten von Bewegungen beobachten:
- **Zufällige, ungerichtete Bewegungen,** die als Zeichen motorischer Unruhe und Unbehagens interpretiert werden (Strampeln).
- **Zielgerichtete,** deutlich strukturierte vegetative und **motorische Reaktionen,** die zweckmäßige, aber unwillkürliche Antworten auf bestimmte Reize darstellen; dies sind die sogenannten angeborenen Reflexe (s. u.).

Die meisten dieser Reflexe verschwinden nach einigen Wochen oder Monaten wieder, da das Großhirn und die Großhirnrinde zunehmend die Oberhand über die angeborenen Automatismen gewinnen und die Kontrolle der Bewegungen übernehmen. Nun kann das Kind lernen, seine Bewegungen willentlich zu planen und zu steuern.

Reflexe als Grundbausteine der Haltungs- und Bewegungssteuerung

Einige wichtige Überlebensfähigkeiten hat das Kind mit auf die Welt gebracht: Das sind das Saugen und Schlucken. Damit sichert sich das Kind seine Nahrungsaufnahme. Der Mororeflex hilft beim ersten Atemzug. Kurz nach der Geburt führt der Kältereiz auf der Haut reflektorisch zur Einatmung.

Reflexe sind angeboren und haben für eine bestimmte Zeit lebenswichtige Aufgaben zu erfüllen. Je weiter die Vernetzungen der Nervenzellen (> Abb. 2.1) im Gehirn voranschreitet, umso mehr werden Reflexe von bewussten Handlungen abgelöst und umso weniger sehen wir die ursprüngliche Verankerung des Verhaltens in Reflexmustern. Die Vernetzung der Nervenzellen erfolgt durch die Erfahrung natürlicher, physikalischer Kräfte und Informationen und Austausch mit den Beziehungspersonen. Schutzreflexe, wie das Blinzeln oder das reflektorische Abstützen der Hände bei einem Sturz, werden sich erst noch im Laufe des ersten Lebensjahres entwickeln und dann ein Leben lang bleiben.

Frühkindliche Reflexe

Reflexe sind stets nach dem gleichen Muster ablaufende, unwillkürliche und schnelle Reaktionen eines Erfolgsorgans auf einen Reiz. Frühkindliche Reflexe – sie werden auch Primitivreflexe (> Tab. 2.1) genannt – sind die Grundbausteine der Haltung- und Bewegungssteuerung und laufen ohne Beteiligung des Großhirns ab: Sie dienen dem Selbstschutz, z. B. der Handgreifreflex (> 5.1.6), mit dem sich das Baby unwillkürlich an seiner Begleitperson festklammert, sowie der Nahrungsaufnahme, z. B. der Rooting-Reflex (Öffnen des Mundes nach Berührung der Wangen oder Lippen). Sie werden nach einer bestimmten sogenannten Waltezeit – die Zeit, in der Reflexe durch einen für sie spezifischen wiederholbaren Reiz von uns ausgelöst werden können – in unteren Gehirnregionen, wie z. B. im Stammhirn integriert und sind dann nicht mehr sichtbar. Dann übernehmen sogenannte höhere Gehirnregionen die Führung, indem sie die von außen und innen ständig eintreffenden Empfindungen (Informationen) in motorische Antworten verwandeln – in für uns „bewusstes Handeln". Bewegung und seine Entwicklung vollziehen sich demnach immer im Spannungsfeld zwischen den Reflexen als Basisantwort auf Reize und der Bewegungsführung durch höhere Ge-

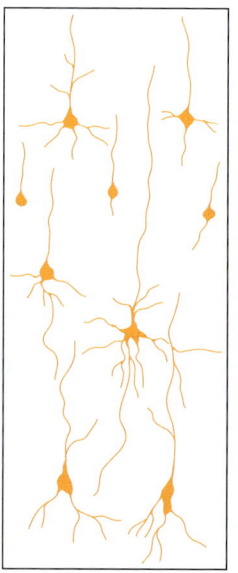
Neugeborenes

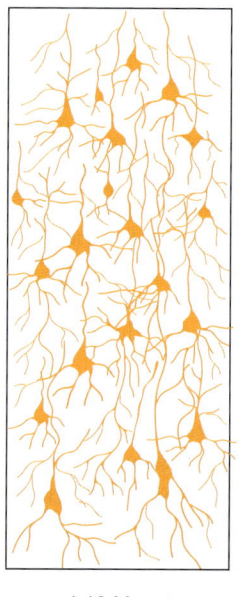
nach 3 Monaten

nach 18 Monaten

Abb. 2.1 Die Vernetzungen der Nervenzellen im Gehirn des Kindes in den ersten 18 Monaten zeigen, wie schnell das Kind in dieser Zeit lernt.

Tab. 2.1 Ausgewählte Primitivreflexe des Neugeborenen. Alle Reflexe (außer Blinzeln als Schutzreflex und die Abstützreaktion mit den Händen) sind bei Geburt bereits vorhanden. Die Altersangaben entsprechen dem ungefähren Zeitpunkt des Verschwindens des jeweiligen Reflexes. Die Waltezeiten sind individuelle Zeitfenster.

Schreitreflex (4. Woche)		Handgreifreflex (4.–5. Monat)	
Hält man das Kind aufrecht am Rumpf, sodass seine Füße die Unterlage berühren und neigt man das Kind leicht nach vorne, macht es Schreitbewegungen	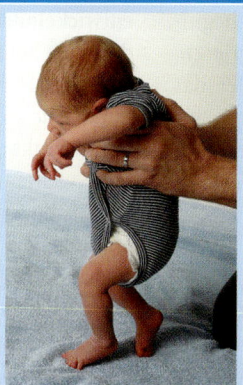	Legt man einen Finger quer in die Handinnenfläche des Kindes greift es kräftig zu	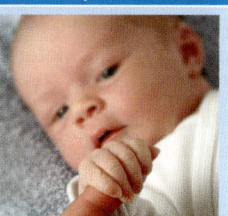
Asymmetrisch tonischer Nackenreflex (4.–6. Woche [nach Vojta, danach Fechterstellung], Flehmig bis 5. Monat)		Suchreflex (Rooting, 4.–6. Monat)	
Dreht man den Kopf des auf dem Rücken liegenden Kindes aus der Mittelstellung zur Seite, streckt es Arm und Bein auf der Gesichtsseite und beugt die Extremitäten der Gegenseite („Fechterstellung")	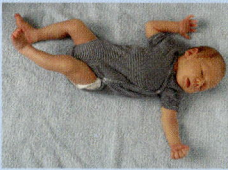	Streichelt man den Mundwinkelbereich des Säuglings, verzieht er den Mund und dreht den Kopf zur gestreichelten Seite	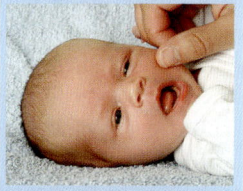
Bauer-Reflex (6.–8. Woche)		Mororeflex (5. Monat)	
Legt man das wache Kind auf den Bauch, schiebt es sich vorwärts	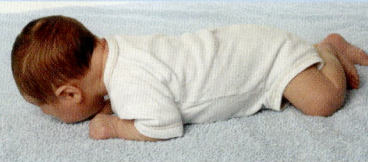	Zieht man kurz an der Unterlage, auf der das Kind liegt, abduziert und streckt es die Arme (Hände sind geöffnet). Danach führt es die Arme über der Brust zusammen. Schreckreaktion, auch z. B. bei lauten Geräuschen	
Magnetreflex (2. Monat)			
Sanftes Streichen über die Fußaußenkante lässt den Fuß heben. Der Fuß folgt wie ein Magnet den streichenden Fingern.	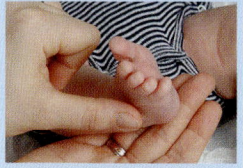		
Saugreflex (3. Monat)		Fußgreifreflex (12. Monat)	
Legt man einen Finger zwischen die Lippen des Kindes, fängt es an, rhythmisch zu saugen	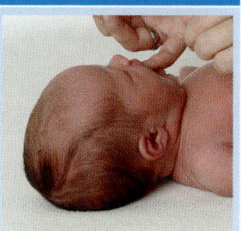	Drückt man mit dem Daumen o. Ä. gegen die Fußballen, beugt das Kind alle Zehen	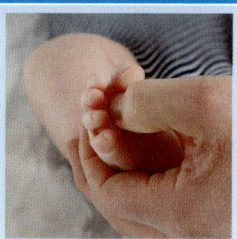

hirnareale als „bewusstes Handeln", wobei bewusstes Handeln immer seine Verankerung in Reflexmustern behält. Über eine individuell kurze Zeit können sowohl diese Reflexe als auch auf die Welt mitgebrachte Basisantworten wie auch die beginnende Willkürmotorik miteinander konkurrieren. So können z. B. das willkürliche Saugen oder das willkürliche Drehen und Bestaunen der Hand, wie auch der Greifreflex gleichzeitig vorhanden sein.

Tonische Reflexe

Primitivreflexe und Massenbewegungen gehen durch Differenzierung, d. h., durch Bewegungsverfeinerung in tonische Reflexe über, bei denen die Muskelspannung durch die Kopfstellung bestimmt wird. Mit der Zeit bilden sich auch die tonischen Reflexe zurück, da deren weiteres Bestehen die Aufrichtung und die Ausbildung der Stell- und Gleichgewichtsreaktionen verhindern würde. Zu den tonischen Reflexen gehören der tonische Labyrinthreflex (TLR), der symmetrisch tonische Nackenreflex (STNR, bis zum dritten Monat) sowie der asymmetrisch tonische Nackenreflex (ATNR, vierte bis achte Woche). Die tonischen Reflexe steuern die Spannung in der Rumpf- und Extremitätenmuskulatur – je nach Lage des Kopfes. Die Willkürmotorik löst diese Aktivität des TLR, ATNR und STNR ab.

Beachte
Wenn das Kind aufrecht in einem Tragetuch oder einer Tragehilfe getragen wird, erfährt es eine muskuläre Tonuserhöhung im Rumpfbereich. Der Kopf zeigt eine Drehung von ca. 45° mit einer leichten Reklination. Sowohl der bessere Muskeltonus als auch die Kopfdrehung unterstützen die Atmung. In der sogenannten „Wiegenhaltung" fehlt hingegen diese reflektorische Muskelaktivität und das Kind kann leichter in sich zusammensacken und die Atmung beeinträchtigen. Durch eine starke passive Rotation des Kopfes werden übersteigerte Reflexaktivitäten ausgelöst, zudem überstreckt sich der Rumpf. Das Kind kann sich schlecht selber regulieren, d. h. nicht entspannen und beginnt häufig zu weinen.

Halte-, Stell- und Gleichgewichtsreaktionen

Die sich nach der Integration der tonischen Reflexe entwickelnden Stellreflexe sind Voraussetzung dafür, dass sich bei einer Veränderung im Raum Kopf, und Rumpf entsprechend einstellen und sich damit Stütz- und Gleichgewichtsreaktionen entwickeln können. Diese Reaktionen werden in der weiteren Entwicklung weiter modifiziert und bleiben, integriert in Willkürbewegungen, im gesamten weiteren Leben erhalten. Die Halte- und Stellreaktionen sind aus diesem Grund die Basis der weiteren motorischen wie auch geistigen Entwicklung und die Grundvoraussetzungen für die späteren Gleichgewichtsreaktionen, welche die Halte- und Stellreaktionen ablösen werden. Diese Ablösung beginnt ab dem siebten Monat und sollte mit drei Jahren abgeschlossen sein. Das Kind sollte mit drei Jahren z. B. Laufrad fahren können oder auf einem Bein kurz stehen.

Beachte
Der Kinderarzt testet durch die Lagereaktionen nach Vojta, die Halte- und Stellreaktionen und kann daran erkennen, ob die motorische Entwicklung regelrecht verläuft.

GUT ZU WISSEN
Die oben beschriebenen Reaktionen können durch eine Fehlstellung des ersten Halswirbels (Atlas) behindert werden, wie dies beim KiSS-Syndrom (**K**opfgelenk-**i**nduzierte **S**ymmetrie-**S**törung) beobachtet werden kann. Neben dem Gleichgewichtsorgan ist die Tiefensensibilität betroffen (Lage-, Stellungs- und Kraftsinn), sodass die weitere differenzierte Entwicklung verzögert und/oder asymmetrisch verläuft. Folgende Symptome können bei Säuglingen auftreten:
- Asymmetrische Kopfhaltung und eine Schieflage im Bett
- Trinkprobleme mit häufigem Sabbern und Schluckschwierigkeiten
- Schlafstörungen, häufiges Aufwachen und Unruhe
- Berührungsempfindlichkeit insbesondere beim Hochheben (Säuglinge reagieren mit Schreien oder Weinen)
- Kopfhalteschwäche und Kopfdrehschwäche
- Schreikinder, Dreimonatskoliken
- Einseitige Stillprobleme
- Schädel-/Kopfasymmetrie mit einseitiger Minderentwicklung einer Gesichtshälfte

Letztlich wirkt sich eine unbehandelte Atlasfehlstellung in verschiedener Weise bis ans Ende des Lebens aus, was durch gezielte Behandlung im Säuglingsalter vermieden werden kann.

2.1.2 Die Sinne

Die Sinne dienen der Kontaktaufnahme. Ein Kind braucht die Berührung und das Spüren des Anderen so dringend wie die Luft zum Atmen. Halten und tragen Sie Ihr Baby, denn durch das Getragen werden macht das Kind wichtige Wahrnehmungserfahrungen. Auch der Gleichgewichtssinn reift so besser heran, was für die Bewegungsentwicklung sehr wichtig ist.

Die Entwicklung der Sinne wird durch Reflexe eingeleitet. So lässt z. B. der Greifreflex das Tasten und Spüren reifen. Jedes Kind kommt mit seinen eigenen Sinneswahrnehmungen auf die Welt. Es hat schon vor der Geburt gelernt zu schmecken, zu tasten, zu spüren, zu hören, zu sehen und zu riechen und dabei Erfahrungen erlebt. Im Laufe der Entwicklung reifen die Sinne weiter heran. Das Hören ist nach der Geburt gut entwickelt. Allerdings hört das Kind nicht wie wir. Es vernimmt eine Art verschiedenartiges Rauschen. Mit der Zeit kann es die verschiedenen Rauschtöne zuordnen und unterscheiden.

SCHAU, WAS ICH SCHON KANN
Das Kind hört und lässt sich von ruhigen Stimmen, besonders der bekannten der Mutter, beruhigen. Es kann tasten und saugen. Der Riechsinn hilft ihm, die Muttermilch zu „riechen".

Optische Orientierung und motorische Entwicklung

Mit dabei sein – das ist das Ziel der Bewegungsentwicklung. Dazu braucht es die Fortbewegung und die Fähigkeit zur Kommunikation. Die Neugier, die durch das Sehen geweckt wird, ist der Antrieb dieser Entwicklung. Somit steht am Beginn der Bewegungsentwicklung das Sehen.

Die motorische Entwicklung beginnt mit dem Drehen des Kopfes und dem Aufnehmen des Blickkontakts. Hirnforscher aus England berichteten im Fachmagazin *Proceedings of the National Academy of Sciences,* dass bereits zwei Tage alte Säuglinge bemerken, dass sie angeschaut werden. Bereits mit zehn Tagen beginnt das Kind den Blick der Eltern bewusst zu suchen. Diese erste motorische Errungenschaft nennt man **optische Orientierung.** Man hat das Gefühl, das Kind schaut nicht mehr durch einen hindurch. In den nächsten vier Wochen entwickelt sich diese Fähigkeit weiter, indem das Kind zu seinem Gegenüber einen intensiven Blickkontakt aufbaut. Dieser ist noch ein Nah-Sehen und findet in einem Blickabstand von ca. 25 cm statt – ein Abstand, den man automatisch zur Kontaktaufnahme zu einem Neugeborenen einnimmt.

Sehen und Sehsinn

Der Sehsinn ist am Anfang der am schlechtesten ausgebildete Sinn. Im Mutterleib war es dunkel – das Kind „musste" noch nichts erkennen können. Das neugeborene Kind hat etwa 4 % der Sehschärfe eines Erwachsenen. Am besten sieht es Kontraste von schwarz und weiß und erkennt schemenhaft etwa 25 cm vor seinem Gesicht (➤ Abb. 2.2) die runde Form des Gesichts seiner Eltern mit zwei weißen Höhlen. Der Geruchssinn hingegen ist zur Erkennung der Eltern in dieser Zeit viel entscheidender.

Der Sehsinn entwickelt sich im Lauf des ersten Lebensjahrs rasant – im Alter von einem Jahr sieht das Kind schon so gut wie ein Erwachsener. Schnell wechseln die Augen mit acht Monaten von Nahsehen auf Weitsehen. Auf kurzer Distanz erkennt das Kind Fusseln auf dem Boden und sieht weit weg das Blatt auf einem Baum, welches sich im Winde wiegt. Wichtig ist das Krabbelalter, hier lernt das Auge

Abb. 2.2 Schon mit wenigen Tagen zeigt das Baby Interesse an Gesichtern. Die optische Orientierung ist gestartet.

scharf zu sehen, zu fokussieren, auch wenn sich der Körper bewegt. Die Augenbewegungen werden zu einander koordiniert.

Für die Reifung des Sehens braucht der Sehnerv, N. opticus (2. Hirnnerv), den Reiz des Lichtes. Die Stelle des schärfsten Sehens (Foveola) im Auge ist zwar schon bei der Geburt vorhanden, aber noch nicht ausgereift. Kurz nach der Geburt, wenn der erste Lichtstrahl auf die Netzhaut trifft, wird die Entwicklung des Sehens angestoßen. Die Markscheidenbildung (Myelinisierung), die Umhüllung des Nervs, wird durch das Licht nach der Geburt angeregt. Die Umhüllung ist für die Reizweiterleitung des Lichts an den visuellen Cortex (Gehirnregion des Sehens) zuständig. Mit zehn Wochen ist diese Umhüllung abgeschlossen. Auf der Netzhaut bilden sich Photorezeptoren (Stäbchen und Zapfen). Das Kind kann mit vier Monaten Spielzeug als Kontrast deutlich erkennen und beginnt mit der Hand danach zu greifen. Die Sehschärfe entwickelt sich weiter bis zum 5. Monat. Erst danach entwickelt sich das Wechselspiel zwischen Nah- und Weitsicht. Sehen ist Wahrnehmung, die an Erinnerungen geknüpft ist.

Das Sehen spielt eine wichtige Rolle in der gesunden motorischen Entwicklung. Ein Kind, das schlecht sieht oder blind ist, wird sich als Säugling deutlich schlechter motorisch entwickeln. Es braucht für die Meilensteine (Drehen, Robben, Krabbeln, Sitzen, Stehen, freies Gehen), deutlich mehr Zeit.

GUT ZU WISSEN
- Die erste begonnene motorische Errungenschaft, durch den ersten Lichtreiz, nennt man optische Orientierung.
- Das beginnende Sehen leitet die motorische und mentale Entwicklung des Kindes ein. Das Fokussieren eines Gesichtes, das beginnende Halten eines Blickkontaktes, das Nachfolgen der Augen einer Bewegung führt zum späteren Drehen des Kopfes. Der kleine kindliche Körper folgt dann der Bewegung des Kopfes nach.
- Die Bewegungsentwicklung spiegelt die motorische und geistige Entwicklung eines Kindes wider. Unter Motorik versteht man die Haltung und die Aufrichtung gegen die Schwerkraft des Menschen im Raum sowie die Fähigkeit von zielgerichteter Bewegung.

Tipps und Tricks
- Mobiles über dem Bett oder der Wickelkommode wirken auf das Kind in dieser Zeit reizüberflutend. Gehen Sie daher sparsam mit diesen Reizen um.
- Ein Stoffmobile am Haltegriff des Autotragesitzes ist jetzt und auch später nicht notwendig. Das unruhige Baumeln über dem Gesicht des Kindes irritiert und stört das Fokussieren der Augen.
- Setzen Sie den Säugling nicht vor den Fernseher – auch wenn die Kleinen scheinbar wie gebannt davon sind. Fernsehlichtreflexe überfordern das Gehirn im gesamten ersten Lebensjahr.

2.2 Das Baby betrachten
Birgit Kienzle-Müller

2.2.1 In Rückenlage

In der Rückenlage reagiert das Baby in diesem Lebensalter mit unkoordinierten langsamen Bewegungen, den sogenannten **Massenbewegungen.** Da es seinen Kopf, seine Arme und Beine noch nicht unabhängig voneinander bewegen kann, verändert sich ständig seine Auflagefläche. Sein Körperschwerpunkt liegt noch am Kopf. Der Körper liegt instabil auf der Unterlage. Meist kann man sanft unter der Lendenwirbelsäule mit flacher Hand hindurchgreifen. Die Haltung des Babys ist labil und asymmetrisch. Die asymmetrische Rumpfhaltung wechselt (> Abb. 2.3) mit der Drehung des Kopfes: Wenn das Kind seinen Kopf auf die andere Seite dreht, folgt der Rumpf in seiner asymmetrischen Haltung nach.

Da es in der Gebärmutter am Ende sehr eng wurde, sind auch beim Neugeborenen die Arme und Beine gebeugt und dicht am Körper.
- Die Schultern stehen nach vorne und werden in Richtung Gesicht hochgezogen.
- Die Händchen sind meist gefaustet mit eingeschlagenen Daumen.
- In Rückenlage können die Hände im Hinblick auf die Massenbewegungen auch schon geöffnet wer-

den, hierbei bewegen sich die Finger noch unkoordiniert.
- Die Beine werden abgehoben gehalten, nur die Fersen berühren die Unterlage.
- Die Unterschenkel sind noch leicht sichelförmig gebogen und die Füße sind an den Außenkanten leicht nach oben gezogen Das Kind strampelt alternierend (> Abb. 2.4).

Frühchen liegen dagegen eher gestreckt auf der Unterlage. Sie haben die Enge der Gebärmutter, je nach Geburtstermin, wenig erfahren und daher ihre Muskeln nicht trainiert.

Hand

Der Greifreflex herrscht noch vor. Berührt man die Handinnenflächen, verschließt sich die Hand zu einer Faust. Wie jeder andere Primärreflex ist auch der Greifreflex auf der Hirnstammebene verschaltet. Er unterstützt heute das Tragen, indem er die Körperspannung erhöht.

Der Greifreflex muss sich bis zum dritten Monat abbauen, damit selektives, zielgerichtetes Greifen möglich wird.

Bis zur vierten Woche befindet sich der Daumen in der Handinnenfläche.

Wirbelsäule

Der Rücken eines neugeborenen Säuglings wirkt mit seiner leichten Wirbelsäulenrundung so, als ob er für auf das Getragenwerden und nicht für das Geradeliegen auf ebener Unterlage gemacht ist. Das Neugeborene zieht in der Bauchlage häufig die Beine unter den Bauch. Dies lässt die Vermutung zu, die Wirbelsäule wäre in sich ganz gerundet und es würde ein sog. Rundrücken vorliegen (Totalkyphose): Doch dies ist nicht der Fall, im Gegenteil: In dieser Altersstufe sind im Liegen, vor allem in der Rückenlage, die Hals- und Lendenwirbelsäule nach vorne in Richtung Körpervorderseite gekrümmt (Hyperlordose), während die Brustwirbelsäule gerundet ist (Hyperkyphose). Das Becken ist nach vorne gekippt, die Beckenkämme stehen hervor und das Steißbein zeigt nach hinten. Das Becken bildet mit der Brustwirbelsäule zu diesem Zeitpunkt eine Bewegungseinheit. Die gesamte Wirbelsäule zeigt von oben betrachtet eine **C-förmige Biegung** und ändert die Biegung mit der Drehung des Kopfes. Die gesamte Rumpfhaltung ist asymmetrisch und instabil und folgt der Massenbewegung. Das Kind hat in dieser Position eine Auflagefläche, jedoch keine Stützaktivität.

Ein anderes Bild zeigt sich, wenn das Kind im Tragetuch sitzt: Das Becken geht in eine physiologische Aufrichtung, dies bedeutet: Das Steißbein kommt nach vorne. Die Beckenkämme richten sich auf, die übermäßige Krümmung der Lenden- und Halswirbelsäule schwächen sich ab, die Brustwirbelsäule kommt aus der überstarken Rundung heraus. Die Auflagefläche des Tuches wird nun zur Unterstützungsfläche. Zu diesem Zeitpunkt ist der Rumpf des Kindes kaum symmetrisch in das Tuch zu bringen.

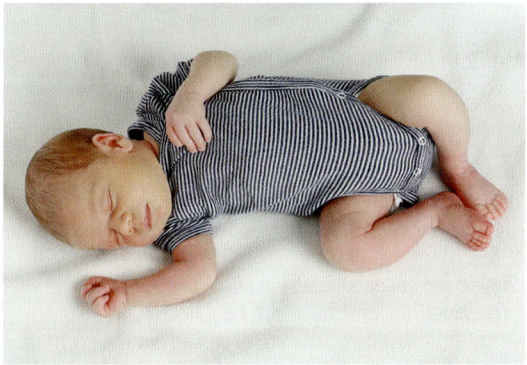

Abb. 2.3 Die Rückenlage am zehnten Tag. Der Rumpf ist noch asymmetrisch und instabil. Das Köpfchen dreht zur Seite.

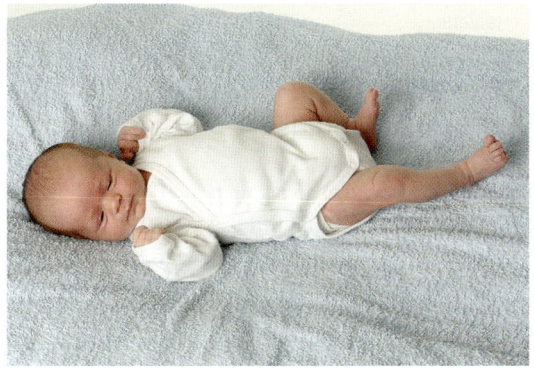

Abb. 2.4 Das neugeborene Kind strampelt noch alternierend – ein Bein in Beugung, das andere ist in Streckung.

GUT ZU WISSEN

- Halswirbelsäule und Lendenwirbelsäule reagieren immer gleich, die Brustwirbelsäule gegenläufig.
- An der Stellung eines Wirbelsäulenabschnittes kann man daraus die Schlüsse ziehen, wie die anderen Abschnitte stehen.
- Da die Hände und Füße Zeiger der Wirbelsäule sind, kann man aus der Stellung Rückschlüsse auf die Entfaltung des Rumpfes ziehen.

Kopfdrehung

Die Kopfdrehung bis zu den Schultern ist in den ersten drei Monaten noch nicht vollständig möglich. Eine aktive Wendung zur Seite in der Bauchlage wie auch in der Rückenlage kann nur bis 45° erfolgen (➤ Abb. 2.5, ➤ Abb. 2.6), sie umfasst also nur die Hälfte des Bewegungsumfangs. Erst ab dem vierten Monat kann die gesamte Halswirbelsäule ganz aktiv und vollständig zur Seite gedreht werden. Während der Zeit davor spricht man von einem Rollen des Kopfes über die Unterlage:

- Der Kopf, der in der Bauchlage noch nicht von der Unterlage abgehoben werden kann, rollt über das Kinn zur anderen Seite.
- In der Rückenlage erfolgt das Wenden noch mit einer leichten Überstreckung in der Halswirbelsäule, da das aktive Vorneigen des Kopfes noch schwerfällt.

Abb. 2.6 Auch im Tragetuch beträgt die natürliche Kopfdrehung 45°.

GUT ZU WISSEN

- Auf keinen Fall darf der Kopf gegen einen Widerstand bewegt (gedreht) werden, es besteht Verletzungsgefahr!
- Wird ein neugeborenes Kind über die Seite hochgenommen, so kann es seinen Kopf noch nicht halten bzw. stabilisieren. Scherkräfte wirken auf die noch nicht vollständig ausgebildete Halswirbelsäule und noch schwache Halsmuskulatur. Aus diesem Grund ist ein Hochnehmen des Kindes in den ersten acht Wochen aus der Bauchlage sinnvoll, anstatt aus der Seitenlage.

2.2.2 In Bauchlage

Wie die Rückenlage, so ist auch die Bauchlage noch **asymmetrisch und instabil** (➤ Abb. 2.7). Der Körperschwerpunkt liegt am Kopf. Der Kopf ist zum Verhältnis des Rumpfes deutlich größer und schwerer. Das Kind liegt am liebsten in der sogenannten Beugehaltung oder **Fötusposition,** bei der das Baby die Arme und Beine zum Körper zieht. Die Brustwirbelsäule ist gerundet. Die Beine werden meist unter

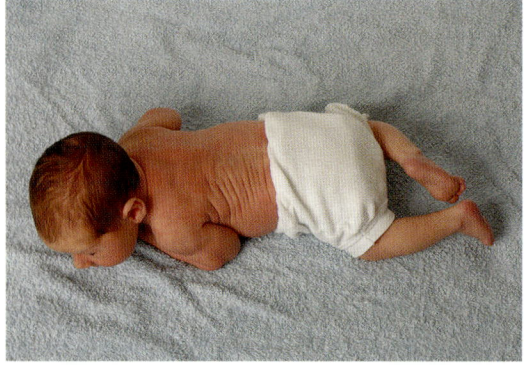

Abb. 2.5 Das Neugeborene kann seinen Kopf aktiv 45° zur Seite drehen und am Rumpf zeigen sich sogenannte Fischgräten.

Abb. 2.7 Die Bauchlage am zehnten Tag. Die Beine werden unter den Bauch gezogen. Die Wirbelsäule ist noch asymmetrisch, der Kopf wird seitlich abgelegt.

den Körper gezogen. Die Ellenbogen liegen dicht am Körper, die Arme sind angewinkelt, die Schultern hochgezogen und zeigen nach vorne in Richtung Gesicht. Die Körperbelastung liegt auf den Handgelenken. Die Hände sind noch fest verschlossen und der Daumen liegt in der Faust.

Aus dieser Lage schafft es das Kind noch nicht, seinen Kopf gegen die Schwerkraft anzuheben. Es wird noch wachsen müssen, Kraft in die Arme und in die Rumpfmuskulatur bekommen und die Reflexe abbauen.

Trotz alledem, aus dieser Lage führt das Kind, zur Begeisterung seiner Eltern, in den ersten Tagen **Kriechbewegungen** aus. Es handelt sich um den **Bauer-Reflex** (➤ Tab. 2.1), der sich schon bald verliert. Je mehr Kontrolle das Kind über die Kopfhaltung bekommt, desto weniger wird das Baby die Fötusposition einnehmen.

Im wachen Zustand trainiert das Kind in der Bauchlage seine Stützaktivität und die Aufrichtung gegen die Schwerkraft.

Kindliche Hüfte

Die Hüftgelenke sind bei der Geburt noch nicht vollständig ausgereift. Sie sind als Knospen im Ultraschall zu erkennen. Insgesamt benötigen die Hüftgelenke drei Jahre, um ihre physiologische Stellung zu erhalten (➤ 4.4.1). Der sich beim Tragen im Tuch bzw. in der Tragehilfe einstellende Dreiklang (➤ 2.2.2) zwischen der Beugung, Abspreizung und Außendrehung der Hüftgelenke wirkt sich beson-

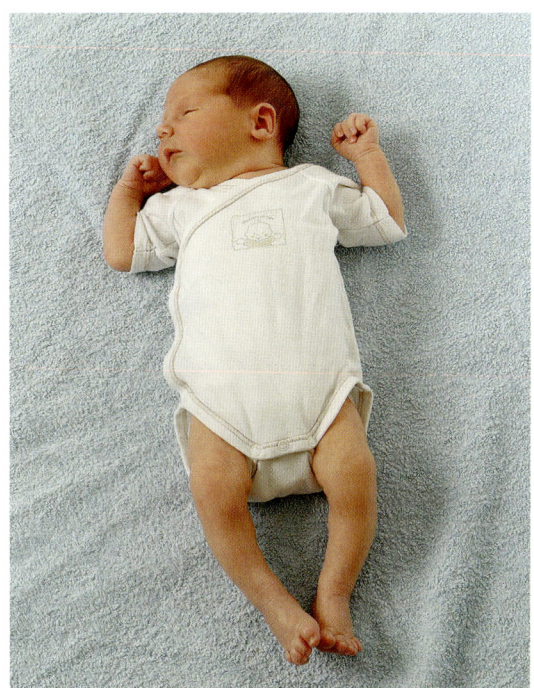

Abb. 2.8 Neugeborene haben leichte O-Beine, erkennbar an den sichelförmig verlaufenden Unterschenkeln.

ders förderlich auf deren Entwicklung aus. Denn dadurch wird der Hüftkopf in der Hüftpfanne zentriert und kann sich gut entwickeln.

Beim Neugeborenen sind die Beinachsen leicht O-förmig (➤ Abb. 2.8) geformt. Dies ist besonders gut an den Unterschenkeln erkennbar, die eine leichte sichelförmige Form haben. Zudem sind die Beine aufgrund des geringen Platzes in der Gebärmutter angehockt, die Knie zeigen nach außen.

Warum ist dies so? Es macht keinen Sinn zu denken, dass Mutter Natur den ersten Entwicklungsort unserer Kinder, den Uterus, so angelegt hat, dass alle Kinder mit verkrümmten Beinen auf die Welt kommen. In manchen Kulturen hat die Sorge um diese Krümmungen zu korrigierendem Wickeln geführt. Mit oftmals dauerhaften Schäden für das knöcherne System. Wir können unserer Natur zutrauen, dass alles seinen Sinn hat und gut so ist, wie es ist und nicht korrigiert werden muss. Die Aufgabe besteht vielmehr darin, den Sinn zu entdecken – dann werden wir nämlich sehen, dass die Tibiakrümmungen (18,5°) dem Baby helfen, einen besseren Halt am Körper der Mutter zu finden. Durch die Krümmung umfasst das Kind den Körper der Mutter und gleich-

Abb. 2.9 Die Anhock-Spreiz-Haltung ist eine typische Beinhaltung des Neugeborenen mit ihren O-Beinen, ideal zum Tragen.

zeitig wird die Fußsohle dem Körper der Mutter zugewandt. Gemeinsam mit dem Greifreflex des Fußes, der durch die Berührung der Fußsohle ausgelöst wird, kommt es zu einer **„Greif-Klammer-Reaktion"**, insbesondere beim Tragen auf der Hüfte (➤ Abb. 2.9).

Nur für ganz kurze Zeit, etwa für zwei Wochen, steht der Fuß des Neugeboren noch in sich gerade, erst dann beginnt er langsam sich nach innen zu wenden, sodass später die Fußsohlen zueinander gewandt sind. Durch die Enge im Bauch kann es sein, dass die kleinen Zehen übereinanderliegen oder der Fuß, wie beim Sichelfuß eine sichelförmige Form aufweist. Kletterfüße – die Fußspitzen zeigen nach innen – und Hackenfüßchen – der Fuß kommt bis zum Unterschenkel hoch – lassen sich durch regelmäßig durchgeführte einfache Streichelgriffe in den nächsten Wochen beheben, denn Babyfüße sind gut formbar.

Tipps und Tricks

- Sanfte Babyfußmassage tut besonders gut: Streichen Sie die Fußsohle von der Ferse in Richtung Zehen sanft aus. Streichen Sie die Zehen gerade.
- Streicheln Sie an der Fußaußenkante von den Zehen zur Ferse und weiter nach oben, den Unterschenkel entlang in Richtung Knie. Dadurch wird der sogenannte Magnetreflex (➤ Tab. 2.1) ausgelöst, der wiederum den Fuß in die Korrektur führt.
- Im Tragetuch oder in der Tragehilfe können die Füße wie oben beschrieben ebenfalls korrigierend gestrichelt werden. Sinnvoll ist es, wenn keine Strümpfe an den kleinen Füßchen sind, dadurch sind sie besser formbar. Umgreifen Sie die Füße des Kindes und massieren sie diese leicht, um diese zu wärmen. Außerdem steigert die Massage das Wohlbefinden Ihres Kinds. Im Winter empfehlen sich Söckchen, damit die kleinen Füße nicht auskühlen.
- Wenn Sie Ihr Kind mit nackten Füßchen im Tuch oder in der Tragehilfe tragen und dabei die Füße halten wie in Steigbügeln, können Sie nicht nur den Kreislauf in Schwung bringen, sondern auch die Fußstellung korrigieren. Durch die Steigbügelhaltung – der Fuß wird wie bei einem Steigbügel von unten gehalten – kommen die Füße automatisch in die korrekte Position – sie sind leicht nach innen geneigt.
- Bei Unsicherheit holen Sie sich Hilfe von einem Physiotherapeuten bzw. Trageberaterin.

Den bereits beschriebenen **Greifreflex** (s. o.) finden wir im **Fuß** wieder. Denn auch die Füße sind an der Erkundung der Welt beteiligt. Stammesgeschichtlich dient der Greifreflex des Fußes gemeinsam mit der allgemeinen Orientierung der Beine und Füße nach vorn, auch dem Getragenwerden. Auch die Füße (➤ 6.1) zeigen durch den vorhandenen Greifreflex von Anfang an, dass sie zum Tragen „gemacht" sind. Erst sehr viel später als der Handgreifreflex wird er in den tieferen Gehirnregionen integriert – und zwar erst ab dem Zeitpunkt, wenn das Kind mit den Füßen abrollen kann, das ist meist erst mit drei Jahren möglich. Bis zu diesem Zeitpunkt ist häufig der Fußgreifreflex noch vermindert auslösbar.

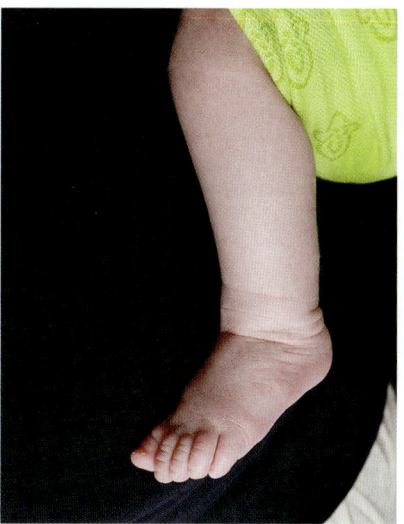

Abb. 2.10 Im Tragetuch stellt sich der Fuß automatisch in seine physiologische Stellung, die für das spätere Gehen wichtig ist.

In der Entwicklung der Füße finden wir, wie so oft, eine positive Wechselwirkung mit der Gesamtentwicklung des Körpers: Zum einen verweisen die Eigenschaften des Fußes darauf, dass das Baby als Tragling gedacht ist und zum anderen, wird durch das Tragen die Entwicklung des Fußes zu einem Lauffuß unterstützt: Das Tragen im Tuch unterstützt in die natürliche Supinationsstellung (➤ Abb. 2.10), die Voraussetzung ist für die spätere Aufrichtung des Fußgewölbes und die Stützfunktion des Fußes für das spätere Gehen und Abrollen des Fußes. Die Fußinnenfläche zeigt zum Tragenden und der Fuß stützt sich am Beckengurt ab. Die Stützreaktion gibt dem Körper einen Aufrichtungsimpuls nach oben. Die gesamte Aufrichtung und Koordinationsfähigkeit des Kindes wird unterstützt durch das Tragen selbst und durch die Stimulation an den Füßen durch die „Steigbügel"-Haltung. Längs und Quergewölbe entwickeln sich, durch das Halten der Füße mit den Händen. Eine wichtige Voraussetzung für das Laufen am Ende des ersten Lebensjahrs ist gegeben.

Anhock-Spreiz-Haltung oder Dreiklang

Beim Hochnehmen nimmt das Kind reflexartig seine Beine in Beugehaltung (➤ Abb. 2.11), dies erfolgt durch die Lift-Reaktion – ein Reflex, bei dem die Knie leicht nach außen in Richtung der Schultern hochgezogen werden. Diese Haltung ist die perfekte Vorbereitung für das Getragenwerden vor allem auf der Hüfte – dem Ursitz für unsere Babys. Hier passen Mutter und Kind wie Schlüssel und Schloss zusammen. Wir nennen diese Haltung den „Dreiklang".

Während bei der Anhock-Spreiz-Haltung die Hüftgelenke ungefähr im 90°-Winkel gespreizt sind und die Spreizung im Vordergrund steht, zeichnet sich die Haltung des Dreiklangs (➤ Abb. 2.12) dadurch aus, dass eine gleichberechtigte Haltung aus Flexion (100–120° Beugung), Abduktion (40–45° Abspreizung) und Außenrotation besteht. Die Außenrotation in den Hüftgelenken bewirkt die korrekte Fußstellung in Supination. Die Knie sind angebeugt. Die Füße sind die Zeiger des korrekten Sitzes.

Abb. 2.11 Das Baby wird aufgenommen – noch hängen die Beine leicht nach unten.

Abb. 2.12 Das Baby zieht die Beine an (Dreiklang).

Beachte
Der „Dreiklang" ist die ideale Position, um die Hüftgelenke reifen zu lassen.

SCHAU, WAS ICH SCHON KANN
Das Neugeborene beginnt Blickkontakt zu suchen, obwohl es Gesichter erst schemenhaft erkennt. Reflexe sind zu diesem Zeitpunkt stark dominant und unterstützen den Säugling bei seinen Bewegungen, wie z. B. den Kopf zu drehen, zu wenden, um Luft in der Bauchlage zu bekommen oder der Suchreflex, beim Finden der Brust.

2.3 Kleine Hilfen mit großer Wirkung
Birgit Kienzle-Müller

2.3.1 Mein Kind ist schief! Asymmetrien vorbeugen

Achten Sie darauf, dass Ihr Kind sein Köpfchen in der Rückenlage wie auch in der Bauchlage zu beiden Seiten ablegen kann. Liegt und schläft das Baby einseitig immer in der gleichen Position, entwickelt sich eine Haltungsasymmetrie. Unter Umständen kommt es zu einer Verformung des Kopfes und einer Bewegungseinschränkung in der Halswirbelsäule, die sich auf den ganzen Körper auswirkt.

Tipps und Tricks
- Die beste Prophylaxe: Tragen Sie Ihr Kind immer wieder bei sich in einem Tuch oder in einer Tragehilfe.
- Das Neugeborene wendet in der ersten Zeit sein Gesicht meist zur Lichtquelle im Raum. Drehen Sie das Bettchen immer wieder in eine neue Position.
- Sprechen Sie Ihr Kind bevorzugt aus der Mitte an und gestalten Sie ihr Handling abwechslungsreich. Nehmen Sie es einmal von rechts oder von links hoch und tragen Sie es in verschiedenen Positionen.
- Wechseln Sie die Liegeposition: Tagsüber im Wachzustand und unter Beobachtung ist die Bauchlage zu bevorzugen. In der Seitenlage kann der Rücken und das obere Beinchen mit einer Handtuchhäufchen gestützt werden. Nach der World Health Organization (WHO) ist ein regelmäßiges Umlagern in der Nacht nicht mehr üblich. Die Schlafphase sollte in der Rückenlage erfolgen.
- Beim Stillen wechseln Sie die Position ganz automatisch. Das Füttern mit der Flasche kann entsprechend variantenreich gestaltet werden.

2.3.2 Bauchnabel

Die Abheilung des Bauchnabels verläuft in der Regel unkompliziert. Meistens fällt die Nabelschnur nach wenigen Tagen als schwarzer Strang vom Bauchnabel ab. Manchmal kommt es ohne ersichtlichen Grund zu einem Nabelbruch. Der Nabel steht von der Bauchdecke ab. Bei Auffälligkeiten sollten Sie Ihren Kinderarzt zu Rate ziehen. Unterstützen Sie die Schließung der Bauchdecke durch die nachfolgenden Tipps und Tricks.

Tipps und Tricks
- Die Bauchlage aktiviert die Bauchmuskeln und mindert dadurch einen Nabelbruch. Doch bedenken Sie: Die Bauchlage darf nur am Tag und unter Aufsicht eingenommen werden (siehe oben „Bauchlage").
- Der Zug auf die Bauchdecke wird minimiert, wenn sie bei dem auf dem Rücken liegenden Kind ein zusammengeknülltes, größeres

Handtuch unter die Beine geben. Seitlich können die Handtuchenden den Körper begrenzen. In der Nacht darf (laut WHO) kein Hilfsmittel im Bettchen verbleiben.
- Tragen kann bei einem Nabelbruch hilfreich sein. Hier brauchen Sie die Hilfe Ihrer Trageberaterin oder Ihrer Hebamme.

2.3.3 Bauchweh

Das kindliche Verdauungssystem ist in den ersten Wochen noch nicht ausgereift und reagiert empfindlich auf Störungen. Deshalb können kurz nach dem Trinken Unwohlsein und Bauchschmerzen auftreten. Bauchschmerzen erkennt man an der verkrampften Körperhaltung. Der Bauch ist angespannt, die Beine ziehen Richtung Bauch, der Kopf überstreckt sich, die Hände sind gefaustet, die Augen geschlossen und das Kind schreit aus vollem Hals.

Tipps und Tricks

- Beim Lagern in der Rückenlage entlastet ein zusammengeknülltes Handtuch, das unter die Beine des Kindes gelegt wird, die Bauchdecke und kann Bauchschmerzen vorbeugen.
- Halten und tragen Sie das Kind mit anwinkelten Beinen, so können Sie Bauchschmerzen verhindern bzw. lindern.
- Das Tragen im „Fliegergriff" mit nach unten hängenden Beinen wirkt entspannend auf den Bauch.
- Weint das Kind, weil es Bauchschmerzen hat, und zieht es die Beine krampfhaft zum Bauch, dann können Sie durch einen einfachen Griff helfen:
  – Sie stehen am Fußende Ihres Kinds, das auf dem Rücken liegt. Greifen Sie mit beiden Händen unter das Becken.
  – Halten Sie das Becken wie eine Schale, die Fingerspitzen enden am Beckenkamm. Der Daumen liegt jeweils in den Kniekehlen des Kindes. Die Beine werden in Richtung Bauch mithilfe der Daumen angewinkelt.
  – Schaukeln Sie das Becken in weichen und langsamen Bewegungen nach rechts und links. Runden Sie das Becken und führen Sie sanfte zur Seite und nach oben gehende Beckenbewegungen durch, um die Bauchdecke zu entspannen.
- In Rückenlage helfen sanftes Beugen und Strecken der Beine im Wechsel. Dieses „Fahrrad fahren" unterstützt den Stuhlgang
- Strampelhosen sind bequemer als Hosen mit Gummizug und schnüren nicht am Bauch ein.
- Eine einfache Hilfe, wenn das Kind nur noch schreit: Das Kind von der Windel befreien, denn häufig werden Windeln zu fest angelegt Es kann sein, dass die Windel am Bauch einschnürt, gerade wenn das Kind Blähungen hat, wodurch zusätzliche Schmerzen verursacht werden.
- Selbst ruhig weiter atmen, auch wenn das Kind bitterlich weint. Eigene Angst und Unruhe überträgt sich auf das Kind.
- Abendliches Weinen hat häufig mit Reizüberflutung am Tag zu tun, weniger ist hier mehr (➤ 2.5.7).

2.3.4 Schluckauf

Besonders in den ersten Wochen hat das Baby Schluckauf. Das Kind kennt den Schluckauf schon aus der frühen Schwangerschaft und hat sich an ihn gewöhnt. Störend ist er nur, wenn er zu lange dauert. Hält der Schluckauf zu lange an, ist das Kind irritiert und beginnt zu weinen (➤ 2.5.7). Die Ursache für den Schluckauf ist die Unreife des Zwerchfells. Es zieht sich noch unkoordiniert zusammen. Dadurch atmet das Neugeborene ein, der Kehlkopfdeckel schließt sich und die Luft kann nicht mehr hinaus. Gleichzeitig wird der Rückfluss der Milch nach oben, der so genannte Reflux, gestoppt. In diesem Alter ist Schluckauf also nicht nur natürlich durch die Entwicklung bedingt, sondern er ist auch eine Schutzfunktion des Körpers und daher nicht schädlich, sondern nützlich.

Je älter das Kind wird, umso seltener kommt der Schluckauf. Schluckauf kann auch durch Kälte oder durch Stress ausgelöst werden. Zu viele Eindrücke, zu viele Besuche, zu viele laute Geräusche und manchmal auch fehlende Körperwärme können diesen Stress verursachen. Schluckauf kann ein Anzeichen sein, dass das Kind mit den momentanen Reizen nicht zu Recht kommt.

Tipps und Tricks

- Legen Sie Ihr Kind an. Durch den Saugrhythmus beruhigt sich das irritierte Zwerchfell ziemlich schnell.
- Lassen Sie Ihr Kind nach dem Trinken ein „Bäuerchen" machen. Das Aufstoßen nach dem Trinken, mindert einen Schluckauf.
- Eine sanfte Fußmassage kann das Kind entspannen, denn auch Stress kann einen Schluckauf auslösen.
- Halten Sie Ihr Kind warm, denn Kälte und Temperaturunterschiede können auch die Ursache für einen Schluckauf sein.

2.3.5 Wie das Tragen die Entwicklung fördert

Schon im Bauch wurde das Kind getragen. Es hat Bewegungsimpulse erfahren und seine Sinnesentwicklung wurde durch die Bewegungen der Mutter angeregt. Entwicklung findet durch Bewegung statt und bewegt werden. Schon Neugeborene werden getragen. Die Kinder erleben dadurch Bewegungserfahrungen, Gleichgewicht und Koordination.

Durch das aufrechte Getragenwerden wird die Kopfkontrolle und die Kraftentwicklung im Rumpf angeregt. Durch die aufrechte Körperhaltung kann das Kind seinen Kopf aufgerichtet halten und von einer Seite auf die andere Seite rollen. Von ganz alleine nimmt das Kind in den ersten Wochen die optimale Kopfhaltung ein und dreht den Kopf um 45° Grad zur Seite.

Durch den Dreiklang (> 2.2.2) der Beine wird die Ausreifung der Hüftgelenke besonders gut angeregt und gefördert. Die Bindung zur Mutter, zum Vater wird durch die innige Verbindung durch das Tuch bzw. der Tragehilfe in ganz besonderem Maße beeinflusst. Seine natürliche gekrümmte Rumpfhaltung zur Seite zeigt das Kind bis zur achten Woche, danach ist das Kind im Rumpf gerade und kann in der Symmetrie im Tuch bzw. Tragehilfe eingebunden werden. Das Moltontuch schützt die empfindlichen oberen Kopfgelenke durch evtl. Einschnürungen des oberen Tuchrandes an der Halswirbelsäule.

2.3.6 Wirkungen des Tragens

- Das Tragen wirkt entwicklungsfördernd, es nimmt Einfluss auf die ideale Motorik und spricht das motorische Lernen des Kindes an.
- Das Tragen überträgt gangtypische Bewegungen auf das Kind, welche die natürliche Entwicklung unterstützt.
- Das Tragen hat damit den Anspruch einer therapeutischen Wirkung auf das Kind. Somit ist Tragen eine Form der Therapie.
- Tragen ist zudem eine Interaktion zwischen dem Tragenden und dem Kind.
- Durch das Tragen erlebt sich das Kind als gehalten, gesehen, beruhigt und aktiviert. Auf diese Weise kann das Kind seine Fähigkeit zur Selbstregulation entwickeln. Es spürt sich selbst.

Beachte
Besonders wenn das Tragen von Fachpersonal an Eltern vermittelt wird, ist eine entsprechende Fortbildung die Voraussetzung. Hierfür gibt es entsprechende Schulungen.

Im Hinblick auf die einzelnen Organsysteme und Strukturen des Körpers können die folgenden entwicklungsfördernden Wirkungen des Tragens unterschieden werden.

- **Bewegungsförderung und Aufrichtung:**
  - Neue Verknüpfungen im Gehirn
  - Aktivierung der optischen Orientierung
  - Anbahnung von Bewegung
  - Aktivierung des Gleichgewichts
  - Aktivierung der Koordination
  - Aktivierung der Aufrichtung
- **Stimulation der Symmetrie:** Gangtypisches Rumpftraining
- **Muskeln und Gelenke:**
  - Muskeltonusregulation
  - Aktivierung der Nackenmuskulatur
  - Kräftigung der Rumpfmuskulatur
  - Mittelstellung der Gelenke von Schulter und Hüfte
  - Unterstützung der Hüftentwicklung durch den Dreiklang der Flexion, Abduktion und Außenrotation
  - Förderung der Fußentwicklung

- **Reflexe und Reaktionen:**
  - Hemmung frühkindlicher Reflexe (Reaktionen)
  - Aktivierung der Halte- und Stellreaktionen
  - Aktivierung der Abstützreaktion der Hände
- **Organentwicklung:**
  - Verbesserung des Schluckmechanismus
  - Darmregulation
- **Sensomotorik:**
  - Stimulation der Tiefensibilität durch propriozeptive Reize
  - Bewegungsübertragung durch den Gang der Mutter
- **Soziale Kompetenz und Selbstregulation:**
  - Gehalten werden: Bindung – Bonding
  - Förderung der nonverbalen Kommunikation
  - Lösung von Spannungen
  - Entspannungsfördernd
  - Kind reagiert auf Bewegungen der Mutter
  - Mutter reagiert auf Bewegungen des Kindes

2.4 Das Baby als Tragling
Ulrike Höwer

2.4.1 Grundbedürfnis nach Nähe und Körperkontakt

Jedem Anfang wohnt ein Zauber inne, sagt der Volksmund. Doch nicht jeder Anfang ist immer zauberhaft. Jede Geburt ist ein individuelles Ereignis und Erlebnis. Ein Erlebnis, das Teil der eigenen Biografie wird. Die Geburt prägt Mutter und Kind. Für beide beginnt ein neuer Lebensabschnitt. Wie schön, wenn die ersten Tage nach der Geburt noch eine Zeit der Erholung und des gemeinsamen Ankommens und Kennenlernens sein können. Dann bekommt diese Zeit tatsächlich einen besonderen Zauber.

Nie ist das Leben so intensiv und ganz neu prägend, wie in dieser ersten Zeit mit einem neugeborenen Baby. Alle Erlebnisse und Ereignisse der Geburt und dieser ersten Wochen werden Sie noch nach Jahrzehnten bis ins letzte Detail erzählen können. Denn Geburt und Wochenbett hinterlassen tiefe Spuren in unserer Erinnerung und in unserem Körpergedächtnis.

Wochenbett

Beide, Sie und ihr Kind, brauchen in den ersten Wochen nach der Geburt einen Raum der Erholung und Ruhe. Dies ist nicht die Zeit, sich selbst um die Notwendigkeiten des täglichen Lebens zu kümmern. Das Wochenbett dient der Erholung, der beginnenden Rückbildung und der Sorge um das Baby.

Betrachtet man alte Bilder, in denen das Geschehen einer Wochenstube gezeigt wird, so lässt sich kein Bild aus vergangenen Jahrhunderten finden, in dem die frisch Entbundene sich um die Gäste kümmert, Speisen richtet oder irgendeine Tätigkeit verrichtet. Es war üblich, dass die Mutter mehrere Wochen im Bett blieb und danach noch einige Zeit in der Wochenstube verbrachte. Schon im alten Rom hing man einen Kranz an die Tür des Hauses um zu zeigen, dass hier eine Wöchnerin liegt. Der Kranz sollte die Vorübergehenden um Ruhe bitten. Das Ende des Wochenbettes war die Tauffeier. Eine Renaissance der Wochenbetttradition ist ein Gewinn für viele Frauen und Familien: Denn Mutter und Kind können selbstbewusst zwei – bis drei Wochen im Bett, auf dem Sofa mit viel Körperkontakt ausruhen. Ein Schaukelstuhl ist ein ideales Wochenbettgeschenk. Das sanfte Wiegen tut Mutter und Kind gleichermaßen gut und in einem Schaukelstuhl hat leicht noch ein weiteres Geschwisterkind Platz.

Das Stillen nimmt einen großen Teil des Tages in Anspruch. Nicht alles klappt auf Anhieb und braucht Zeit und Geduld, um sich einzupendeln. Auch die sonstige Versorgung des Babys muss gelernt werden. Wie gut, dass die Hebamme noch täglich zu einem Hausbesuch vorbeischaut und durch diese erste Zeit hilft.

Irgendwann ist das frühe Wochenbett vorbei, der frisch gebackene Vater geht zur Arbeit, die Oma fährt wieder nach Hause und die Zeit allein mit einem Neugeboren beginnt.

Berührung und Bewegung

Oft ist während der Schwangerschaft ein Platz für das Baby vorbereitet worden. Meist gibt es sogar ein eigenes kleines Zimmer mit einer Wickelkommode und einem Gitterbettchen. Vorhanden sind auch die Matratze und der Schlafsack, die den Richtlinien für

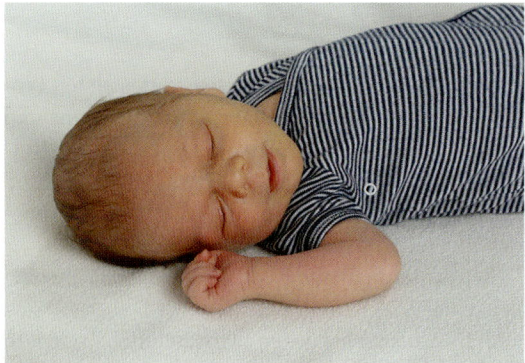

Abb. 2.13 Manchmal klappt das Einschlafen einfach so.

gesunden Babyschlaf (➤ 2.5.6) entsprechen. Die zur Geburt geschenkte Spieluhr hat eine entzückende Melodie und der gemütliche Sessel lädt ein zu entspannten Stillstunden.

Wie schön wäre es, wenn das Baby nun gut versorgt, für mehrere Stunden schlafen (➤ Abb. 2.13) würde. Doch das kommt nur selten vor. Was hat es nur? Braucht es noch Zeit, um nach dem Stillen aufzustoßen? Ist etwas mit der Windel nicht richtig? Tut ihm etwas weh? Warum kommt es nicht zur Ruhe? Das Baby wird also auf den Arm genommen und sanft geschaukelt oder durch die Wohnung getragen. Das Baby in den Armen zu wiegen, ist etwas, was alle Völker der Menschheit verbindet.

Sie machen es also genau richtig. Nehmen Sie ruhig ihr Baby auf den Arm, sprechen Sie leise mit Ihrem Baby oder singen Sie ihm vor. Dies ist die große Gemeinsamkeit aller Babys dieser Welt: Sie lieben es, auf dem Arm zu sein, sanft gewiegt zu werden, leise Stimmen zu hören und einen anderen Körper zu spüren.

Berührung und Bewegung knüpfen an die ersten embryonalen Erfahrungen an: Das sanfte Schaukeln im Fruchtwasser geben das Gefühl von Geborgenheit und Nähe und stimulieren erste Berührungs- und Bewegungserfahrung.

> **GUT ZU WISSEN**
> Bereits hier beginnt das Wechselspiel von Motorik (Bewegung) und Sensorik (Wahrnehmung), das für Selbsterfahrung, Beziehung und Lernen extrem wichtig ist.

Tastsinn und Haut

Unsere Haut ist unsere Schutzhülle. Doch sie ist nicht nur passive Hülle, sondern auch unser größtes und wichtigstes Sinnesorgan. Zwischen der siebten und achten Woche, wenn das Herz des Babys im Ultraschall sichtbar schlägt und der Embryo gerade mal zwei Zentimeter groß ist, beginnt sich der Tastsinn zu entwickeln

Ausgehend von der Mundregion bildet sich die taktile Wahrnehmung über den gesamten Körper aus. In der Mundregion (➤ Abb. 2.14) befindet sich eine besonders hohe Dichte von Wahrnehmungsorganen. Bereits mit acht Wochen reagiert der Embryo im Uterus auf Berührungen an der Oberlippe. Auch in der Großhirnrinde haben die Lippen einen überdurchschnittlich umfassenden Bereich.

Zwischen der zwölften und 16. Woche im Uterus werden die Hände aktiv. Eine besondere Bedeutung hat das Daumenlutschen als Verbindung zwischen Hand und Mund. Diese Verbindung bleibt als Weg, sich selbst zu beruhigen und die eigene Spannung zu regulieren, lebenslang ein vertrautes Muster (➤ 1.4.4).

Sowohl unsere Haut, als auch unser Nervensystem entstehen aus dem gleichen Keimblatt, dem Ektoderm. Somit stehen Haut und Gehirn über das Nervensystem und seine Botenstoffe im ständigen Kontakt miteinander. Über jede Berührung unserer Haut entwickelt sich sowohl unsere Eigenwahrnehmung als auch unser Nervensystem. Diese taktile Stimulation dient der Entwicklung des eigenen Körperschemas und damit dem Erfassen des eigenen

Abb. 2.14 Das etwa fünf Monat alte Baby untersucht ganz intensiv sein Spielzeug mit dem Mund.

Körpers, ebenso wie der Organisation des Gehirns. Ein Leben lang haben wir Freude und Sehnsucht an und nach Berührung. Bereits im Mutterleib sucht das Kind nach Tast- und Berührungsreizen: Es spielt mit der Nabelschnur, berührt seine Hände, Füße, die Fruchtblase.

Kinder, die viel positive taktile Stimulation erleben, entwickeln eine gute Körperwahrnehmung und damit ein stabiles Selbstvertrauen – und haben damit eine gute Basis für soziales Verhalten und Lernen. Wir Menschen treten über unseren Körper miteinander in Kontakt. Über unsere Körpersprache aber auch über Blickkontakt, Mimik und Berührungen. Auch das Lernen braucht das Begreifen im wahrsten Sinne des Wortes. Alles was wir erfahren dürfen, können wir leichter erfassen. Beziehung und Bildung brauchen beides: ein gesundes Körperschema und die immer wiederkehrende Bestätigung durch Berührung und Bewegung.

Bewegungsempfindung: Berührung, Bewegung, Rhythmus

Erste Bewegungen macht der Embryo bereits in der siebten Schwangerschaftswoche. Das Gleichgewichtsorgan im Innenohr (vestibuläres System) entwickelt sich zwischen der neunten und zehnten Woche. Ab dieser Zeit nimmt der Embryo Lageveränderungen wahr. Er spürt, wie er sich selbst bewegt, sich um sich dreht, einen Purzelbaum schlägt. Er spürt auch, wie sich die Bewegung der Mutter auf ihn überträgt. Vielleicht haben auch Sie die Erfahrung gemacht, dass Ihr Baby besonders aktiv war, sobald Sie sich abends ins Bett gelegt haben. Das beruhigende Schaukeln, das durch ihre Bewegung ausgelöst wurde, war durch Ihr Zubettgehen plötzlich beendet und hat ihr Baby geweckt und zu eigenen Bewegungen angeregt. Es besteht also auch ein besonderer Zusammenhang zwischen Beruhigung (und nicht nur Entwicklung) und Bewegung: Rhythmisches Schaukeln reguliert die innere Spannung und hilft, in Ruhe und Balance zu kommen – in jeder Lebensphase. Kinder lieben es, auf dem Arm gewiegt zu werden, Erwachsene mögen es, in Schaukelstühlen, Hängematten, Hollywoodschaukeln zu sitzen.

Mit der Entwicklung des Gleichgewichtsorgans beginnt auch das erste Hören. Zunächst nur als Wahrnehmung eines rhythmischen Rauschens und ab dem fünften Entwicklungsmonat als Ton und Klang. Das rhythmische Rauschen der mütterlichen Organe, das Urgeräusch also, ist dem Rauschen der Wellen am Meer sehr ähnlich, was viele Menschen als sehr entspannend erleben. Deshalb ist ein langer Spaziergang am Meer mit den Geräuschen der Wellen eine ganz andere Erfahrung als ein Spaziergang entlang eines großen Sees.

> **GUT ZU WISSEN**
>
> Die ersten und wesentlichsten Erfahrungen eines Kindes sind die von Berührung, Bewegung und Rhythmus. Diese Erfahrungen sind die Basis aller weiteren Entwicklung, die ein Leben lang ihre Bedeutung erhalten. Die Stimulierung dieser Basissinne ist grundlegender Bestandteil jeder entwicklungsunterstützenden Therapie.

Abseits der Erfahrung von Stimulation und Entspannung

Doch welche Erfahrung machen nun viele Babys nach der Geburt? Die sanfte Erfahrung von Hülle, Bewegung, Berührung und Rhythmus werden ersetzt durch Kleidung, Liegen und Stille. Wenn das Baby bereits im Mutterleib unruhig wird, sobald sich die Mutter hinlegt, ist es wirklich nicht verwunderlich, dass Babys nicht alleine in einem stillen Kinderzimmer in einem Gitterbett liegen möchten. Sie sind einsam und sehnen sich nach Nähe und Bewegung (➤ Abb. 2.15).

Eine ganz andere Erfahrung dürfen Babys machen, die eng am Körper in einem Tragetuch oder

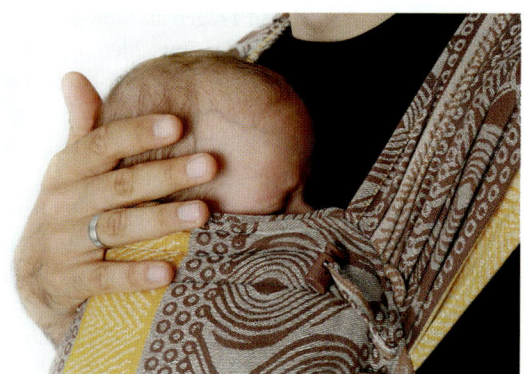

Abb. 2.15 Eingeschlafen

einem sehr gut sitzenden Tragesystem an dem Leben ihrer Mutter oder Vater unmittelbar teilhaben können. Der feste Stoff des Tuches umhüllt den Körper und vermittelt Halt. Durch Bewegung werden kleine Zug- und Druckimpulse auf den Körper des Kindes übertragen. Forschungen weisen nach, wie wesentlich derartige Erfahrungen für die Entwicklung des Kindes sind. Wie in einer Massage erlebt das Baby Stimulation und Entspannung. Auf diese Art gehalten kann Ihr Baby im Wechsel teilhaben an den Geschehnissen seiner Umwelt oder diese Erfahrungen beim Schlafen verarbeiten. Es gibt keinen Stress, keine Angst vor der Welt, in die es hineingeboren wurde. Nur das Fortführen des Vertrauten. Bewegung und Nähe. Rauschen von Tönen und Rhythmus.

Tragekultur als Maßnahme des Bonding

Das Tragen, wie auch die anderen Aspekte der beziehungsorientierten Elternschaft, knüpfen an dem Gedanken an, Haltungen und Rahmenbedingungen zu entwickeln, die die Bindung unterstützen. Mutter und Kind sind erneut, Vater und Kind zum ersten Mal, ungestört miteinander verbunden. Die Einheit des inneren Bandes von Schwangerschaft, Geburt, Wochenbett und Bindung kann auf einer neuen Ebene noch einmal geknüpft werden. Das Tragetuch, der bewegte Körperkontakt im Schaukelstuhl, das Spüren der nackten Haut beim „Nacktbonding", all dies öffnet im Wochenbett einen neuen Erlebensraum der **Ver-bindung,** der vom Kopf her nicht betreten werden kann.

Stillen als Slow-Food und Tragen als Slow-Motion können – als Maßnahmen der Entschleunigung – zum Gewinn werden. Vielleicht lieben wir auch deswegen die Hülle eines Tragetuches so sehr. Es umgibt Sie und das Kind mit einem ganz besonderen Band: Wir entdecken in diesen Momenten des Tragens eine tiefe Form der personalen Verbundenheit, die stärker ist als die Grundangst der Einsamkeit. Dieses Erleben ist Halt in seiner existenziellsten Form. Zeit und Zuwendung – Tragen und Getragenwerden sind kein kostspieliger aber ein kostbarer Anfang.

Wunderbar hat dieses Phänomen ein Kind in einem kleinen Erstklässler Aufsatz über „Traugott und der Riese" beschrieben. „Hallo Riese", sagte Traugott. „Warum schläfst Du noch nicht?" fragte der Riese. „Weil ich noch nicht schlafen kann. Kannst du mit mir gehen?" „Ja", sagte der Riese. Und der Riese nahm Traugott auf den Rücken und Traugott schlief ein.

2.4.2 Tragen – aber wie? Bindetechniken

In dem folgenden Abschnitt möchten wir Ihnen zwei Bindetechniken vorstellen, die auch in der Zeit vor der Erlangung der Kopfkontrolle verwendet werden können. Es gibt noch weitere Möglichkeiten und Ideen, ein Kind in dieser Zeit zu tragen. Wenden Sie sich bitte hierfür an eine Trageberaterin.

▌ **Ab wann kann ich mein Baby tragen?**
Gönnen Sie sich und ihrem Baby Zeit zum Ankommen. In den ersten Tagen geht es nur um das gemeinsame Kuscheln und Erholen nach der anstrengenden Entbindung. Stehen Sie nicht zu früh auf; das Wochenbett ist eine kostbare Zeit. Babys lieben diese Zeit des engen Körperkontaktes – am liebsten Haut auf Haut!
Auch viele Hebammen würden die Mütter lieber länger als zu kurz im Bett oder auf dem Sofa erleben. Nach dieser Phase der Erholung für Sie beide können Sie erste Versuche mit einem sehr gut gebundenen Tuch unternehmen. ▌

Bindetechniken für Neugeborene

Für das Tragen eines Kindes, das noch keine Kopfkontrolle erlangt hat, sollten Sie nur Techniken anwenden, die passgenau eingestellt werden können (> 3.4.3). Für viele Eltern haben sich diese beiden Möglichkeiten bewährt:
- Wickelkreuztrage – eine Bindetechnik mit dem gewebten Tuch
- Elastisches Tragetuch

Wickelkreuztrage

- Finden Sie die Tuchmitte. Meistens haben die Firmen hier eine kleine Markierung eingenäht.
- Legen Sie sich das Tuch wie eine Halbschürze vor den Bauch und führen Sie beide Tuchenden nach hinten. Hierfür nutzen Sie bitte nur die oberen Kanten, damit sich das Tuch im Rücken nicht verdreht.
- Beide Tuchenden im Rücken kreuzen und über die Schulter wieder nach vorne führen.
- Alles so sortieren, dass das Material im Rücken glatt liegt und so wenig Druckpunkte wie möglich entstehen.
- Vor dem Bauch ist nun ein Beutel entstanden (> Abb. 2.16a).
- Nehmen Sie nun vorsichtig Ihr Kind auf. Legen Sie sich Ihr Kind an die Schulter. Halten Sie Ihr Kind mit einer Hand und mit der anderen Hand öffnen Sie den Tuchbeutel. Lassen Sie nun Ihr Kind in den Tuchbeutel hineingleiten. Wenn Sie sich unsicher fühlen, bitten Sie Ihren Partner um Unterstützung. Ideal ist es, sich diese Schritte von einer Trageberaterin zeigen zu lassen (> Abb. 2.16b).
- Hocken Sie Ihr Baby gut an. Bevor das Tuch gefestigt wird, sollte das Kind optimal sitzen. Neugeborene brauchen viel Zeit, um sich an Lageveränderungen zu gewöhnen. Je mehr Zeit Sie sich beim Handeln Ihres Kindes nehmen, desto besser kann das Kind die angebotenen Bewegungen nachvollziehen und Bewegungsmuster erlernen (> Abb. 2.16c).
- Im nächsten Schritt muss das Tuch gefestigt werden. Eine Hand bleibt am Kind und die andere Hand zieht das Material strähnchenweise fest (> Abb. 2.16d). Für das Festigen greifen Sie mit einer Hand in das Tuch, die andere Hand hält das Baby und hebt es leicht an. Nun das Tuch festziehen. Die Spannung im Tuch halten und das gefestigte Material in die andere Hand übergeben, damit es straff bleibt und das Baby im Tuch Halt findet. Nun den nächsten Tuchabschnitt ebenso festigen. Greifen Sie ca. 3- bis 4-mal in das Tuch hinein, bis alles schön fest ist. Dann straffen sie die andere Seite ebenso (> Abb. 2.16e).

> **Tipps und Tricks**
>
> Geben Sie niemals das Tuch über den Kopf des Babys. Es fühlt sich für das Baby bedrohlich an, wenn Sie das Tuchmaterial über den Hinterkopf nach oben ziehen. Probieren Sie es selbst einmal aus: Legen Sie eine Hand hinter Ihren Hinterkopf, üben einen leichten Druck aus und versuchen zu schlucken. Es ist ein sehr unangenehmes Gefühl und das Schlucken fällt mit derartig bewegungseingeschränktem Kopf deutlich schwerer.

- Beide Tuchenden sind in einer Hand. Alles schön fest? Jetzt schauen Sie nach kleinen Fältchen am Rücken. Diese ziehen Sie zart nach oben (> Abb. 2.17a).
- Als letzten Schritt greifen Sie sich die Tuchstränge und wandern Sie mit den Händen an den Tuchsträngen entlang auf die Schulterhöhe Ihres Kindes (> Abb. 2.17b).
- Achtung: Der vorige Handgriff setzt voraus, dass die Bindung wirklich fest ist und das Kind vom Tuch gut gehalten und gestützt ist (> Abb. 2.17c).
- Tuchenden unter Spannung halten und zur Seite ziehen (> Abb. 2.17d). Sollten Sie sich unsicher fühlen, überspringen Sie diesen Schritt. Achten Sie darauf, dass das Tuch richtig gut fest und das Baby gut gehalten ist. Die Tuchenden laufen wie Hosenträger rechts und links am Babykörper entlang auf die Kniekehlen zu (> Abb. 2.17e).
- Die Tuchstränge unter dem Po des Babys verkreuzen und nach hinten führen und dort einen Doppelknoten schlagen (> Abb. 2.17f).
- Manche Babys stört das Material unter den Beinchen. Ein Trick: das Material unter dem Po nochmal verkordeln und erst dann nach hinten führen (> Abb. 2.17g).
- Fertig – und ein Kompliment an das Baby und seine Mutter. Es sieht super aus! (> Abb. 2.17h).

a Das Tuch ist gut vorbereitet, die Tuchbahnen sind am Rücken verkreuzt, laufen vorne über die Schultern und der vorne entstandene Beutel ist weder zu locker noch zu fest. Das Kind sollte gut hineingegeben werden, aber mit ein paar Festigungsgriffen auch schnell Halt finden.

b Aufnehmen des Kindes und es vorsichtig in den Beutel gleiten lassen.

c Nehmen Sie sich Zeit, um die beste Anhock-Position zu finden und geben Sie Ihrem Kind Zeit, sich darin einzufinden.

d Das Tuch muss nun strähnchenweise gefestigt werden.

e Das Tuch unter Spannung halten und das festgezogene Material in die andere Hand geben.

Abb. 2.16 Wickelkreuztrage.

2.4 Das Baby als Tragling

a
Kleine Fältchen zart herausziehen, dabei mit der Hand von der einen Schulter bis zur anderen Schulter wandern.

b
Tuchstränge greifen und mit den Händen bis zur die Schulterhöhe Ihres Kindes wandern.

c
Achten Sie darauf, dass Ihr Kind vom Tuch gut gehalten wird.

d
Zur Seite ziehen.

e
Die Tuchenden wie Hosenträger zu den Kniekehlen bringen.

f
Danach die Tuchenden unter dem Po kreuzen und unter den Beinchen nach hinten führen. Im Rücken dann einen Doppelknoten schlagen.

Abb. 2.17a Wickelkreuztrage (Fortsetzung).

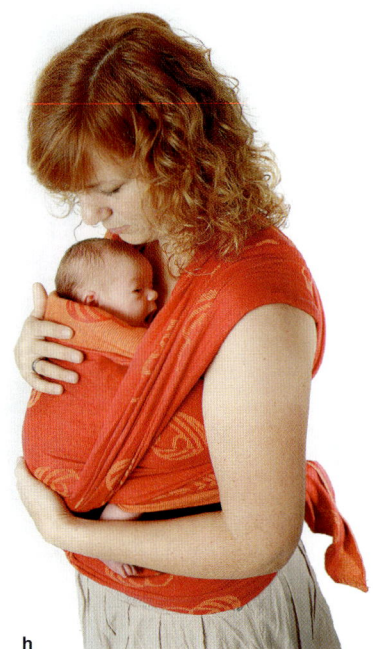

g
Wenn Sie die mit den Tuchenden unter dem Po eine kleine Kordel machen, haben die Beinchen mehr Freiheit.

h
Fertiges Tuch – ein großes Kompliment an Mutter und Kind.

Abb. 2.17b Wickelkreuztrage (Fortsetzung).

Tipps und Tricks

Sie können in die obere Tuchkante ein kleines (!) Tuch aus Baumwolle oder Seide mit hinein rollen. Dadurch entsteht ein kuschelig weicher Kragen, der dem Baby hilft, seinen Kopf zu kontrollieren und die empfindliche Nackenregion vor jeglichem Zug und Druck schützt.

Tragen mit dem elastischen Tragetuch

- Finden Sie die Tuchmitte. Meistens haben die Firmen hier eine kleine Markierung eingenäht.
- Legen Sie sich das Tuch vor die Brust und führen Sie beide Tuchenden nach hinten. Hierfür nutzen Sie bitte nur die oberen Kanten, damit sich das Tuch im Rücken nicht verdreht.
- Beide Tuchenden im Rücken kreuzen und über die Schulter wieder nach vorne führen. Entweder nach einander oder gemeinsam – wie es Ihnen leichter fällt.
- Die Tuchbahnen so sortieren, dass das Material im Rücken glatt liegt und so wenige Druckpunkte wie möglich entstehen.
- Vor der Brust ist nun ein Beutel entstanden. Durch diesen Beutel lassen Sie die Tuchstränge gleiten. Nun alles körpernahfestziehen. Der Grad der Festigkeit hängt von der Elastizität ihres Tuches ab. Meistens braucht es zwei bis drei Versuche, bis Sie Ihr Tuch kennen und den Bogen raushaben.
- Das Tragetuch ist vorbereitet. Es erinnert ein wenig an ein Gewand (➤ Abb. 2.18a).
- Nehmen Sie nun die herunterhängenden Tuchstränge, kreuzen Sie diese oberhalb Ihres Bauchnabels und führen diese nach hinten, verkreuzen Sie die Enden dort, um die Tuchenden wieder nach vorne zu führen. Vor dem Bauch nun einen Doppelknoten schlagen (➤ Abb. 2.18b).

- Nehmen Sie Ihre Hände wie zu einem Gruß und öffnen Sie das aus Tüchern bestehende Kreuz, damit Sie Ihr Kind leichter in das Tuch hineingleiten lassen können (➤ Abb. 2.18c).
- Nehmen Sie nun vorsichtig Ihr Kind auf. Legen Sie sich Ihr Kind an die Schulter. Halten Sie Ihr Kind mit einer Hand und mit der anderen Hand öffnen Sie den Tuchstrang und lassen nun ein Beinchen vorsichtig hineingleiten (➤ Abb. 2.18d).
- Nun wechseln Sie die Schulter und lassen das andere Beinchen in den Tuchstrang gleiten. Wenn Sie sich unsicher fühlen, bitten Sie Ihren Partner um Unterstützung. Ideal ist es, sich diese Schritte von einer Trageberaterin zeigen zu lassen. Hocken Sie Ihr Baby gut an. Bevor das Tuch gefestigt wird, sollte das Kind optimal sitzen. Neugeborene brauchen viel Zeit, um sich an Lageveränderungen zu gewöhnen. Je mehr Zeit Sie sich beim Handeln Ihres Kindes nehmen, desto besser kann das Kind die angebotenen Bewegungen nachvollziehen und Bewegungsmuster erlernen (➤ › Abb. 2.18e).
- Fächern Sie nun beide Tuchbahnen von Kniekehle zu Kniekehle und von Schulter zu Schulter auf. Das Material sollte den Rücken des Kindes gleichmäßig umhüllen und glatt liegen (➤ Abb. 2.18f).
- Vorsichtig die vor dem Bauch verlaufende Querbahn über das eine als auch das andere Beinchen geben. Schützen Sie dabei das Beinchen mit Ihrer Hand (➤ Abb. 2.18g, ➤ Abb. 2.18h).
- Nun das Material der Querbahn gleichmäßig über den Rücken des Kindes verteilen und unter dem Po wieder in die Kniekehlen laufen lassen. Das Kind hat im Tuch eine wunderbare Hockstellung! (➤ Abb. 2.18i).
- Das Material bis in den Nacken hochziehen. Alles sollte sich schön fest anfühlen. Tragen Sie Ihr Kind hoch – auf „Kopf-Kuss-Höhe" (➤ Abb. 2.18j).

Optimale Haltung und optimale Bindung

Es gibt im Wesentlichen die folgenden vier Kriterien, welche die richtige Bindung ausmachen:
- **Festigkeit:** Die Bindung muss so fest sein, dass das Kind vom Tragetuch gehalten und gestützt wird und nicht in sich zusammensacken kann. Das Neugeborene verfügt noch nicht über die Muskelkraft, um sich gegen die Schwerkraft aufzurichten oder seinen Körper gegen die Schwerkraft zu kontrollieren.
Eine Bindetechnik für Neugeborene sollte ermöglichen, dass das Tuch das fehlende Muskelkorsett ersetzt. Strähnchen für Strähnchen soll der junge Rücken gestützt werden. Dabei schmiegt sich das Kind ganz automatisch an den Körper des Tragenden und spürt seine Wärme und Bewegung.
- **Beine in Anhock-Spreiz-Haltung:** Die Beine des Kindes müssen auch im entspannten Zustand des Kindes in der Anhock-Spreiz-Haltung bleiben. Bei einem neugeborenen Kind heißt dies, dass die Knie ungefähr auf der Höhe des eigenen Bauchnabels sind bei einer leichten Spreizung. Vor allem bei Tragehilfen ist darauf achten, dass diese weder zu schmal noch zu breit zwischen den Beinen eingestellt sind. Ein Tragetuch lässt sich hier einfacher stufenlos einstellen. Bei einem zu schmalen Steg hängen die Beine herab, bei einem zu breiten Steg kommt es zu einer Innenrotation der Oberschenkel. Erinnern wir uns daran, was über die physiologische Stellung des Rückens und der Hüfte des Kindes gesagt wurde (➤ 2.2.2): Der Rücken ist durch die Beckenkippung nach vorn gerichtet, leicht gerundet und die Hüftgelenke sind entsprechend nach vorne orientiert – eine Haltung, die eben der Anhock-Spreiz-Haltung entspricht.
  – Bei einem zu breiten Steg sind der Oberschenkel nach innen gedreht (Innenrotation) und der Unterschenkel abgespreizt, was sich aufgrund einer Verschiebung des Hüftkopfes in der Pfanne ungünstig auf die Hüftreifung auswirkt.
  – Bei einer optimalen Anpassung nehmen die Hüftgelenke durch die Anhock-Spreiz-Haltung ihre optimale Stellung ein. Der Oberschenkelkopf liegt mittig in der Pfanne. Durch hinzukommende Bewegungsreize wird die Nachreifung der Hüftgelenke in idealer Weise unterstützt.

> **GUT ZU WISSEN**
> Als Faustregel beim Binden gilt: Die Knie des Kindes liegen auf der Höhe seines Bauchnabels.

a
Das Tragetuch ist vorbereitet.

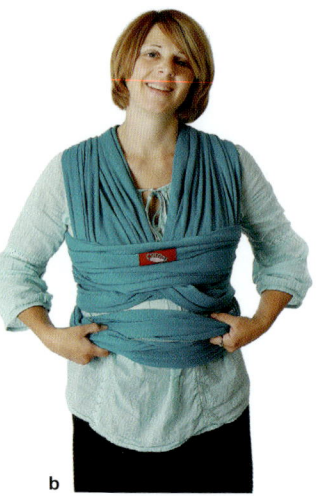

b
Die Tuchstränge werden von vorne nach hinten und von hinten nach vorne geführt. Vor dem Bauch werden sie mit einem Doppelknoten fixiert.

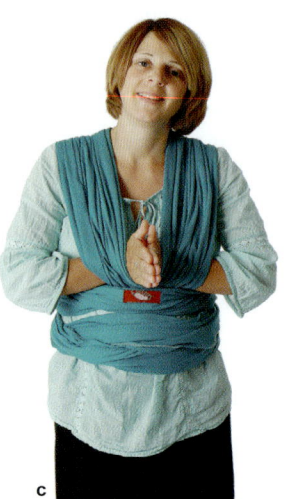

c
Schaffen Sie eine Öffnung, damit Ihr Kind gut in das Tuch gleiten kann.

d
Legen Sie sich Ihr Kind an die Schulter.

e
Halten Sie Ihr Kind mit einer Hand, die andere Hand öffnet den Tuchstrang, so dass das Beinchen hindurchgleiten kann. Nehmen Sie das Kind zur anderen Schulter, damit das andere Beinchen in den Tuchstrang gleiten kann. Bitte auf keinen Fall an den Beinchen ziehen, dies kann die zarte Hüftpfanne schädigen!

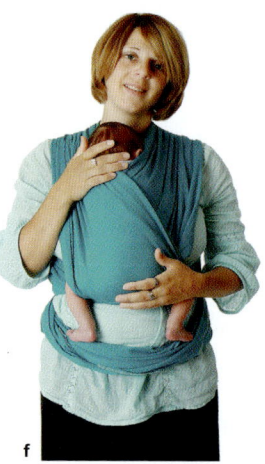

f
Sorgen Sie dafür, dass der Rücken des Kindes vom Tuch gleichmäßig umhüllt ist.

Abb. 2.18a Tragen mit dem elastischen Tragetuch.

2.4 Das Baby als Tragling

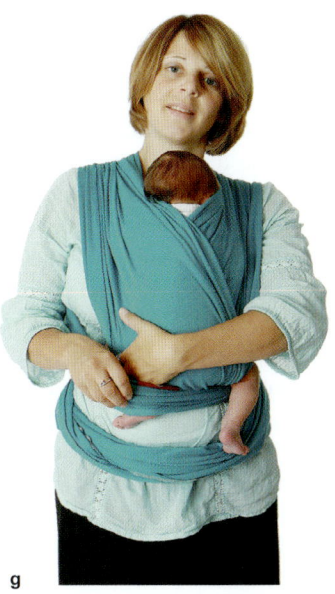

g
Vergessen Sie nicht, die Querbahn über das eine als auch das andere Beinchen zu geben. Schützen Sie dabei das Beinchen mit Ihrer Hand.

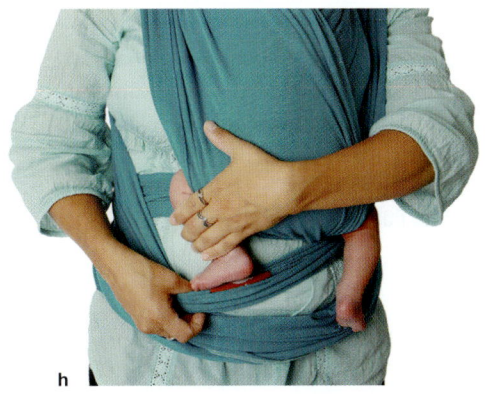

h
So können sie das Füßchen schützen.

i
Verteilen Sie das querlaufende Tuch auch gleichmäßig über den Rücken.

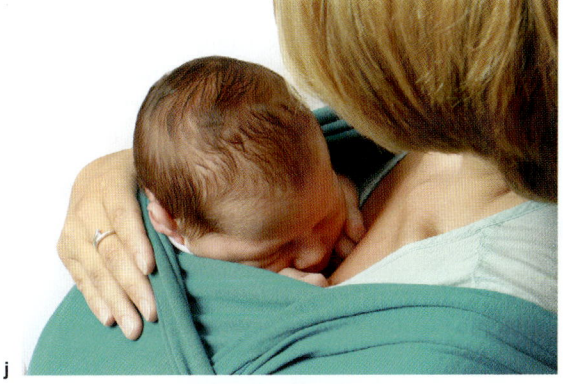

j
Das Material bis in den Nacken hochziehen.

Abb. 2.18b Tragen mit dem elastischen Tragetuch. (Fortsetzung)

- **Körpertemperatur:** Die optimale Körpertemperatur muss aufrechterhalten werden. Das Kind darf weder in der Gefahr sein auszukühlen, noch zu überhitzen. Denken Sie bitte daran, dass sich das Temperaturempfinden des Kindes und des Trägers stark voneinander unterscheiden können. Wenn z. B. das Kind während einer Winterwanderung über der Jacke getragen wird, kann es beim Kind zu Erfrierungen kommen, während dem Träger der Schweiß von der Stirn läuft. Ebenso kann ein Kind im Schneeanzug unter der Jacke einen Hitzestau erfahren – während der Träger kalte Füße hat.

GUT ZU WISSEN
- Im Winter: das Kind unter der Jacke tragen, dabei nicht zu viel an Kleidung anziehen und auf Kopf und Füße achten. Vieles ist eine Frage des gesunden Menschenverstandes.
- Im Sommer: das Tragetuch ersetzt eine Schicht Kleidung. Auf die Sonneneinstrahlung achten und das Kind vor Sonnenbrand schützen.

- **Bequem und stimmig:** Alles sollte sich stimmig und bequem anfühlen und ausschauen – für Sie und ihr Kind! Hier sind Sie gefragt, in sich hinein zu spüren: Drückt etwas, sieht es gut aus oder haben sie das Gefühl etwas müsste anders sein? Dann gehen Sie bitte diesem Gefühl nach und prüfen noch einmal die Festigkeit der Bindung, korrigieren erneut den Sitz des Babys, spielen wieder mit dem Tuch und ziehen es so hin, dass es sich gut anfühlt.

▍ Bekommt das Kind genug Luft?

Ein korrekt getragenes Kind bekommt genug Luft (➤ Abb. 2.19). Wichtig sind die folgenden Faktoren: Achten Sie darauf, dass die Bindung fest und stützend ist. Auf keinen Fall sollte das Kind in sich zusammensacken können. Der Bereich um die Nase sollte frei von Kleidungsstücken sein – bitte keine volumigen Tücher o. ä. um den Hals tragen. Wenn das Kind im Winter unter der Jacke getragen wird, achten Sie beim Zuziehen des Reißverschlusses darauf, dass kein CO_2-Nest entsteht, daher niemals die Jacke über den Kopf des Kindes ziehen.

Die Nase des Babys ist so geformt, dass sie einen engen körperlichen Kontakt, etwa beim Stillen als auch beim Tragen erlaubt. Probieren Sie Folgendes: Wenn Sie mit Ihrem Finger leicht Ihre Nasenspitze nach oben ziehen, werden Sie feststellen, dass Sie deutlich besser einatmen können? Unsere Babys haben eine Stupsnase, die an den Seiten knorpelig verstärkt ist. Deshalb atmen sie effektiver und die Nase kann nicht so leicht eingedrückt werden. Aufgrund des Knorpels in den Seitenflügeln ist Kindern das Naseputzen auch unangenehm und schmerzhaft.

Bitte drehen Sie niemals den Kopf ihres Kindes von sich aus zur Seite. Die Annahme, dass ein Kind besser Luft bekommt, wenn das Gesicht frei zu Seite gedreht wurde, ist falsch. Im Gegenteil: In einer solch erzwungenen Haltung kann die Atemmuskulatur nicht mehr tätig werden, die Halsschlagader wird überstreckt und bei einem Neugeborenen kann es zu einer negativen Manipulation der oberen Kopfgelenke kommen. Wenn Sie die Haltung Ihres Kindes korrigieren möchten, dann beginnen Sie mit einem Haltungsimpuls am Becken. Eine Hand bleibt am Becken und die andere Hand streicht den Rücken zart nach oben aus. Sie beugen sich leicht nach vorn und ermöglichen Ihrem Kind nun, sich in seiner Position selbst zu korrigieren. ▍

Abb. 2.19 Es lässt sich hier gut erkennen. dass sich der Kopf des Babys ganz natürlich auf einen 45 Grad Winkel einstellt.

❚ Das Baby tragen oder hinlegen?

Babys lieben Körperkontakt und genießen Nähe und danken gestillte Bedürfnisse mit Ruhe und Entspannung und einer gesunden Entwicklung. Schauen Sie, was sich im Moment für Sie und Ihr Kind anbietet. Eine gemeinsame Pause im Schaukelstuhl? Ein gemeinsames Schläfchen im Bett? Eine Tasse Tee, die Sie alleine zu sich nehmen, während das Baby in seinem Bettchen schläft? Ein gemeinsamer Spaziergang mit dem Baby im Tragetuch? Was auch immer Ihnen gerade gut tut, grundsätzlich gilt: Gesunder Menschenverstand und Feinfühligkeit für die Bedürfnisse des Babys sind gute Alltagsgestalter. ❚

2.5 Den Alltag gestalten
Sabine Hartz

Das kinästhetische Sinnessystem (➤ 1.3.2) lenkt unsere Aufmerksamkeit auf unsere Fähigkeit, den Körper über die Anpassung der Muskelspannung zu regulieren. Über unsere Sinnesorgane nehmen wir Reize auf, wenn diese Reize stark und deutlich genug sind. Der Impuls von außen trifft auf unendlich viele Rezeptoren (lat. recipere „empfangen"/„aufnehmen"), die im gesamten Körper verteilt sind. Die Reize werden an das Sinnesorgan, z. B. Ohr, Auge, Zunge, Nase, Haut, und dann über Leitungsbahnen in unser Inneres weitergeleitet, um dann durch eine angepasste Reaktion einen Ausdruck zu bekommen.

Das kinästhetische Sinnessystem hat keinen spezifischen topografischen Ort im Körper wie ein Organ, sondern es wird aus einem über den Körper verteilten „Empfangs- und Regulationssystem" gebildet und passt sich ständig an Reize von außen und innen an, die sich in reflexhaften oder gezielten Bewegungen äußern. Dieser Regulationsprozess, der ständig, wahrnehmbar (durch sichtbare Handlungen) und auch unsichtbar (z. B. in unseren Organen) stattfindet, ermöglicht es uns, auf vielfältige Situationen des Alltags zu reagieren und wirksam zu sein, zunächst in uns selbst und dann auch in der Interaktion mit anderen. Es ist der Schlüssel für die differenzierte Bewegung und Steuerung in uns selbst.

2.5.1 Dem Baby zeigen, wie es sich in der Welt bewegen kann

Ihr Baby ist noch intensiv mit der Umstellung zwischen vorgeburtlicher und nachgeburtlicher Zeit beschäftigt. Nicht nur die eigene körperliche Wahrnehmung ist neu in der Welt der Sinne, sondern auch die Tatsache, dass die eigene Bewegung in der Schwerkraft schwieriger ist und das Baby nun bewegt **wird!**

Liebevoll berühren Ihre Hände Ihr Kind und machen Dinge, die es bislang selbst gemacht hat – drehen, beugen, strecken oder die es noch nicht kennt. Das Baby wird durch Sie, eine andere Person bewegt. Wie fühlte sich wohl der erste körperliche Kontakt an? War es eine Einladung in die Welt? Gab es Umstände, die den Start schwerer gemacht haben? Ganz unabhängig davon, können Sie nun damit beginnen, Ihr Baby achtsam und feinfühlig zu bewegen, mit ihm Kontakt aufzunehmen und dabei miteinander immer vertrauter werden.

2.5.2 Aufnehmen und Ablegen

Betrachtet man ein Baby im Vergleich zu einem Erwachsenen, so fällt zunächst der deutliche Größenunterschied (➤ Abb. 2.20) auf. Dies hat den Vorteil, dass das Kind auf leichte Weise bewegt werden kann, z. B. wenn wir sie aufnehmen oder hinlegen. Dies birgt aber auch Schwierigkeiten, da wir ein Kind einfach so bewegen können, wie *wir* es sinnvoll finden, ohne auf das Kind zu schauen. Oft würden wir einen anderen Erwachsenen anders bewegen, da er einfach schwerer ist – wir würden mehr seine anatomischen Strukturen, wie Knochen und Muskeln berücksichtigen, damit wir nicht so viel Gewicht tragen müssen – er würde keine Erfahrung wie durch die Luft „fliegen" machen. Weitere Unterschiede zwischen einem Erwachsenen und Kind sind die unterschiedlichen Proportionen und vor allem die unterschiedliche Möglichkeit, das Gewicht der Extremitäten abzugeben.

Häufig bewegen wir Kinder nach den Erfahrungen, die wir selbst in unserem Leben gemacht haben. Beim Betrachten unserer Bewegungen erkennen wir, dass wir z. B. häufig mit Schwung parallel von einem Stuhl aufstehen, um auf die Füße zu kommen.

Abb. 2.20 Große Unterschiede mit großen Folgen für die Bewegungsmöglichkeiten und die Orientierung [K383]

Wir tun dies, weil wir dies seit unserer Kindheit in einem langen und komplexen Prozess gelernt haben. Bei Schmerzen allerdings beginnen wir, unseren Körper anders zu bewegen, um eben den Schmerz zu vermeiden. Wir werden langsamer und nutzen einen anderen Spielraum für Bewegung, indem wir uns z. B. seitlich abstützen.

Babys haben im Mutterleib bereits vielfältige Erfahrungen in alle Bewegungsrichtungen gemacht. Jeder Kontakt mit der Gebärmutterwand hat ermöglicht, ein eigenes Muskelspannungsnetz aufzubauen, das verschiedenste Bewegungen ermöglichte. Da Drehen, Strecken und Beugen bereits vorgeburtlich wichtige Erfahrungen waren, sollten wir dort mit unseren Bewegungsangeboten nach der Geburt anknüpfen. Dabei müssen wir den Unterschied der Proportionen einzelner Körperteile im Verhältnis zueinander berücksichtigen. Denn die Ärmchen und Beinchen sind beim Baby verhältnismäßig kürzer als beim Erwachsenen: Dadurch kann es das Gewicht von Armen und Beinen nicht so an eine Unterstützungsfläche abgeben wie wir.

Aufnehmen

Wollen Sie Ihr Baby auf den Arm nehmen, berücksichtigen Sie bitte dabei seine Anatomie. Wir ermöglichen es dem Kind, sich mit Hilfe unserer Unterstützung über die Seite in eine Sitzposition zu bewegen – dies gibt Klarheit in der Schwerkraft – das Kind bleibt dort nicht sitzen, sondern wird gleich mittels der Unterstützung an Becken und Brustkorb auf den Arm genommen. Folgen Sie bitte den Abbildungen (> Abb. 2.21).

Sie beginnen mit Ihren Händen links und rechts am Brustkorb, bewegen Ihr Kind seitlich beugend in die Sitzposition, dann geht eine Hand hinten unter das Becken, die andere nimmt wieder vorne das Gewicht des Brustkorbs und Sie nehmen Ihr Kind zu sich auf den Arm, geben es Ihrem Partner oder legen es an einen anderen Platz.

▌ Darf mein Baby schon sitzen?

Die Antwort auf diese Frage ist ein klares „Nein", denn es verfügt noch nicht über diese Fertigkeit. Wir müssen allerdings unterscheiden, wann es sich in

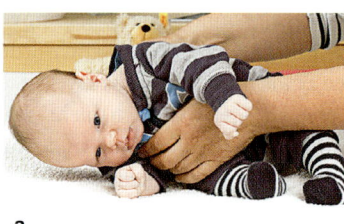

a

b

c

Abb. 2.21 Aufnehmen eines Babys. [K115]
a) Die Hände am Brustkorb unterstützen die Bewegungsrichtung.
b) Unterstützen wir ein Kind beim Hinlegen, sich über die Seite zu bewegen, erfährt es dadurch, wie es seine Knochen und Muskeln sinnvoll einsetzen kann.
c) Das Gewicht läuft Richtung Füße. So wird das Kind sich später selbst bewegen. Aus dieser Position fällt es leicht, das Kind auf den Arm zu nehmen.

der Bewegung und dem Kontakt mit uns in der Sitzposition erfahren darf.

Wir sollten Kinder nicht in Sitzhilfen oder Kissenberge setzen, wenn sie noch nicht sitzen können Wenn sich das Kind jedoch im Kontakt zu uns oder in der Bewegung zu uns hin befindet, wie z. B. beim Aufnehmen, können wir auf jede Reaktion unmittelbar reagieren und uns anpassen – das ist eine Herausforderung, macht aber auch viel Freude. Dies gilt auch für die Momente auf Ihrem Schoß. Hier spüren wir jede Regung des Babys und können ebenfalls gleich reagieren und ggf. unser Angebot verändern. In Bewegung entwickelt sich ein fein abgestimmtes und beständiges Zusammenspiel von Knochen und Muskeln. Das hilft dem Baby, sich wirksam in Bewegung zu erfahren.

Knochen brauchen den Druck der Schwerkraft, um Kalzium einlagern zu können. Dieser für die Knochenbildung elementare Druck kann in unmittelbarem Kontakt, auch im Tragetuch, erfahren werden. ∎

Tipps und Tricks

Passen Sie sich dem Tempo Ihres Kindes an. Führen Sie Ihre Handlungen, wie wickeln, hochnehmen, ablegen langsam durch. So kann Ihr Kind Ihren Bewegungen folgen und bleibt in sich entspannt. Geben Sie auch beim Aufnehmen Ihrem Kind Zeit, sich über die seitliche Bewegung anzupassen, dann können Sie sich darin gegenseitig immer feiner kennenlernen.

Hinlegen

Richten wir unsere Aufmerksamkeit auf das Hinlegen des Babys, dann folgen wir unserem Prinzip: Das Baby soll sich selbst in der Bewegung als wirksam erfahren. Wenn Sie Ihr Kind, das Sie bisher im Arm gehalten haben, vor sich ablegen wollen, können Sie wie folgt vorgehen:

- Unterstützen Sie Ihr Kind, indem eine Hand den Brustkorb **vorne** unterstützt (➤ Abb. 2.22), das bedeutet, das Gewicht vom nach vorn gebeugten Brustkorb liegt auf der Hand, die andere Hand unterstützt, wie eine Sitzfläche von hinten das Becken. Achten Sie wirklich darauf, dass das Gewicht Ihres Kindes nach vorne organisiert ist, damit das Köpfchen nicht nach hinten fällt!
- Nun bewegen Sie Ihr Kind zur Liegefläche, indem Sie das Gewicht in die Richtung seiner Füßchen bringen – ohne dass sie wirklich Gewicht übernehmen (➤ Abb. 2.23).
- Dann bringen wir es in seinem Tempo tiefer in die Sitzposition, die Hände bleiben an der Stelle.
- Nun beugen Sie den Brustkorb seitlich nach vorn, damit wieder ein Ärmchen das Gewicht übernehmen kann (➤ Abb. 2.24).
- Wir helfen ihm dabei, über die Seite abzurollen, bis es in der Rückenlage angekommen ist.

Achten Sie also darauf, dass das Baby durch Ihre Unterstützung auch beim Aufnehmen und Hinlegen eigene Fähigkeiten ausbauen und erweitern kann. Passen Sie sich den Reaktionen Ihres Kindes an. Meistens sind wir zu schnell. Sie bemerken das da-

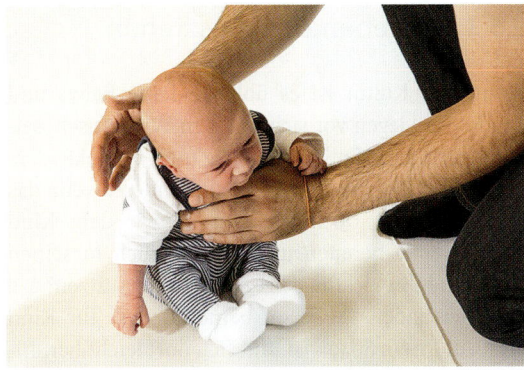

Abb. 2.22 Auf dem Weg auf den Arm bewegt sich das Kind über seine eigenen Knochen, es lernt sich immer mehr in der Schwerkraft zu regulieren. [K383]

Abb. 2.23 Beim Ablegen über die Seite erfährt das Kind, was es später selbst tun würde, um sich hinzulegen. [K383]

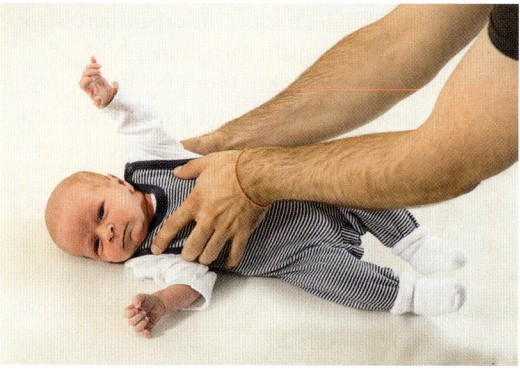

Abb. 2.24 Hände am Brustkorb unterstützen die Bewegungsrichtung. [K383]

Tipps und Tricks

Achten Sie darauf, welche Bewegung Sie selbst machen, um Ihren Arm in einen Ärmel oder ein Bein in eine Hose zu „stecken" – wir sprechen von einer drückenden Bewegung. Geht es um das Ausziehen, ziehen wir Arm, bzw. Bein heraus.

---

durch, dass Ihr Kind beginnt, sich zu strecken oder fahrige Bewegungen zu machen.

2.5.3 Anziehen und Ausziehen

In unserer Kultur ist es üblich, kleine Babys und Kinder im Liegen vor sich auf dem Wickeltisch, seltener auf dem Fußboden, an- und auszukleiden. Häufig soll es schnell gehen, insbesondere, wenn das Kind quengelt. Doch wie können wir dem Kind mehr Freude bereiten und es zusätzlich in seinen Lern- und Entwicklungsprozessen unterstützen?

Sicher haben Sie schon bemerkt, dass Ihr Kind gern auf Ihrem Schoß ist und sich dort leicht beruhigen lässt. Nutzen Sie diese Erkenntnis und stellen Sie Nähe bei den täglichen Interaktionen wie z. B. dem An- und Ausziehen her (➤ 4.5.2). Ihr Schoß ist hierfür ideal geeignet: Er bietet Sicherheit und einen individuellen Bewegungs-Spiel-Raum. Wechseln Sie die Position Ihres Kindes von der Sitzposition auf Ihrem Schoß in die Bauchlage auf einem Bein und wieder zurück.

Diese beiden Positionen machen es leicht, Hemdchen oder Hose an- und auszuziehen. Die Bewegung, die ein Kind bei dieser Aktivität zusätzlich erfahren und lernen kann ist, dass es eine drückende Bewegung braucht, um in das Hosenbein oder den Ärmel hineinzusteigen und eine ziehende Bewegung, um wieder herauszukommen.

2.5.4 Baden: Wie es Freude macht

Nicht alle Babys baden gern. Das irritiert Sie vielleicht, denken Sie doch, dass das Wasser wohlige Erinnerungen an die vorgeburtliche Zeit wachruft. Das scheint nicht immer der Fall zu sein. Es kann eine Überforderung für das Neugeborene sein, ungeschützt – ohne Kleidung – in der Rückenlage ins Wasser gelegt zu werden, denn hier treffen sämtliche Sinneseindrücke auf einmal auf das ungeschützte Kind: Die ungewohnte Perspektive, der Körper, der nicht ganz von Wasser bedeckt sein kann, das Hören in der Wanne … alle Eindrücke können zu Irritationen führen. Natürlich können auch die Wassertemperatur oder die Art, das Baby zu halten der Grund für die Beunruhigung sein.

Diese möglicherweise störenden Faktoren können Sie von Anfang an ausschalten. Beim Babybad sollte es um Wohlfühlen gehen und nicht um ein Reinigungsbad. Sie müssen Ihr Kind also nicht in der Badewanne waschen. Verunreinigungen entfernen Sie am besten vor dem Bad mit einem Waschlappen auf dem Wickeltisch. Baden und der Kontakt zum Wasser sollen Freude machen. Wählen Sie einen Zeitpunkt der Ruhe und Entspannung: Ihr Kind sollte nicht bald Hunger bekommen und Sie sollten nicht noch dringende Dinge erledigen müssen.

Tipps und Tricks

Sie können Ihrem Kind ruhig vor dem Bad seine Mahlzeit oder einen Teil der Mahlzeit geben, wenn es sehr hungrig ist. Dies kann den Bademoment entlasten und den Genuss erhöhen.

Baden in der Badewanne

Erinnern Sie sich bitte, wie wir ein Kind auf hilfreiche Weise auf den Arm nehmen (➤ 2.1.1). Um ein Kind in die Wanne zu bringen, ist es sinnvoll, das Kind auf die gleiche Weise zu unterstützen (➤ Abb. 2.25).

- Umfassen Sie Ihr Kind, indem Sie eine Hand auf den Brustkorb legen und mit der anderen Hand das Becken unterstützen. Mithilfe dieses sicheren Griffs können Sie Ihr Kind kontrolliert ins Wasser gleiten lassen
- Lassen Sie zuerst die Füßchen, dann das Becken und den Brustkorb ins Wasser eintauchen. Die Hand, die das Becken unterstützt, gleitet auf diesem Weg über den Rücken langsam in Richtung Kopf, um diesen zu unterstützen. Es kann sein, dass für eine entspannte Position im Wasser die Ohren im Wasser sind, machen Sie sich keine Sorge, da kann nichts geschehen.
- Sie können auch das Köpfchen auf Ihrem Unterarm ablegen, der unter dem Rücken durchgreift und auf der anderen Seite locker den Arm Ihres Kindes umfasst. Manche Eltern fühlen sich in dieser Halteposition sicherer, weil der Körper vom Wasser getragen und umflutet wird.
- Sorgen Sie dafür, dass der Kopf Ihres Kinds nicht abgeknickt wird – erst dann kann es sich entspannen. Sehr hilfreich ist es auch, Ihrem Kind einen Waschlappen oder eine Stoffwindel über den Brustkorb zu legen. Dadurch fühlt sich ihr Kind nicht ausgeliefert – die Stoffbedeckung hebt in der Regel sofort die Unsicherheit in der ungeschützten Position auf. Die Kleinen greifen häufig nach einem Zipfel und regulieren sich in die Entspannung hinein.
- Zusätzlich können Sie auch dafür Sorge tragen, dass die Füßchen Kontakt zum Wannenrand bekommen – das ist ein Angebot, um sich im Wasser zunehmend selbst als wirksam und behütet zu erfahren. Es kann sein, dass Ihr Kind genau dieses Angebot nutzt, um sich abzustoßen. Erschrecken Sie nicht über diese spontane Bewegung, folgen Sie diesem Impuls Ihres Kindes und führen es dann wieder mit den Füßchen an den Rand. Eine wunderbare Möglichkeit der Interaktion.

Soll Ihr Kind wieder aus der Wanne kommen, gehen Sie wie folgt vor:
- Ihre Hand wandert vom Kopf in Richtung Rücken, die zweite Hand nach vorne an den Brustkorb. Neigen Sie den Brustkorb dabei mit der hinteren Hand solange nach vorn, bis Sie das Gewicht des Brustkorbs auf Ihrer Hand spüren.
- Die hintere Hand wandert wieder unter das Becken. Nun können Sie Ihr Kind sicher aus der Wanne nehmen, um es in ein kuscheliges und vorgewärmtes Handtuch zu hüllen und abzutrocknen.

Abb. 2.25 Baby in der Wanne. [K383]
a) So geht es in die Wanne.
b) Unterstützung in der Wanne.

Kommt die Freude beim Baden nicht auf, grämen Sie sich nicht – geben Sie sich und Ihrem Kind Zeit und versuchen es zu einem anderen Zeitpunkt erneut.

Baden im Badeeimer

Der Badeeimer ist eine gute Alternative zur Badewanne. Er wurde vor einigen Jahren von einem Vater und einer Hebamme „erfunden", um einem Kind eine uterusähnliche Umgebung zu gestalten. Der Gedanke war, dass das Kind in aufrechter Position mit seinem ganzen Körper im Wasser sein kann, in der nur noch das Köpfchen gehalten wird. Hier können am Anfang Unsicherheiten im Handling auftreten, **weshalb Sie nie allein die ersten Versuche machen sollten.**

- Der Eimer sollte sicher auf einem Hocker stehen (die Eimer müssen zur Rutschsicherheit einen installierten Gummiring am Boden haben), damit Sie sich bei aktiver Bewegung Ihres Kindes auch um den Eimer herumbewegen und entspannt bleiben können.
- Regulieren Sie die Wassertemperatur auf 38° Grad.
- Nehmen Sie Ihr Kind in vertrauter Weise auf den Arm und geben Sie es zunächst mit den Füßchen, dann mit Becken und Brustkorb ins Wasser. Dabei wandern Ihre Hände langsam Richtung Kopf Ihres Kindes.
- Sie finden an Kinn und Hinterkopf knöcherne Strukturen, die Sie mit Ihren Händen unterstützen (➤ Abb. 2.26a). Ihr Kind hängt sozusagen in Ihren Händen, der Körper schwebt im Auftrieb des Wassers bis zu den Schultern. Der Genuss kann beginnen.

Die Kleinen reagieren unterschiedlich in dieser Situation. Manche werden ruhig und geben sich dieser scheinbar vertrauten Umgebung hin. Sie atmen einfach und schlafen z. T. dabei ein. Manche aber werden sehr aktiv und genießen die Grenzen des Eimers, um sich mal mit Po, mal mit Füßen oder Händen abzustoßen, zu strecken, wieder zu beugen und sich dabei zu drehen. Da ist es bei den ersten Malen besonders sinnvoll, nicht allein zu sein, damit bei aufkommender Unsicherheit auf Ihrer Seite eine zweite Person unterstützen kann.

- Um das Kind aus dem Eimer zu heben, wandert Ihre vordere Hand zum Brustkorb unter die Achselhöhlen während Sie mit der anderen Hand wieder das Becken unterstützen (➤ Abb. 2.26b).
- Lassen Sie Ihr Baby in ein vorgewärmtes Handtuch einkuscheln und trocknen Sie es ab.

 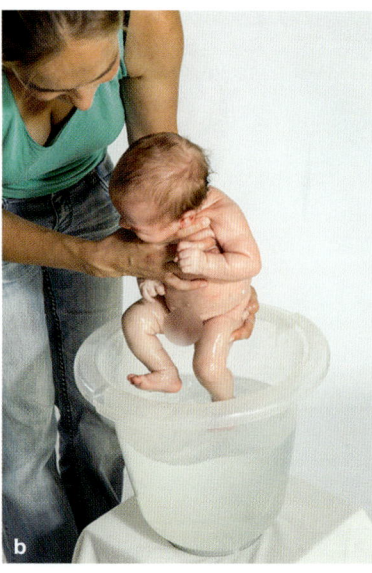

Abb. 2.26 Kind im Badeeimer. [K383]
a) Mit leichter Unterstützung am Hinterkopf und am Kinn ist der Badeeimer eine optimale Umgebung.
b) Aus dem Eimer steigen: eine Hand ist vorne am Brustkorb, die andere Hand, die von hinten unter dem Becken liegt, schafft Sicherheit für Mutter, Vater und Kind. Wichtig: Beim ersten Mal sollten Sie dabei nicht allein sein – Übung macht den Meister!

2.5.5 Wickeln: Der Verdauung auf die Sprünge helfen

Kinder lieben Bewegung. Insbesondere in der Neugeborenenzeit fällt ihnen differenzierte Bewegung aber schwer, da sie noch nicht wissen, wie sie ihren Körper in der Schwerkraft einsetzen und nutzen können. Noch erleben sie sich eher als ein Ganzes, zumal auch die Körperspannung zum Halten der kurzen Extremitäten hoch ist. (➤ › 1.2.2). Indem Sie Ihr Kind unterstützen, sich beim Wickeln von der einen zur anderen Seite drehen, können sie es darin begleiten, sich in der Beziehung seiner einzelnen Körperteile zueinander zu erfahren. Dies wirkt sich positiv auf die Verdauung aus, da Sie durch die entstehende spiralige Bewegung die Darmmotorik aktivieren. Stellen Sie sich die Darmschlingen als eine Achterbahn vor. Dieser anatomischen Struktur können wir durch entsprechende Bewegung über die Seite folgen und die Funktion der Verdauung damit unterstützen. Damit fallen die Ausscheidung von Luft und Stuhl, aber auch ein Bäuerchen leichter:

- **Entfernen der alten Windel:**
  - Legen Sie Ihr Kind in gewohnter Weise auf den Wickeltisch bzw. auf die Wickelunterlage.
  - Öffnen Sie die Windel und klappen Sie diese nach oben, so dass die Außenseite sichtbar wird, damit Ihr Kind nicht über die eigenen Ausscheidungen (in der Innenseite der Windel) bewegt wird (➤ Abb. 2.27a).
  - Reinigen Sie den Genitalbereich und den Po von Stuhl und/oder Urin von vorne nach hinten z. B. mit einem feuchten weichen Waschlappen.
  - Wenn Sie den Po reinigen wollen, drehen Sie ihr Kind zur Seite, so dass Sie überall gut hinkommen, ggf. müssen Sie Ihr Kind noch zur anderen Seite bewegen, um alles gut entfernen zu können (bewegen Sie bitte nicht die Beine in Richtung Kopf, um das Gesäß zu reinigen, wie in unserer Kultur bislang verankert, diese unphysiologische Bewegung würde Ihr Kind niemals von alleine machen, zudem behindert sie innere Regulationsprozesse wie die Verdauung, aber auch die Atmung).
  - Liegt Ihr Kind auf der Seite, entfernen Sie am besten gleich die gebrauchte Windel. Jedes Drehen aktiviert die Darmmotorik und vor allem gibt es dem Kleinen eine deutlichere Orientierung über seinen Körper in der Schwerkraft: „Ach so, so geht das hier!"
- **Anlegen der neuen Windel:**
  - Beim Anlegen der neuen Windel liegt Ihr Kind in der Seitenlage (➤ Abb. 2.27b).
  - Bringen Sie die offene Windel gleich an die Stelle an, wo sie sitzen soll und drehen Sie Ihr Kind dann zum Schließen in die Rückenlage (➤ Abb. 2.27c, ➤ Abb. 2.27d).

Durch dieses Vorgehen haben Sie eine manchmal ungeliebte Aktivität spielerisch gestaltet und dafür gesorgt, dass Ihr Kind seinen Körper verstehen und mitgehen konnte. Außerdem haben Sie durch die bewussten und feinen Bewegungsangebote der Entwicklung von Koliken vorgebeugt.

Tipps und Tricks

Neugeborene Kinder sind in ihrer Aktivität so fähig und differenziert, wie wir es ihnen ermöglichen. Unser Angebot kann hilfreich oder irritierend sein.
- Wenn wir ein feinfühlendes Bewegungsangebot machen, kann das Kind in seinem Tempo, mit seiner Anstrengung und in seiner Struktur dem Angebot folgen. Damit schaffen Sie wichtige Grundlagen, damit die körpereigenen Regulationskräfte Ihres Kindes gestärkt werden.
- Je kleiner ein Kind ist, desto feiner sollte unser Angebot sein, damit das Kind folgen kann. Finden wir z. B. nicht die richtige Zeit, die ein kleiner Mensch dafür benötigt, wird es seine Muskelspannung erhöhen und weniger Möglichkeit haben, seinen kleinen Körper in der neuen Umgebung, so wie vor der Geburt, aktiv und hilfreich an der Interaktion zu beteiligen bzw. dem Bewegungsangebot zu folgen.

Beachte
Bewegen Sie ihr Kind langsam und klar – so kann es Teil der Bewegung werden.

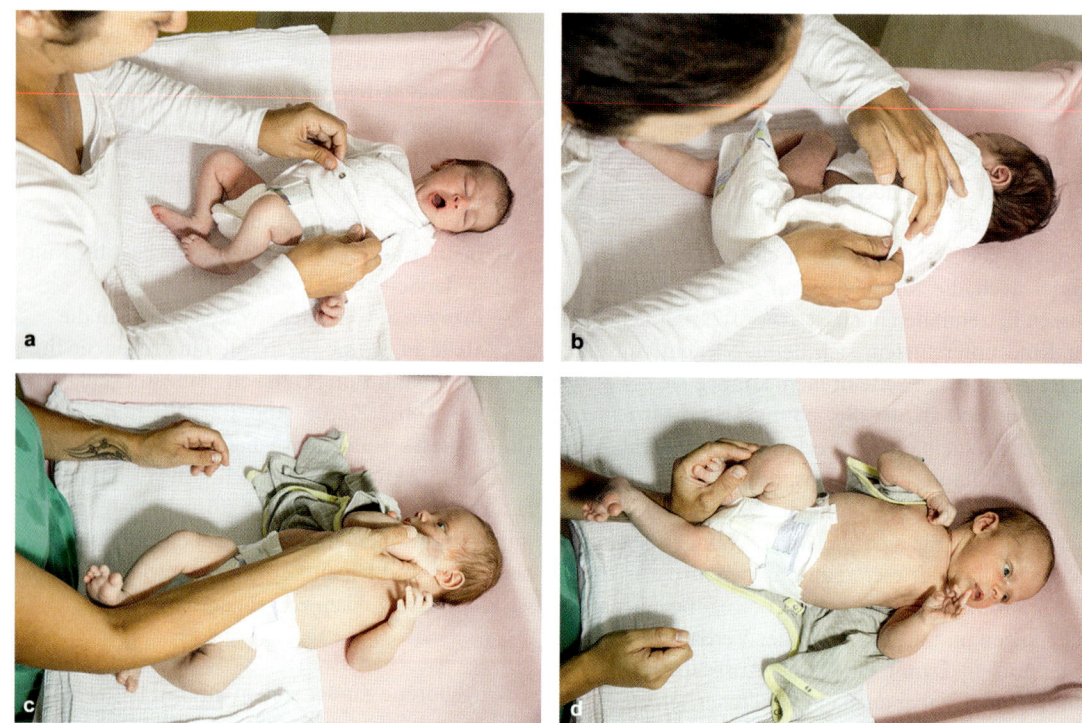

Abb. 2.27 Das Wickeln gemeinsam mit dem Kind gestalten. [K383]
a) Öffnen der Windel in Rückenlage.
b) Die Windel in der Seitenlage anlegen.
c) Ziehen über den Arm ermöglichen als gemeinsame Interaktion beim Drehen.
d) Dem Fuß ein Angebot machen zu drücken, um die Bewegung mitzugestalten.

2.5.6 Schlafen legen: Was ein Baby entspannen lässt

Babys sind in ihren Stimmungen häufig ein Spiegel der Umgebung oder auch der Bezugspersonen. Wenn Ihr Kind zur Schlafenszeit nicht zur Ruhe kommen will, sollten Sie sich fragen, wie der Tag bislang war oder wie es Ihnen im Moment selbst geht. Waren Sie beim Kinderarzt, in einer Babygruppe, in einem Café, bei einer Familienfeier oder kommen Sie von einem langen ruhigen Spaziergang – jegliche Eindrücke und Begebenheiten nehmen Einfluss auf Ihr Baby. Die Kleinen können ganz anders reagieren als Sie selbst, dazu kommt, dass auch die Tagesverfassung schwankt, so wie wir es auch aus unserem Leben kennen.

Bauen Sie also Brücken von Aktivitäts- zu Ruhezeiten, geben Sie dem Baby Raum, sich umzustellen, um leichter in den Schlaf zu finden. Machen Sie es sich zusammen gemütlich und kuscheln Sie mit ihm oder singen Sie etwas vor, erzählen Sie etwas oder spielen Sie gemeinsam mit dem Lieblingskuscheltier. Entwickeln Sie Ihre eigene Familienkultur. Vertrautheit und Regelmäßigkeit werden es Ihrem Baby immer leichter machen, selbst in den Schlaf zu finden.

Wenn Sie Ihr Baby erst dann in sein Bettchen legen, sobald es in Ihren Armen eingeschlafen ist, kann es sein, dass es dabei wach wird, da der Unterschied zwischen der Position auf Ihrem Arm und dem Bettchen zu groß ist. Erinnern Sie sich bitte daran, wie hilfreich es ist, ein Kind hinzulegen (➤ 2.1.2). „Erkennt" das Baby die Bewegung (unbewusst), die es selbst vornehmen würde – erst das Gewicht auf die Füße verlagern, dann aufs Becken und über die Seite ins Liegen kommen (s. o.) – dann haben wir große Chancen, dass wir es ohne große Irritationen ablegen können.

2.5 Den Alltag gestalten

Tipps und Tricks

Ihr Kind kann in der Rückenlage – der klassischen Schlafposition (> Abb. 2.28a) – seine kurzen Beinchen noch nicht so ablegen, wie wir. Die Beinchen ziehen besonders in der Entspannung des Schlafes nach unten,– dadurch steigt die Körperspannung – das Baby wird wach. Dies können wir vermeiden, indem wir im Schlafsack ein kleines Handtuchhäufchen (> Abb. 2.28b) unter die Beine legen. Dadurch ist es leichter, das Gewicht abzugeben und entspannt zu schlafen.

Tipps und Tricks

- Am liebsten wird Ihr Kind wahrscheinlich bei Ihnen schlafen. Das ist auch im Beistellbettchen oder gesichert in Ihrem ausreichend großen Bett möglich. Auf jeden Fall gelten die Aufklärungsinhalte zum Thema SIDS (www.kindergesundheit-info.de). Im Tiefschlaf sollte Ihr Kind in der Rückenlage liegen.
- Ein Kind benötigt etwa eine halbe Stunde, um in den Tiefschlaf zu finden. Für diese Zeit können Sie Ihr Kind in einer bewegungsfreundlichen Umgebung in die Bauchlage bringen (> Abb. 2.29). Eine feste Matratze ist gut, damit das Kind eine Resonanz auf seine Bewegungen erhält.
- Setzen Sie sich zu Ihrem Kind ins Zimmer oder halten Sie es in Ihrem Arm, bis die halbe Stunde vergangen ist. Ist Ihr Kind im Tiefschlaf, können Sie es vorsichtig in die Rückenlage zurückdrehen oder achtsam hinlegen. So vermeiden Sie lange Zeremonien, die aufwendig das Kind in den Schlaf bringen, um dann wieder zu erwachen, wenn Sie es hinlegen.

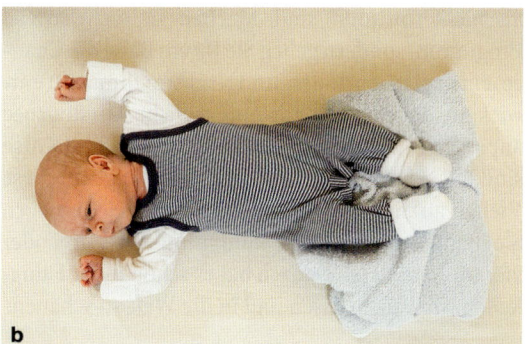

Abb. 2.28 Rückenlage. [K383]
a) Ohne Unterstützung der Beine.
b) In Rückenlage mit Handtuchhäufchen unterstützt – so ein „Häufchen" können Sie in den Schlafsack unter die Beine legen.

Abb. 2.29 Schlafen in Bauchlage in der Dreistufenposition [K383]

2.5.7 Mein Baby weint

Wichtig zunächst: Ein Baby weint nicht, um uns zu terrorisieren! Es hat immer einen Grund! So schnell hören wir: „Ihr Kind hat einen Dickkopf!" „Das Kind braucht klare Regeln." „Da müssen Sie Ihr Kind gleich erziehen!" Natürlich muss man eine eigene Haltung dazu entwickeln, das ist allerdings nicht immer leicht, wenn es kulturell bedingt häufig um das „brave" Kind geht, das nach dem Wickeln, Füttern und Liebkosen wieder schläft und sich in einen Rhythmus begibt, der in unseren Erwachsenenalltag passt. Ein Baby ist zu klein, um leise auf sich aufmerksam zu machen. Zudem sind manche Kinder wesensbedingt mal mehr und mal weniger schnell irritierbar.

> **GUT ZU WISSEN**
> Die Fähigkeit, sich selbst zu regulieren, muss erst, auch durch unsere Reaktion, gelernt werden

Babys äußern innere oder äußere Störungen durch Weinen. Und dies bevorzugt dann, wenn es in die Nacht geht. Es ist nicht immer leicht, die Gründe dafür herauszufinden. Möglich ist es, dass es die momentane Entwicklungsphase dem Baby schwermacht, die Welt zu verstehen. Da braucht es einen langen Atem, Geduld und das Abwägen, ob das Kind im Moment viel Nähe braucht (z. B. im Tragetuch) oder vielleicht sogar seinen eigenen Raum möchte.

Ursachen

Die Gründe für das Weinen entscheiden über die Qualität des Weinens. Mit der Zeit werden Sie das Weinen zuordnen können. Die Varianten sind groß. Die Töne können schriller, heller oder dunkler sein. Es kann sich ganz verzweifelt und akut anhören oder sich langsam steigern. Wimmert Ihr Baby, sollten Sie genauer hinschauen, ob es krank ist oder Schmerzen hat. Auf alle Fälle gilt: Verunsichert Sie das Weinen oder Schreien, lassen Sie am Tag einen Kinderarzt auf Ihr Kind schauen. Das beruhigt schon mal Sie selbst und dadurch auch Ihr Kind!

Hunger

Hunger ist sicher einer der häufigsten Gründe, warum Babys weinen. Die wichtigen Informationen über das Stillen oder die Flaschenernährung haben Sie sicher von Ihrer Hebamme erfahren. Wichtig ist, dass Sie wissen, dass ihr kleines Baby, wenn es gestillt wird, 10–12-mal am Tag hungrig werden kann. Folgen Sie dem Rhythmus Ihres Kindes, es braucht einige Zeit, bevor es sich unserem Rhythmus anpassen kann.

Beachte
Ein Säugling benötigt zehn bis zwölf Stillmahlzeiten in 24 Stunden.

Müdigkeit/Überforderung

Kinder machen uns schnell deutlich, wenn Ihnen etwas zu viel wird. Manchmal schließen sie die Augen, ohne wirklich zu schlafen – das ist ihre Art, in den Rückzug zu gehen. Manchmal hilft nur das Weinen, um deutlich zu machen, dass es müde oder überfrachtet ist mit Geräuschen, Menschen, Eindrücken. Achten Sie auf ausreichende Pausenzeiten, in denen Sie nicht „on tour" sind. Machen Sie nicht so viel Programm, sondern geben Sie Ihrem Baby die Chance, einen eigenen Tages- und Nachtrhythmus zu entwickeln, der sich nicht an eine tägliche Kurstournee anpassen muss. Babyschwimmen und andere Kurse sind toll, wenn Ihr Kind bereits in der Lage ist, diese Vielfalt an Eindrücken zu erfassen. Vielleicht mögen Sie damit warten, bis Ihr Kind mindestens drei oder vier Monate alt ist. Danach hat es schon mehr Fähigkeiten, sich anzupassen und in die Welt zu schauen.

Verlassenheitsgefühl

In diesem Weinen steckt das Anliegen: „Hallo, kann mich mal bitte jemand auf den Arm nehmen? Ich möchte nicht allein sein!" Ein Tragetuch oder eine Tragehilfe könnten jetzt beispielsweise gut sein, damit Ihr Baby einfach dabei sein kann, selbst wenn Sie noch etwas im Haushalt erledigen oder einkaufen müssen.

In der Entwicklungspsychologie spricht man von **Rückanbindung.** Es geht darum, dass Kinder insbesondere in den ersten Lebensmonaten immer wieder die Sicherheit brauchen, dass die Bezugspersonen wirklich da sind (Thomas Harms). Dies geschieht gern auch in der Nacht. Hier reicht häufig der Kontakt über die Hand auf dem Bäuchlein und die vertraute beruhigende Stimme: „Ja, Mama/Papa ist da. Du bist nicht allein, alles ist in Ordnung."

Angst, Schreck

Dieses Weinen entsteht plötzlich von einer Sekunde auf die andere. Manchmal können wir die Auslöser nicht erkennen. Bereits eine Tür, die zuschlägt, ein Bus, der schnell vorbeifährt oder auch das Weinen anderer Kinder kann dieses laute und Not verkündende Schreien auslösen. Nehmen Sie ihr Kind auf den Arm, wenn Sie es nicht schon tragen und beruhigen Sie es mit Ihrer Stimme. Durch uns lernen die Kleinen mit solchen herausfordernden Situationen umzugehen und sich zu regulieren. „Wenn Mama/Papa das nicht schlimm findet, scheint es auch nicht schlimm zu sein."

Kälte, Hitze

Babys machen auch deutlich, wenn es ihnen zu kalt oder zu warm ist – sie sind dann häufig quengelig. Kalte Händchen und Füßchen sollten kein Maßstab sein, um daraus das Temperaturempfinden Ihres Kindes abzuleiten, denn das haben Kinder häufig. Verlässliche Angaben sind hingegen z. B. ein schweißiger Nacken (etwa zwischen den Schulterblättern) – er zeigt an, dass es Ihrem Kind „zu warm" ist, während Zittern marmorierte Haut, kalter Nacken, blaue Lippen deutliche Hinweise darauf sind, dass es Ihrem Kind „zu kalt" ist. Bewährt hat es sich, besonders ruhigen Kindern jeweils eine Schicht mehr anzuziehen, als wir Erwachsenen tragen. Achten Sie unbedingt darauf, dass Sie bei Ihrem schlafenden Kind Überhitzung und Unterkühlung vermeiden. Hier sind Sie sicherlich innerhalb der SIDS-Kampagne (z. B. www.kindergesundheit-info.de) von Ihrem Kinderarzt aufgeklärt worden.

Maßnahmen

Manchmal ist Ihr Kind vielleicht außer sich vor Weinen – es lässt sich nicht beruhigen. Wir können davon ausgehen, dass es sich dann auch in seinem Körper nicht mehr spürt. Daher hilft es, hier anzusetzen: Wenn gar nichts mehr geht ist die Zeit gekommen für das **Chacka Chacka** – für eine Intervention, die bei ununterbrochenem Weinen oder Verdauungsproblemen sehr hilfreich ist. Sie unterstützen Ihr Baby wieder an Brustkorb und Becken (➤ Abb. 2.30, ➤ Abb. 2.31).

- Die Füßchen sind im Kontakt mit einer Unterstützungsfläche – das kann Ihr Oberschenkel, aber auch der Platz sein, an dem Sie sitzen.
- Die Hand am Brustkorb bleibt ruhig, die Hand am Becken beginnt in sanft kreisenden Bewegungen das Becken in Richtung Brustkorb zu bewegen.

Geschieht dies in einem passenden Tempo, wird Ihr Kind positiv darauf reagieren und aufmerksam werden für die Bewegung in seinem Körper. Der Kontakt mit den Füßen erlaubt es ihm, sich an der Bewegung aktiv zu beteiligen. Es kann sich selbst als wirksam erfahren und findet zu sich zurück. Es wird ruhig und entspannt sich.

Diese Bewegungsunterstützung hilft ebenfalls bei Verdauungsproblemen, da sie entspannend wirkt und den Verdauungsbereich differenziert durchbewegt (siehe Beschreibungen zu „Wickeln") Ihr Kind kann dadurch auch Luft und Stuhl leichter absetzen.

Diese Bewegung ist für Ihr Kind sehr hilfreich! Wenn Sie gar nicht mehr wissen, was Sie noch zur Beruhigung tun können, machen sie dieses Angebot und Sie werden sehen, dass Ihr Kind in den meisten Fällen ruhiger und wieder aufmerksamer wird.

> **Tipps und Tricks**
>
> - Entwickeln Sie eine Kultur mit Ihrem Kind, in der die Vertrautheit Ihrer Stimme ein Mittel zur Beruhigung und Verbindung wird. Summen Sie, wenn Ihr Baby auf Ihrer Brust liegt, es wird sich einhüllen lassen von der Vibration dieser Töne und diese genießen. Wählen Sie Ihr Lieblingslied, das Sie Ihrem Kind immer wieder vorsingen. Es wird positiv darauf reagieren, wenn es aufgewühlt ist oder unruhig.
> - Auch eine Lieblingsgeschichte darf sich mit dem Alter des Kindes immer weiter entfalten und einen Beziehungsrahmen bieten.

2 Der zehnte Tag

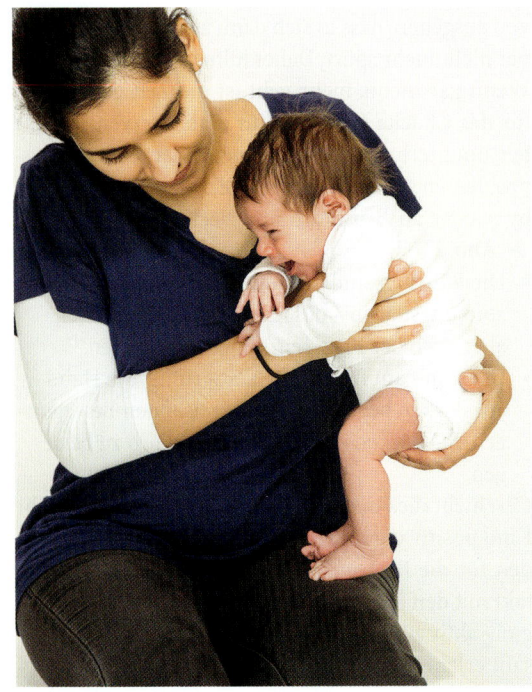

Abb. 2.30 Chacka chacka auch zur Beruhigung weinender Kinder [K383]

Abb. 2.31 Chacka chacka ist auch bei älteren Kindern bis etwa sechs Monaten hilfreich. [K383]

KAPITEL 3

Acht Wochen

3.1 Entwicklungsschritte
Birgit Kienzle-Müller

Erst acht Wochen ist es her, dass Ihr Kind geboren wurde, es kann jetzt schon sehr viel. In dieser Zeit ist viel passiert:
- Mit vier Wochen begann das Kind mit seinen Augen zu fixieren. Es kann den **Blickkontakt** zu Ihnen aufbauen und schaut nicht mehr durch Sie hindurch. An dem interessierten Blick, der Sie erkennt, lässt sich in den ersten Wochen eine gut gestartete Entwicklung erkennen, ebenso an der stetig wachsenden Neugier, sowie an einem starken Saug- und Schluckreflex und an der altersgerechten Entwicklung der Körperhaltung.
- Mit sechs Wochen begann das erste **soziale Lächeln.** Ihr Kind lächelt ganz bewusst zurück. Beim ersten bewussten Lächeln sind immer die Augen mitbeteiligt. Das erste Lächeln ist ein wichtiges Zeichen für die geistige und soziale Entwicklung. Alle Kinder der Welt lächeln zur gleichen Zeit (Entwicklungsalter sechste Woche). Mit dem ersten Lächeln wird Ihr Kind auch zu lautieren beginnen: Es lauscht oft hingebungsvoll seiner eigenen Stimme, oft begleitet von dem gegenseitigen Berühren der Finger: Die Hand-Hand-Koordination beginnt. Das Kind beginnt nun, sich selbst wahrzunehmen.

3.1.1 Beginnende Kopfkontrolle

Die beginnende Kopfkontrolle (➤ Abb. 3.1, ➤ Abb. 3.2) ist kennzeichnend für die achte Entwicklungswoche. Mit Hilfe der visuellen Orientierung – die Augen geben den Impuls für die Aufrichtung in der Bauchlage – wird das Kind versuchen in der Bauchlage, seinen Kopf von der Unterlage zu heben. Im Fixieren eines interessanten Gegenstandes stemmt sich das auf dem Bauch liegende Kind über seine Unterarme gegen die Schwerkraft nach oben in die Aufrichtung. Diese motorische Leistung ist bewundernswert, wenn man weiß, dass das Köpfchen ca. ein Drittel des Körpergewichtes ausmacht.

Abb. 3.1 Beginnende Kopfkontrolle in der Bauchlage, gut zu sehen ist das leichte Abstützen mit den Unterarmen, das die Kopfkontrolle ermöglicht.

Abb. 3.2 Wenn Sie das Baby hochnehmen und tragen, wird es ebenfalls kurz den Kopf selbst halten können, wenn auch noch etwas unsicher.

Es braucht ein wenig Übung für diese Meisterleistung. Die Anstrengung ist deutlich an seinem Gesicht zu erkennen: Die Stirn wird in Falten gelegt, die Augenbrauen werden hochgezogen und die Augen sind weit geöffnet. Neugierig wird die neue Welt betrachtet. Die Neugier erwacht durch das Sehen und Hören, durch den Geruchs- und Geschmackssinn. Das Kind möchte etwas in seinen Besitz bekommen. Diese Neugierde ist so wichtig für die weitere Entwicklung des Kindes.

GUT ZU WISSEN
Die beginnende Kopfkontrolle ist bereits als eine Art Gleichgewichtsreaktion zu sehen, denn es gilt, bei vielen Bewegungen das Gleichgewicht zwischen den beteiligten Strukturen herzustellen: Zum einen muss der Kopf über der Halswirbelsäule gegen die Schwerkraft ausbalanciert werden. Zum anderen müssen das Heben und Senken des Kopfes in alle Richtungen – nach vorne, nach hinten, zur Seite – ausgewogen stabilisiert werden. Die Halswirbelsäule ist in sich gerade, entfaltet und aufgerichtet.
Die beginnende Kopfkontrolle mit zwei Monaten ist ein Gesamtbild von korrektem Unterarmstütz, Beginn der Entfaltung der Hände, Aktivierung der Schulterblattmuskulatur, Stabilität und Aufrichtung im Rumpf, Entwicklung der Hüftgelenke und der Fußstellung.

3.1.2 Lebhafte Ganzkörperbewegungen

Gleichzeitig entdeckt das Kind seine Bewegungen bewusst und ein regelrechter **Bewegungssturm in der Rückenlage** beginnt. Die Arme und Beine bewegen sich unregelmäßig und heftig, dabei ist die Unterstützungsfläche noch nicht stabil. Dieser Bewegungssturm – er wird auch dystonische Beweglichkeit genannt und gehört zu den Massenbewegungen – zeigt dem Arzt den Beginn der Bewegungsentwicklung.

Während der sog. dystonen Phase (Massenbewegung) im zweiten und dritten Monat ist der Tonus (Spannung) der Muskulatur noch nicht richtig ausgeglichen. Die Aufmerksamkeit des Kindes hat sich in den letzten acht Wochen deutlich gesteigert. Mit dem ganzen Körper wird zielgerichtet Kontakt gesucht, dabei sind die Bewegungen noch ungenau und zielunsicher: Sie weichen auf ihrem Bewegungsweg vom Ziel ab. Greifen gelingt noch nicht oder nur zufällig mithilfe des Greifreflexes.

Das Kind kann Freude und Ablehnung über motorische Bewegungen zum Ausdruck bringen und zeigt damit, dass es bereits über emotionale und mentale Fähigkeiten verfügt. Ablehnende und freudige Bewegungen werden mit ausdrucksstarker Mimik unterstützt.

Beachte
Unfallgefahr: Lassen Sie Ihr Kind nicht ohne Aufsicht bzw. ohne Hand am Kind auf dem Wickeltisch, auf dem Sofa. Es könnte herunterstürzen, der Bewegungssturm kann dazu führen, dass sich das Kind unbewusst dreht.

3.1.3 Die Ausreifung der Sinne durch Reflexe

Fechterstellung als Grundlage des Ganzkörpergreifens

Ab der sechsten bis zur achten Woche nimmt das Kind die sogenannte Fechterstellung ein – sie gehört ebenfalls noch zu den Massenbewegungen –, die durch einen visuellen oder anderen Reiz ausgelöst wird: Grundlage der Fechterstellung ist die beginnende Synapsenverknüpfung zwischen Nerven und Nervenzellen oder Nerven- und Muskelzellen, die es dem Kind ermöglicht, Dinge zu fixieren. Das Kind stellt sich also mit seinem Körper auf den Reiz ein. Alle bisher gemachten positiven Sinneswahrnehmungen – sei es beim Fühlen, Riechen, Hören, Sehen, Schmecken – führen zum Wiedererkennen und wieder wahrnehmen wollen. Nicht nur die Augen wollen entdecken und greifen, der ganze Körper greift, der Mund öffnet sich, die Zunge schleckt, die Hände zeigen Greifbewegungen und die Füße krallen und spreizen.

Dieses **Ganzkörpergreifen** zeigt sich in der Fechterstellung und in einer **ausdrucksstarken Mimik.** Der Kopf wendet sich zur Seite, der Rumpf folgt. Arm und Bein der Gesichtsseite sind locker gestreckt, Arm und Bein der Hinterhauptseite sind locker gebeugt. Beide Schultergelenke und Hüftgelenke sind in AR (Außenrotation). Die Haltung ähnelt einem Fechter. Die Fechterstellung ist der Beginn des Greifens und des Drehens.

Asymmetrisch tonischer Nackenreflex (ATNR) als Grundlage der Greif- und Streckbewegungen

Der ATNR entsteht bereits währen der 18. Schwangerschaftswoche, er ist bei der Geburt vollständig vorhanden (> Abb. 3.3) und wird etwa sechs Monate nach der Geburt gehemmt, da durch die Entwicklung des Gehirns weitere Bewegungsmuster entstehen. Im Mutterleib ermöglicht der ATNR spezifische Bewegungen (Tritte und Stöße), zudem unterstützt er den Muskelaufbau, stimuliert das Gleichgewichtsorgan und übernimmt eine wichtige Funktion im Geburtsprozess: Er erleichtert die Passage durch den Geburtskanal, indem durch die Drehbewegung des Kopfes die Schultern freigelegt werden. Dem Neugeborenen stellt er eine freie Atmung in Bauchlage sicher und verstärkt den Streckmuskeltonus, wobei er die Grundlage für spätere gezielte Greif- und Streckbewegungen bildet.

Beim ATNR werden, sobald das Baby den Kopf zur Seite dreht, reflexartig Arme und Beine zur gleichen Seite ausgestreckt – dabei ist die Faust geschlossen und der Fuß befindet sich in einer Spitzfußhaltung – zudem sind Arm und Bein der Gegenseite gebeugt.

Der ATNR wird leicht mit der Fechterstellung (> Abb. 3.4) verwechselt, doch es handelt sich bei einem länger bestehenden, also über den dritten Monat vorhandenen, ATNR, um einen pathologischen Reflex, der durch eine passive Drehung des Kopfes ausgelöst wird, während die Fechterstellung eine physiologische Reaktion ist. Der Unterschied zwischen beiden ist erkennbar an der starken Fauststellung mit eingeschlagenem Daumen beim ATNR. Beim ATNR sind zudem die Handgelenke in Beugestellung, der Fuß auf der Gesichtsseite ist in Spitzfußstellung. Der Ellenbogen ist auf der Hinterhauptseite stark angewinkelt und auf der Gesichtsseite fast überstreckt. Schulter- und Hüftgelenke befinden sich in Innenrotation, der Körper ist stark asymmetrisch. Die Haltung wirkt verkrampft und unnatürlich.

Die Fechterstellung – sie wird noch zu den Massenbewegungen gerechnet – markiert bereits den Anfang der Willkürmotorik, des Greifens. Der gestreckte Arm folgt dem Blick.

Beachte
Zu den Massenbewegungen gehören die Phasen des Moro-Reflexes, die Fechterstellung und die dystonische Beweglichkeit. Diese Bewegungen treten nacheinander auf und bestehen nebeneinander. Der Mororeflex besteht von Anfang an, er unterstützt den ersten Atemzug, die Fechterstellung tritt mit 6.–8. Wochen auf und zeigt das beginnende Greifen und mit der 8. Woche kommt die dystonische Beweglichkeit hinzu. Die Massenbewegungen werden durch die Willkürmotorik abgelöst.

SCHAU, WAS ICH SCHON KANN
Die Kopfkontrolle hat sich entwickelt, das Halten des Kopfes in Bauchlage gegen die Schwerkraft wird möglich. Der Rumpf wird symmetrischer. Das Kind entdeckt sich selbst durch die Hand-Hand- und Hand-Mund-Koordination. Es hält intensiven Blickkontakt und lächelt bewusst zurück. Seine Bewegungen ähneln einem Bewegungssturm. Das Kind ist zu diesem Zeitpunkt weitsichtig.

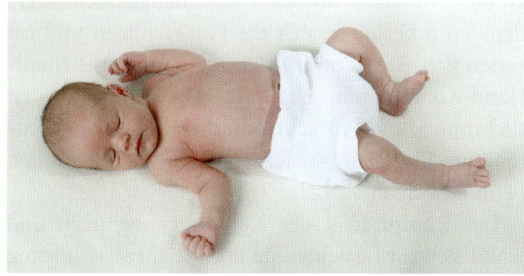

Abb. 3.3 ATNR beim Neugeborenen. Der gesichtsseitige Arm und das gesichtsseitige Bein sind gestreckt, die Hand ist gefaustet. Arm und Bein der Hinterhauptsseite sind maximal gebeugt. Das Kind hat noch keinen Blickkontakt.

Abb. 3.4 Fechterstellung mit acht Wochen. Auch hier sind Arm und Bein der Gesichtsseite gestreckt, Arm und Bein der Hinterhauptsseite gebeugt. Die Hand auf der Gesichtsseite kann locker gefaustet sein. Der Blickkontakt ist vorhanden.

3.2 Das Baby betrachten
Birgit Kienzle-Müller

3.2.1 In Rückenlage

Die Unterstützungsfläche in der Rückenlage (➤ Abb. 3.5) wird in der achten Woche stabiler und symmetrischer, dadurch kann das Kind seinen Kopf von der Seite zur Körpermitte drehen und weiter auf die andere Seite.

Das Kind kann seinen **Kopf** allerdings noch nicht vollständig zur Seite bewegen und dort ablegen: Beim Drehen des Kopfes wird dieser noch leicht überstreckt (Reklination) und zur Seite geneigt. Die Augen führen die Kopfbewegung. Eine rote Rassel vor den Augen von einer auf die andere Seite geführt, wird interessiert verfolgt.

Das Kind kann länger den **Blickkontakt** halten.

Die **Schultern** werden noch hochgezogen. Die Arme verlassen die breite Unterstützungsfläche und können vor dem Körper zusammengebracht werden. Sanft berühren sich die Fingerspitzen und ertasten sich. Die Hände führen zueinander, die Hand-Hand-Koordination beginnt. Die Hände werden Richtung Mund gebracht, Hand-Hand-Mund-Koordination. Die Hand ist leicht geöffnet, der Daumen befindet sich außerhalb.

Der **Rumpf** folgt der Kopfbewegung nach und wölbt sich zur Gesichtsseite noch leicht sichelförmig aus. Deutlich zu tasten ist die Rektusdiastase – als kleine Vertiefung oder „Loch" zwischen den geraden Bauchmuskeln in Höhe des Bauchnabels. Dieser Freiraum in den Muskeln war für den Durchtritt der Nabelschnur wichtig. Der Bauch wölbt sich zur Seite aus. Die Rumpfstabilität fehlt noch.

Die **Fersen** heben von der Unterlage ab.

Das Kind wird **weitsichtig.** Kommt man dem Kind zu nahe, kann das Kind nur noch schemenhaft erkennen. Für fremde Personen ist Abstand halten angesagt, so hat das Kind Zeit und Raum, den anderen genauer zu betrachten.

Das **Strampeln** ähnelt jetzt immer mehr einem Bewegungssturm. Entdeckt das Kind mit den Augen etwas Interessantes, das seitlich von ihm liegt, so streckt es seinen Gesichtsarm mit leicht geöffneter Hand in die Richtung des Gesehenen. Der andere Arme, der Hinterhauptskopfarm, wird dabei angewinkelt auf der Unterlage abgelegt. Die Stellung ähnelt einer Fechterstellung.

Dreht der **Kopf auf die andere Seite,** wird der ehemals Hinterhauptskopfarm gestreckt und der andere Arm wird gebeugt. Mit der noch reflexgesteuerten Fechterstellung zeigt das Kind seine erste Begierde, etwas erreichen zu wollen.

3.2.2 In Bauchlage

Die Aufrichtung beginnt in der Bauchlage (➤ Abb. 3.6) – ausgelöst durch einen optischen Reiz: Es ist die optische Neugier, die das Kind antreibt, seinen Kopf etwas anzuheben und es sind die Augen, welche die Aufrichtung führen. Um sich in der Bauchlage aufrichten zu können, muss das Kind die Arme auf die Unterlage aufstützen. Schon mit sechs Wochen hat das Kind gelernt, leicht seinen Kopf von der Unterlage abzuheben, indem es seine Handgelenke in die Unterlage gestemmt hat.

Nun werden die Unterarme in die Unterlage hineingestemmt. Die Hände sind leicht geöffnet und

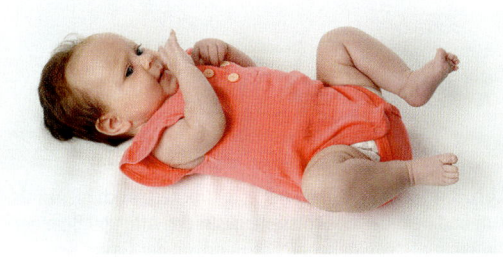

Abb. 3.5 In der achten Woche kann das auf dem Rücken liegende Kind seinen Kopf zur Körpermitte drehen.

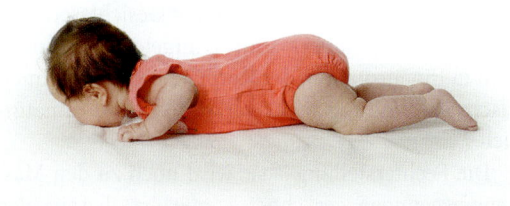

Abb. 3.6 Bauchlage 8. Woche. Das auf dem Bauch liegende Kind hat die Arme auf der Unterlage aufgestützt, die Oberschenkel liegen nach außen.

zeigen Richtung Unterlage. Die Schultern wandern immer mehr nach unten (kaudal), weg von den Ohren. Die Schulterblätter können vermehrt Richtung Wirbelsäule, medial, gebracht werden. Durch die Aktivität der Schulterblattmuskulatur wird das Abstützen überhaupt möglich gemacht.

Die Halswirbelsäule ist aufgerichtet. Zwischen den Unterarmen und der oberen Brustwirbelsäule liegt die Unterstützungsfläche. Noch kann der Kopf nicht vollständig gedreht werden, es fehlt noch die vollständige Stabilität im Rumpf. Der Rumpf ist schon symmetrischer und stabiler. Der Bauch wölbt sich seitlich aus. Die Lendenwirbelsäule zeigt eine Hyperlordose. Die Oberschenkel liegen leicht nach außen, die Knie sind leicht angewinkelt. Die Füße stemmen sich in die Unterlage hinein, so dass der Kopf abgehoben werden kann.

3.3 Kleine Hilfen mit großer Wirkung
Birgit Kienzle-Müller

Die folgenden Empfehlungen wenden sich an Eltern, die ihr erstes Kind bekommen haben. Für Familien mit mehreren Kindern mögen manche der nachfolgenden Tipps den Eindruck machen, als ob sie wenig Bezug zum Familienalltag haben. Wie immer gilt, dass es keine einfachen Lösungen gibt.

Wir möchten gerne anerkennen, dass der Alltag mit mehreren kleinen Kindern eine große Herausforderung darstellt. Umso wichtiger ist es, bestimmte Grundüberzeugungen für sich klar zu formulieren. Was kann geleistet werden und was nicht? Wo muss zum Schutze des neugeborenen Kindes und der Mutter ein klares Nein gesprochen werden und wo lassen sich Kompromisse machen – oder wo müssen Kompromisse gemacht werden, damit Freiräume und Ruhe möglich werden. Manchmal kommt ein ruhigerer Takt in der Familie allen zugute und es stellt sich oft im Nachhinein heraus, dass die besten Tage diejenigen waren, an denen man gemütlich zu Hause geblieben ist und gekuschelt, gespielt und vorgelesen hat. In Amerika gibt es die wunderbare Tradition, Familien zur Geburt eines Kindes ein Dinner zu kochen. Die Nachbarschaft spricht sich ab und die Familie hat eine Sorge weniger.

3.3.1 Dreimonatskolik

„Um 7 ist die Welt noch in Ordnung.", so der Titel eines bekannten Buches. Das trifft für viele Babys in den ersten 10 Tagen zu. Das Kind schläft noch viel. Nur durch regelmäßige Essenspausen wird der Schlaf am Tag und in der Nacht unterbrochen. Es könnte so schön weitergehen. Doch dann ist am Abend überhaupt nichts mehr in Ordnung. Das Kind schreit aus vollem Hals und ist nicht mehr zu beruhigen. Es wird gestillt oder bekommt die Flasche, es verweigert die Nahrungsaufnahme. Das Kind überstreckt sich, windet sich und ist kaum noch zu halten. Die Windel wird gewechselt und auf dem Pezziball (Gymnastikball) gehüpft. Nichts will helfen. Man holt sich Rat bei der Oma oder Freundin und bekommt ein wissendes, verständliches und mitleidiges Kopfnicken: die Dreimonatskolik, da muss jede Mutter durch.

Heute wissen wir, dass es oft die **Reizüberflutung** am Tag ist, welche das Kind am Abend aus seiner Ruhe bringt. Durch die fortlaufende Gehirnentwicklung erreichen die Reize nach 10 Tagen das Kind gleichsam ungebremst: Es kann die Reize noch nicht filtern, geschweige denn zuordnen oder sich von ihnen abwenden. Das abendliche Schreien wird häufig nicht von Bauchschmerzen ausgelöst, sondern ist das Resultat eines anstrengenden Tages, währenddessen das Kind vielen Reizen ausgesetzt war. Das Kind ist überreizt und verarbeitet diese Reizüberflutung mit stundenlangem Schreien. Häufig beginnt diese Schreiphase zwischen 18:00 und 19:00 Uhr und endet manchmal erst zwei Stunden später. Das Kind schläft erschöpft ein. Es kann auch sein, dass das Kind in den Nächten von überforderten Tagen mehrmals schreiend aufwacht. Das Kind kann in den ersten Wochen mit Reizüberflutung nur sehr schwer klarkommen. Durch das Schreien schluckt das Kind viel Luft, was wiederum Bauchschmerzen auslöst, daher der Name „Dreimonatskolik". Die Beine werden verkrampft angezogen. Das Kind überstreckt sich nach hinten. Was tun?

- Vermeiden Sie Reizüberflutungen. Achten Sie darauf, dass tagsüber nicht so viel Besuch kommt,

dann kann Ihr Kind besser einschlafen und es wird weniger in der Nacht wachwerden.
- Vermeiden Sie große Einkäufe mit dem Kind. Gestalten Sie ihren Alltag ruhig und genießen Sie das Kennenlernen Ihres Kindes. Sie müssen mit ihrem Kind noch nicht an Babygruppen, Spielkreise teilnehmen. Das Kind muss noch nicht bei Ihrem früheren Arbeitsplatz gewesen sein. Es muss auch nicht die Tante, die 200 km entfernt wohnt, besucht werden und auch die Großeltern brauchen noch nicht stundenlang zu Besuch kommen. Freunde werden verstehen, dass jetzt das Kind mit seinen Bedürfnissen an erster Stelle steht.
- Sie bestimmen den Rhythmus. Ihr Kind muss sich erst einmal selbst kennen lernen und die Bindung will gestärkt werden.
- Geben Sie Acht auf sich und überfordern Sie sich nicht selbst. Sie müssen in Ihrem neuen Job, Mutter, nicht perfekt sein. Sie dürfen sich ganz Ihrer kleinen, jungen Familie hingeben. Sie dürfen sich selbst treu bleiben. Ihre junge Familie muss sich gegenseitig kennen und lieben lernen.

3.3.2 Reflux

Manche Kinder leiden an einem sogenannten Reflux. Sie erinnern sich sicherlich noch an das Sodbrennen während Ihrer Schwangerschaft, das dadurch verursacht wurde, dass Ihr Kind von unten gegen Ihren Magen gedrückt hat und dadurch Magensäure durch den Mageneingang nach oben gelangen konnte. Dies war bestimmt ein sehr unangenehmes Gefühl.

Bei dem noch jungen Säugling ist oft der Mageneingang noch nicht vollständig entwickelt und lässt nach kurzem Trinken die Milch mit der Magensäure wieder zurück nach oben steigen. Sie erkennen dies daran, dass das Kind die ersten zehn Minuten gierig trinkt, dann die Brust verweigert und kräftig schreit. Außerdem zieht es die Beine an und dreht sich mit dem Kopf weg von der Brust. Kinder mit Reflux erbrechen sich häufig im Schwall. Das Auftreten des Refluxes ist nicht an Uhrzeiten gebunden. Es kommt auch vor, dass Mahlzeiten eingenommen werden können, ohne dass es negative Reaktionen auftreten. Infolge des Refluxes gedeihen die Kinder nicht, da zu wenig Nahrung im Körper bleibt. Zudem kann Erbrochenes in die Lunge geraten, was dann lebensbedrohlich wird. Ihr Kinderarzt hilft Ihnen, die richtigen Maßnahmen zu finden, um Ihrem Kind zu helfen.

Nach wenigen Monaten, oft mit Beginn der Breikost, ist der Mageneingang in den meisten Fällen vollständig ausgebildet. Bei wenigen Kinder bleibt das Problem für längere Zeit bestehen und verlangt große Aufmerksamkeit. Nicht jedes Kind hat gleich einen Reflux, wenn es erbricht. Manchmal wurde einfach nur zu viel getrunken und der Magen ist ja noch so klein. Ein ausführliches Bild dieses komplexen Phänomens und Hilfestellungen finden sie unter www.refluxkinder.de

Tipps und Tricks

Aufrechtes Tragen gibt dem Kind Halt und Geborgenheit, es hilft gegen das Aufsteigen des Magensaftes. Ein Keilkissen unter der Matratze am Kopfende hilft beim Schlafen.

3.3.3 Schreiphasen

Die meisten Babys sind keine Schreikinder. Die natürliche Schreiphase (Largo) beginnt ab dem zehnten Tag und hat seinen Höhepunkt in der sechsten Woche. Ab dieser Zeit wird es langsam aber stetig besser. In der zwölften Woche ebbt das abendliche Schreien ab. Das Kind kommt besser mit Reizen zurecht und die Eltern kennen ihr Kind mit seinem ganz eigenen Temperament. Über den Tag verteilt kann das Schreien zwei Stunden andauern. Kommt es Ihnen zu lange vor, dann führen sie einen Schreikalender. Tragen Sie die Zeit und die Dauer ein und besprechen Sie dies mit Ihrem Kinderarzt oder Ihrer Hebamme. Auch ein kurzer Film mit dem Smartphone über diese Schreiphase kann dem Arzt Hinweis über die Ursache des Schreiens geben.

Ursachen für Schreiphasen können vielseitig sein: es kann sich, wie oben beschrieben, um eine Reizüberflutung handeln, die durch den eingeschalteten Fernseher, zu grellem Licht ausgelöst werden oder eine volle Windel bzw. einfach Hunger. Ein Kind braucht zehn bis zwölf Mahlzeiten in 24 Stunden. Die Kleidung oder das Bett können zu warm oder zu kalt sein. Auch ein Geburtstrauma, ausgelöst durch eine schwierige Geburt oder Schmerzen durch ein blockiertes Kopfgelenk – dies zeigt sich durch eine einseitige Asymmetrie – kann das Schreien auslösen. Manchmal können auch verborgene Krankheiten hinter dem Unwohlsein stecken. Und bedenken Sie, jedes Kind hat sein eigenes Temperament. Wir Eltern werden vor der Geburt nicht auf das Schreien des Kindes vorbereitet. Wenn es dann nach zehn bis 14 Tagen dazu kommt, fühlen wir uns der Situation fast hilflos ausgeliefert. Bei Frühchen tritt diese Phase nach dem errechneten Geburtstermin ein (➤ 5.5.1).

Entspannte Eltern haben entspannte Kinder. Dies trifft tatsächlich zu. Sind wir entspannt, kann sich das Kind sich ganz in die Arme seiner Eltern fallen lassen. Kinder sind von klein auf Meister im Deuten der Körpersprache, zumal sie auch genügend Zeit hatten, ihre Mutter kennenzulernen: Sie haben jegliche Spannung wahrgenommen, registriert und zu deuten gelernt. Versuchen Sie auch in Stresssituationen ruhig zu bleiben, dann kann sich Ihr Kind leichter lösen und es kann besser entspannen. Ein guter Tipp: Zählen Sie still langsam rückwärts 30, 29, 28, 27… atmen Sie ruhig weiter, halten Sie die Luft nicht an und bieten Sie Ihrem Kind durch Haltung und Zuwendung so viel sichere Basis wie nur möglich. Das Kind kann nun zur Ruhe kommen. Manchmal hört das Weinen dennoch nicht auf. Das Weinen des eigenen Kindes auszuhalten, ist ein enormer Kraftakt. Physisch und psychisch kann man schnell eine Grenze erreichen. Wenn Sie merken, dass es Ihnen nicht mehr gut geht, holen Sie sich Hilfe und bleiben mit der Situation nicht allein.

Tipps und Tricks

- Enges Halten am Körper beruhigt und entspannt. Hektisches Klopfen auf den Rücken oder auf den Po bewirkt das Gegenteil. Ganz nah bei den Eltern zu sein, wirkt auf das Kind sehr entspannend. Für Eltern mit einem Weinkind sind ein Schaukelstuhl und ein Tragetuch oder eine Tragehilfe eine gute Entlastung.
- Geben Sie sich als Paar so viel Unterstützung wie möglich und sorgen Sie dafür, dass Sie sich gut versorgen mit Essen, Getränken und Pausenzeiten.
- Gehen Sie an die frische Luft.
- Über die eigene tiefe ruhige Bauchatmung kommt es zu einer körperlichen Entspannung und Verlangsamung der eigenen Verhaltensabläufe, dies hilft dem Kind Kontakt zu den Eltern zu finden und ruhiger zu werden.
- Stellen Sie sich vor, Ihr Kind möchte Ihnen mit seinem Weinen etwas erzählen. Hören Sie ihm zu, wie jemandem, der Worte benützen kann und nicht nur Tränen.
- Probieren Sie Ihr Kind zu stillen, auch dies kann beruhigend wirken.
- Tragen Sie ihr Kind im Fliegergriff: Eine Hand stützt den Oberkörper, die zweite greift von hinten zum Unterbauch.

3.3.4 Ganz früh zur Osteopathie?

Wir kommen nicht auf diese Welt, um danach sofort therapiert zu werden – es sei denn, es liegt eine schwerwiegende Erkrankung vor.

„Greife nicht in ein Rad, das sich dreht", lautet eine Redensart, die zum Ausdruck bringt, dass nicht eingegriffen werden soll, wenn es kein Problem gibt. Es handelt sich natürlich um eine vollkommen andere Situation, wenn vor, während oder nach der Geburt Komplikationen aufgetreten sind. In diesem Fall werden die Ärzte schützend ihre Hände über Kind und Mutter legen und alles Notwendige veranlassen.

Nicht jedes Kind braucht sofort eine osteopathische Behandlung, zumal die Wirbelsäule sensibel ist, dass durch eine frühe Behandlung sogar Blockaden gesetzt werden können. Die wichtigste „Behandlung" in diesem Zeitraum ist: Erst einmal ankommen. Ein Behandlungsanlass kann jedoch sein, dass das Kind seinen Mund beim Stillen nicht genügend öffnen kann. Dies kann neben einem zu kurzen Zungenbändchen auch an Spannungen im Mundboden oder an der Schädelbasis liegen, die durch die Rotationsbewegung während der Geburt hervorgerufen wurden. In diesem Fall helfen dem Kind entspannende Griffe aus der Osteopathie. Ein Behandlungsgrund kann ebenfalls sein, dass das Kind seinen Kopf nicht auf die andere Seite wenden kann oder ein unter der Geburt gebrochenes Schlüsselbein. Der Einzelfall entscheidet.

Manche Therapeuten mit einer osteopathischen Ausbildung empfehlen, das Kind so häufig wie möglich auf den Rücken zu legen, damit die inneren Organe ihren Platz finden. Diese Empfehlung widerspricht der Tatsache, dass der Säugling ein Tragling ist und zuvor kopfüber im Uterus lag. Zudem sollte bedacht werden, dass einem Kind, das vorrangig auf dem Rücken liegt, wichtige sensomotorische Erfahrungen versagt bleiben. Davon abgesehen besteht ein erhöhtes Risiko, dass sich ein Kiss-Syndrom (Blockaden der oberen Kopfgelenke) und eine Plagiozephalie (abgeflachter Hinterkopf) entwickeln können. Gerade durch entspannende Bewegung findet alles seinen Platz.

Die Grundprinzipien der Osteopathie sagen:
- Gesundheit ist Bewegung.
- Der Körper ist eine Gesamtheit.
- Der Körper besitzt die Fähigkeit zur Eigenregulation.
- Flüssigkeiten im Körper bewegen sich rhythmisch.

Fazit: Die obigen Grundprinzipien zeigen, dass nicht nur die Rückenlage, sondern sowohl die Bauchlage als auch das Tragen durchaus im Sinn der Osteopathie sind.

3.3.5 Wie das Tragen die Entwicklung fördert

Mit acht Wochen reift die Kopfkontrolle heran. Insbesondere beim Tragen, in der aufgerichteten Körperhaltung, wird die Fähigkeit, den Kopf gegen die Schwerkraft zu halten ideal stimuliert. Die Hände des Kindes liegen beim Getragenwerden am Körper der Mutter auf und zeigen Richtung kindlichen Mund. Die zu diesem Zeitpunkt beginnende Hand-Mund-Koordination wird durch das Tragen ganz natürlich angebahnt. Die kleinen Füße berühren unbewusst den Beckengurt und stützen sich mit hochgezogenem Fuß daran ab. Durch das Abstützen erhält der Rumpf vermehrt Aufrichtungsimpulse, die die Symmetrie im Rumpf unterstützen.

Die Entwicklung beginnt kranial (kopfwärts), wie es eindrucksvoll beim Tragen mit dem Aufrichten des Kopfes zu erkennen ist. Auch kaudal (fußwärts) geht die motorische Entwicklung weiter, die Füße richten sich auf und entwickeln sich aus der ursprünglichen Pronation (nach außen hochgezogene Fuß) in die wichtige Supination, die für das spätere Gehen gebraucht wird. Nur wenn die Füße unten einen haltenden Impuls finden können, kann oben der Kopf gehalten werden.

Durch das Abstützen der Arme am Brustkorb der Mutter werden die Schulterblattmuskeln des Kindes aktiviert. Das Stützen wird angebahnt. Meist fällt es den Kindern leichter, die viel getragen werden, sich in der Bauchlage wohl zu fühlen.

Das Tragen mit Blick zum Tragenden schirmt das Kind von Umweltreizen ab und gibt dem Kind die Gelegenheit, sich selbst zu regulieren und Stress im wahrsten Sinne nicht an sich heranlassen und sich selbst zu beruhigen. Getragene Kinder sind stressfreier, tragende Eltern sind entspannter.

3.4 Das Baby als Tragling
Ulrike Höwer

Kindesentwicklung wie auch jegliche Entwicklung des Menschen folgt einem dialogischen Prinzip: Entwicklung braucht einen inneren Reifungsprozess und das Gegenüber. Das Ich braucht das Du. Der Mensch ist ein durch und durch soziales Wesen. Eindrucksvoll erleben wir dies in der Entwicklung des Kindes im ersten Jahr, die sich vor allem durch und in der Beziehung mit der Mutter und dem Vater vollzieht.

3.4.1 Sensorische Integration – Kuscheln als Hausaufgabe

Alle Eltern wünschen sich, dass sich ihr Kind gut entwickelt und träumen dabei von sportlichen und schulischen Erfolgen ihrer Kinder. Meist bewegen sich diese Wünsche im Spannungsfeld der Annahme dessen, was ist und dem Wunsch, was sein möge. Annahme und Förderung, begleiten und Wege bereiten, sind immer schon die zentralen elterlichen Herausforderungen gewesen und werden es auch bleiben.

Die beiden ersten großen Wegbereiter der guten kindlichen Entwicklung sind eine **gelungene Bindung und die Stärkung des sensomotorischen Sys-**

tems. Und die erste Hausaufgabe? Kuscheln mit so viel Hautkontakt wie möglich!

Warum ist so etwas scheinbar Banales das große Tor zum Erfolg und nicht z. B. das frühzeitige Lernen einer Fremdsprache oder eines Instruments? Das Zauberwort heißt Sensorische Integration (SI).

GUT ZU WISSEN
Die sensorische Integration ist ein normaler Prozess, der schon im Mutterleib beginnt. Sensorische Reize, wie Berührung, Bewegung, Körperhaltung, Sehen, Riechen, Schmecken, Tasten und Hören werden vom Menschen aufgenommen, verarbeitet und verknüpft. Dieser Prozess wird als sensorische Integration bezeichnet.

Jane Ayres, die Begründerin der sensorischen Integration, bezeichnete mit diesem Begriff den neurologischen Prozess, der Sinneseindrücke aus dem eigenen Körper und aus der Umwelt organisiert und es uns ermöglicht, den Körper effektiv in der Umwelt einzusetzen und sinnvoll zu handeln. Dies bedeutet, dass die Informationen, die wir über unsere Sinne (sensorisch) erhalten, gut verarbeitet und mit einander verbunden (Integration) werden müssen. Zur Verarbeitung von Informationen gehört daher:
- Wichtiges von Unwichtigem zu trennen
- Unwichtige Informationen auszusortieren
- Verschiedene relevante Informationen miteinander zu verknüpfen

Die Grundlage hierfür bildet der Ausbau der verschiedenen Sinnessysteme. Wir verfügen über Sinnessysteme für die Eigenwahrnehmung, als auch für die Fremdwahrnehmung. Wobei die Fremdwahrnehmung und die Eigenwahrnehmung eng miteinander verwoben sind. Nur wenn wir uns gut selbst wahrnehmen können, können wir auch das Andere gut wahrnehmen. Durch das Wahrnehmen des Anderen lernen wir etwas über uns selbst. Jede Berührung von etwas anderem ist zugleich auch ein Berührt werden.

Die sensorische Integration verläuft in Stufen. Schritt für Schritt baut Neues auf schon Gelerntem auf. Jede Stufe ist hierbei von Bedeutung. Sie muss erklommen werden, um die damit verbundenen Erfahrungen machen zu können. Wir können daher sagen, je grundlegender ein Sinnessystem, desto grundlegender ist auch seine Funktion, d. h. es wird zum Fundament für andere Sinnessysteme. So ist die Eigenwahrnehmung die Grundlage für die Fremdwahrnehmung. Beides wird zur Grundlage für Koordination und Feinmotorik ohne die wiederum Schreiben und Kreativität nur eingeschränkt möglich sind.

Basissinne

Die Basis bilden das taktile System, das die Verarbeitung von Berührung gewährleistet, sowie das kinästhetische System. Das kinästhetische System ermöglicht die Wahrnehmung von Bewegung über Gelenke und Muskeln und die Wahrnehmung der Position von Gelenken. Beide Systeme sind die Grundlage allen Lernens. Ebenso das viszerale und vestibuläre System, die dafür sorgen, dass innere Spannungen reguliert und der Körper gegen die Schwerkraft aufgerichtet werden kann.

Muskeln und Gelenke geben uns Informationen über Lage, Stellung und Haltung des Körpers. Das Gleichgewichtsorgan richtet uns gegen die Schwerkraft auf und die inneren Organe geben uns Informationen über Hunger, Anstrengung, Blasenfülle etc.

Die Stärkung der Basissinne in dieser ersten Zeit erfolgt sowohl durch den engen Körperkontakt, sanfte Berührungen und nachvollziehbare langsame Bewegungen als auch über Angebote für Nahrung und Ausscheidung. In dem Buch „Spüren-Bewegen-Lernen" von Petra Zinke-Wolter ist dies wunderbar ausgedrückt: „In den ersten drei Monaten braucht ein Kind einen warmen, weichen Hautkontakt über den ganzen Körper mit den Qualitäten warm, weich und glatt, also am besten den engen Kontakt zur Haut von Mutter und Vater. Das gibt dem Kind zudem den Geruch und den Herzschlag und damit wieder die sichere Kontinuität."

Das Tragen auf dem Arm, das gemeinsame Ruhen, Babymassage, Körperkontakt beim Stillen und auch das Tragen in einem Tuch oder einer Tragehilfe sind wunderbare Möglichkeiten, die „Hausaufgabe Kuscheln" zu erfüllen.

Fernsinne

Erst nachdem sich die verschiedenen Basissinne im zweiten bis vierten Schwangerschaftsmonat herausgebildet haben, entwickeln sich unserer Fernsinne:

- Olfaktorisches System (Riechen)
- Gustatorisches System (Schmecken)
- Auditives System (Hören)
- Taktil-Epikritisches System (Temperatur Tasten)
- Visuelles System (Sehen)

Beachte
Die Stärkung der Sinnessysteme erreichen wir durch das Anbieten von Sinnesanregungen in dem Maß, wie es das Kind verarbeiten kann.

3.4.2 Gebunden und verbunden

Eine Reihe von Studien konnten zeigen, dass der frühe Hautkontakt zwischen der Mutter und ihrem Baby die gegenseitige Bindung signifikant verstärkt (vgl. hierzu z. B. John H. Kennell und Marshall H. Klaus).

Mütter, die ihr Baby direkt nach der Geburt auf ihrem nackten Körper gespürt haben, zeigten sich in den Studien feinfühliger für die kindlichen Bedürfnisse, lächelten mehr, suchten den Blickkontakt zum Kind und sprachen mit ihm in liebevoller Babysprache.

Zentrale Rolle der Haut

Wiederum ist es die Haut, die hier eine zentrale Rolle spielt. Doch wie entstehen Bindung und die Stärkung des Selbstwertgefühles über die Haut?

In der sehr frühen Embryonalentwicklung sehen wir drei Keimblätter, die in Schichten von innen nach außen übereinanderliegen: das Entoderm, das Mesoderm und das Ektoderm. Aus der äußersten Schicht, dem Ektoderm, faltet sich das Neuralrohr und entwickelt sich das Gehirn. Außerdem entwickeln sich aus dem äußeren Keimblatt die Haut und die Hautanhangsgebilde, wie z. B. die Fingernägel oder die Haare. Damit liefert das Ektoderm die Anlagen für alles, was mit der Verarbeitung von Informationen zu tun hat. Jede Art der Berührung und des Kontaktes wird als Information an das Gehirn weitergeleitet. Diese Weiterleitung geschieht über die sensiblen bzw. sensorischen Nervenbahnen.

Berührungsimpulse werden sowohl im somatosensorischen Cortex (Großhirnrinde) verarbeitet als auch im Bereich des Hirnstammes und des Hypothalamus.

Oxytocin – das Bindungshormon

Zärtliche Berührung regt im Hypothalamus die Ausschüttung von Oxytocin an. Oxytocin ist als Hormon vielen rund um die Geburt und das Stillen bekannt. Oxytocin hat eine kontrahierende Wirkung auf die Gebärmuttermuskulatur und wirkt damit wehenfördernd und unterstützend bei der Rückbildung. Übersetzt man seine altgriechische Wurzel, okys-tokos, so heißt Oxytocin schnelle Geburt. Zudem beeinflusst Oxytocin den Milchspendereflex positiv.

Doch Oxytocin kann noch mehr: Es hat vielfältige Wirkungen auf das zentrale Nervensystem, es wirkt stressreduzierend, löst Entspannung sowie Wohlbefinden aus, es lindert die Schmerzen und fördert so erholsamen Schlaf als auch mütterliches Verhalten und die gegenseitige Bindung. Es wirkt positiv auf die Nährstoffspeicherung und das Zellwachstum und unterstützt somit Heilungs- und Wachstumsprozesse. Zusätzlich wirkt es mit anderen Überträgerstoffen und Hormonen, wie z. B. dem stimmungsaufhellend wirkenden Serotonin als auch den Endorphinen: Ganz allgemein gesagt, bewirkt Oxytocin, dass man sich gemütlich und zufrieden fühlt.

Da Oxytocin auch noch nebenbei über das neuronale Belohnungssystem im Gehirn das Lernen mit beeinflusst, merkt sich der Körper den Kontext des Gefühlten. So werden oxytocinreiche Beziehungen und Erfahrungen als positiv abgespeichert und die Personen leichter erinnert und wiedererkannt. Für Mutter und Kind bedeutet dies, dass über den Hautkontakt nach der Geburt Oxytocin ausgeschüttet und für beide schmerz- und stresslindernd wirkt. Beide beginnen sich zu entspannen und Kontakt aufzunehmen. Ein erstes Stillen wird ebenso unterstützt wie die Regulierung der Körpertemperatur. Das Band der der Bindung ist geknüpft und wird mit jedem Kontakt und Stillen immer stärker.

Bindung – ein Halt fürs Leben

Nähe und Zuwendung sind die entscheidenden Säulen für eine gesunde Entwicklung. Indem man das Baby am Körper hält und feinfühlig auf seine Signale reagiert, werden seine Grundbedürfnisse erfüllt. Die Befürchtung mancher Eltern, dass Kinder durch zu viel Zuwendung und Körperkontakt unselbstständig und kleine Tyrannen werden könnten, ist unbegründet: neurophysiologischen Erkenntnisse zeigen, dass mit sich und der Welt unzufriedene und unsichere Kinder nicht an den Folgen von zu viel Liebe und Aufmerksamkeit leiden. Es ist vielmehr ein zu wenig an Körperkontakt und Zuwendung in den ersten Wochen und Jahren und darüber hinaus, das innerlich unsicher macht und die Entwicklung von Selbstbewusstsein erschwert.

Die Bestätigung, dass es gut ist, dass man da ist und so ist, wie man ist, kommt nicht aus sich selbst heraus, sondern durch das Gegenüber. Erst wenn diese Bestätigung immer wieder erfolgt ist, formt sich im Inneren des Menschen ein großes „JA" zu sich und der Welt. Es ist, als würde uns mit der Geburt ein Schatzkästchen mitgegeben, das immer mit Erfahrungen von Wärme und Liebe gefüllt werden muss. Diese uns immer wärmenden Erfahrungen erwachsen aus unseren Beziehungen. Bleibt das Kästchen zu leer, so ist es in der Seele immer zu kalt. Eine Kälte, die unglücklich macht. Kinder, die von Anbeginn viel Nähe und Feinfühligkeit durch die Mutter und den Vater erfahren haben, haben ihr Schatzkästchen gut gefüllt, mit wärmenden Erfahrungen, die einem niemand jemals wieder nehmen kann.

Diese Schätze sind eine gewisse psychische Widerstandsfähigkeit, die auch als „Resilienz" (> 1.3.1) bezeichnet wird. Resilienz ist die Fähigkeit, Krisen durch das Mobilisieren der eigenen Ressourcen zu bewältigen und letztlich an ihnen zu wachsen.

Bindung und Bindungsverhalten

Mit diesen Gedanken sind wir mitten in der Bindungstheorie angekommen. Die Bindungstheorie beschäftigt sich mit dem Phänomen stark emotionaler Beziehungen, die durch ein bestimmtes Verhaltensmuster auf beiden Seiten entstehen. In der Folge entsteht eine Verbindung, deren Verlust Angst, Trauer und Depression auslöst. Eine besonders zentrale Rolle hat hier die Mutter-Kind-Beziehung. Dies ist das erste und wesentlichste Band, um das es geht. Es sichert Wärme, Nahrung und Schutz. Eine sichere Bindung ist damit eine sichere Basis (secure base) und Quelle von Sicherheit, Vertrauen und Wohlbehagen.

Viele Forschungen und Beobachtungen konnten zeigen, dass **Bindung** nicht auf Nahrung reduziert werden kann. Bindung sichert nicht nur das Überleben, sondern auch die Entwicklung in die Selbstständigkeit. Eine gelungene Bindung ist die Basis für Erkundungen des Babys (exploration). Nur in dem Wissen, dass es den Rückhalt bei den Erwachsenen gibt, können Babys die Welt erforschen. Je nach Alter des Kindes sind diese Ausflüge recht kurz und benötigen immer wieder die Rückversicherung der sicheren Basis vor dem nächsten Ausflug.

Neben der Bindung steht das **Bindungsverhalten**, das sich darum bemüht, die Verbindung zu erhalten. Droht die Trennung von der Bindungsperson, so wird das Bindungsverhalten mit Weinen, Schreien und Klammern aktiviert. Erst wenn das Bindungsverhalten durch intensiven Körperkontakt erfüllt wurde, wird das Baby ruhig. Wird das Bindungsverhalten nicht beachtet und auf das Weinen des Babys nicht reagiert, so kommt es zur Verzweiflung und Depression. Im Extremfall wird das Bindungsverhalten eingestellt. Nicht ohne gravierende Folgen für die gesamte spätere Entwicklung.

Sowohl das Bindungsverhalten als auch das Erkundungsverhalten stehen in einem Spannungsfeld einander gegenüber. Sobald das Bindungsverhalten aktiviert wird, muss das Erkundungsverhalten eingestellt werden. Nur wenn sich das Kind seiner Basis sicher ist, kann es sich ganz auf seine Erkundungen und sein Lernen konzentrieren.

Bindung und Nähe als Lebenskapital

Woher die Angst vor dem Verwöhnen durch Kuscheln, dem langen Stillen und der Nähe beim Schlafen kommt und von so vielen die Eltern beratenden Menschen formuliert wird, ist vor dem Hintergrund von Forschung und Wissenschaft nicht nachzuvollziehen. Es sind meist tief verwurzelte Vorurteile, worin diese Angst gründet: Diese sollten uns jedoch niemals davon abhalten, unsere Kinder nach Herzenslust auf den Arm zu nehmen und so viel Zeit wie möglich mit ihnen im Kontakt zu verbringen.

Das Gute ist, dass all dem Kind zugewandten Handlungen sich nicht auf der Grundlage von langer Reflektion und Willensentscheidung vollziehen. Eltern sind mit einem intuitiven Programm ausgestattet, das sie ganz von alleine dazu bringt, im dichten Kontakt mit dem Baby zu sein und in angemessener Weise mit ihm zu kommunizieren. Eine Willensentscheidung braucht es vielleicht manchmal um drei Uhr nachts, aber auch dann sorgt das Oxytocin dafür, dass auch diese Babynacht zu schaffen ist. Wie die vielen nächsten Nächte auch. Der Zauber der Bindung gibt der Anstrengung und Erschöpfung einen Sinn und damit auch den Eltern eine neue Richtung in der eigenen Weiterentwicklung.

> **GUT ZU WISSEN**
>
> John Bowlby, der Vater der Bindungstheorie hat folgende Merkmale von Bindung und Bindungsverhalten herausgearbeitet:
> - Das Bindungsverhalten hat eine ganz spezifische Ausrichtung und meint genau diese Person – meistens die Mama.
> - Eine Bindung ist auf eine sehr lange Dauer des Lebens hin ausgerichtet.
> - Es sind sehr starke Gefühle betroffen.
> - Bei den meisten Kindern gibt es eine Hauptbindungsperson.
> - Kinder binden sich bedingungslos.
> - Bindungsverhalten sucht die Beziehung besonders bei Müdigkeit, Hunger und Angst.
>
> Bindungsverhalten ist bei fast allen Säugetieren zu beobachten und sichert das Überleben und die gesunde und stabile Entwicklung.

Bindung braucht Erfahrung von Nähe, Feinfühligkeit und Interaktion

Zusammenfassend können wir sagen, dass Kinder für eine gesunde Entwicklung vor allem die physisch erfahrbare Nähe der Mutter als auch des Vaters benötigen. Sie brauchen Hautkontakt und Berührung ebenso wie die Erfahrung von Bewegung als Signal von **Anwesenheit und Schutz.** Stille, Bewegungslosigkeit und Einsamkeit sind aus der Sicht unserer Babys Zeichen für eine akute Bedrohung, auf die sie mit Weinen reagieren. Interaktion bedeutet neben Sprache und Mimik auch Bewegung und Berührung und somit Gemeinschaft.

Unsere Kinder verfügen noch nicht über eigenständige Bewegungsmuster, sondern bedürfen hier einer Bewegungsunterstützung. Eine Bewegungsunterstützung, welche die Eigenbewegung der Kinder ermöglicht, unterstützt sie auch in der Selbstwahrnehmung und der Wahrnehmung der anderen Person und ist damit **bindungsunterstützend.** Beim

Abb. 3.7 Das intuitive Elternprogramm macht glücklich – Eltern reagieren spontan richtig auf die Bedürfnisse ihres Kindes.

Tragen haben wir immer eine Bewegung, in der Form eines sanften Schaukelns aber auch spiralige Aufrichtungsbewegungen (Tragen auf der Hüfte) ebenso wie die Schreitbewegung (Tragen auf dem Rücken). Alle diese Formen ermöglichen dem Kind eine gleichzeitig-gemeinsame Bewegungserfahrung, in der es sich mit sich selbst aber auch seinen Eltern Ver-Binden kann (➤ Abb. 3.7).

■ Beckenbodenentlastung durch korrektes Tragen

Alle drei Schichten des Beckenbodens benötigen nach der Entbindung Stärkung und Kräftigung. Hieran führt kein Weg vorbei. Die erste Zeit nach der Entbindung dient der Erholung und des Kennenlernens. Dies ist keine Zeit für größere Belastungen. Die Rückbildung des Beckenbodens wird besser unterstützt durch ein gut gebundenes Tragetuch als durch das Tragen des Babys auf dem Arm oder dem Schieben des Kinderwagens. Die beiden letzten Formen des Tragens und Fortbewegens führen zu einer nach vorne gebeugten Haltung und wirken damit der Beckenbodenaufrichtung entgegen. Ein festes Tragetuch hingegen – mit im Rücken gekreuzten

Tuchsträngen – oder eine Tragehilfe, die ebenfalls im Rücken gekreuzt werden kann, unterstützt die aufrechte Haltung und damit auch die Rückbildung.

Der Beckenboden ist ebenso mit der Oberschenkelmuskulatur vernetzt wie auch mit der Rückenmuskulatur: Ein aufgespannter Beckenboden ist die Basis für einen guten Stand und die Aufrichtung der Wirbelsäule. Vor allem die innerste Schicht des Beckenbodens, der Musculus levator ani, bewirkt einen natürlichen Grundtonus von Rücken, Bauch und Hüftmuskulatur und damit eine gesunderhaltene Bewegung. In der aufrechten Haltung mit einem gut gespannten Beckenboden ist es leicht, ein Kind zu Tragen. Die natürliche Spannung des elterlichen Körpers gibt Aufrichtungsimpulse an das Kind, auf die das Kind reagiert. Mutter und Kind sind in einem guten Bewegungswechselspiel mit einander verbunden. ■

3.4.3 Tragen konkret: einstellbare Tragehilfen

Auch wenn dem gemütlich umhüllenden Tragetuch und seiner Fähigkeit sich so fein auf Träger und Baby einzustellen, in der ersten Zeit nichts gleichkommt, so wissen wir aus Erfahrung, dass besonders Väter einer Tragehilfe den Vorzug geben. Bedenkt man, die Kosten für einen Kinderwagen, der in der Regel nur im ersten Jahr genutzt werden kann, wenn nicht sogar einige Monate weniger, so ist die Anschaffung von Tragetüchern und Tragehilfen, die den Wünschen und Bedürfnisse des Vaters und der Mutter entsprechen, eine sinnvolle Idee. Zum Ende des ersten Jahres bleibt dann noch Geld für einen wirklich guten Buggy.

Flexibel einstellbare Tragehilfen

Flexibel einstellbare Tragehilfen bestehen aus einem Rückenteil, den Schulterbändern und dem Beckengurt. Im Beckengurt, können sie flexibel auf die Größe des Kindes und damit den entsprechenden Abspreizwinkel eingestellt werden.

Der sogenannte „Beckengurt" ist kein Gurt, der auf das Becken gesetzt wird. Seine primäre Funktion ist nicht die Gewichtsverteilung auf Hüft- und Beckenknochen. Er gibt dem Stoffpaneel, welches den Rücken des Babys stützt einen sicheren Abschluss. Die meisten Tragefehler entstehen durch die Annahme, dass der Gurt auf das Becken gesetzt wird. Damit werden gerade kleinere Kinder zu tief getragen. Die richtige Höhe kann sogar die Taillenhöhe sein (➤ Abb. 3.8, ➤ Abb. 3.9, ➤ Abb. 3.10).

Beachte
Ein Tipp: Wenn Sie den Kopf des Kindes bequem küssen können, sitzt die Trage hoch genug.

Eine gut in der Breite eingestellte Tragehilfe erkennt man daran, dass die Beine und Füße in einer natürlichen leicht nach innen geneigten Position (Supination) sind (➤ Abb. 3.11). Dies unterstützt die natürliche Körperspannung und die Möglichkeit der Selbstregulation (➤ Abb. 3.12). Bei einem zu breiten Materialsteg zwischen den Beinen des Babys wäre das Knie nach innen rotiert und die Unterschenkel wären abgespreizt.

Betrachten wir ➤ Abb. 3.13: So süß die kleine Hand auch ist, idealer wäre es, wenn Arme und Hände besser zentriert wären und sich vor dem Körper

Abb. 3.8 Hoch und körpernah eingestellt

des Kindes befinden würden. Diese Haltungskorrektur können Sie leicht vornehmen, indem sie Hände und Arme sanft nach oben führen.

Sollte eine Tragehilfe noch nicht ganz passen, kann man sich mit einem Schnürsenkel oder etwas Ähnlichem behelfen und den etwas zu breiten Steg einfach abbinden (➤ Abb. 3.14).

Angepasste Tragehilfen

Auf all diesen Bildern konnten wir sehen, dass sich die beiden Babys wohl fühlen in den perfekt angepassten Tragehilfen. Der Sitz baut sich vom Becken aus gut auf, die Füße zeigen eine ideale Hüftstellung, der Rücken ist gut gestützt und kann gut gehalten

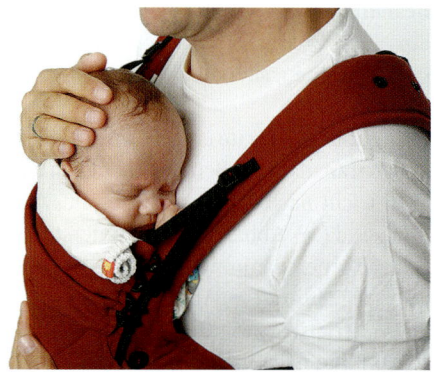

Abb. 3.9 Die Tragehilfe ist so hoch eingestellt, dass das Baby auf Kopf-Kuss-Höhe getragen wird.

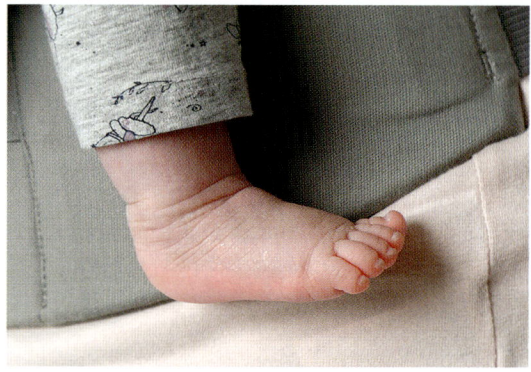

Abb. 3.11 So soll es sein – Fußstellung wie bei einem Reiter: Der Unterschenkel liegt gut an und der Fuß zeigt eine leichte Supination.

Abb. 3.10 Der Beckengurt ist in diesem Fall auf Taillenhöhe angebracht. Das Baby sitzt ideal, wie uns die Stellung des Fußes zeigt.

Abb. 3.12 Die Träger dieser Tragehilfe laufen breit über die Schulter, der Steg ist perfekt einstellbar.

werden. Die Kinder können sich in ihren Haltungen gut regulieren und somit entspannt einschlafen.

Beim Anpassen der Tragehilfe wird der Steg auf die richtige Breite eingestellt (➤ Abb. 3.15). Die richtige Position ist erreicht, wenn sich die Knie des Kindes auf Bauchnabelhöhe beim Kind befinden, das Tuch bis in die Kniekehlen reicht, aber nicht da-rüber hinaus, so dass die Unterschenkel frei beweglich sind. Wenn das Material zu tief in die Kniekehlen läuft, besteht die Gefahr der Außenrotation im Hüftgelenk. Hier zeigt uns die Stellung der Füße, dass die Hüften gut zentriert sind und sich somit optimal entwickeln können (➤ Abb. 3.16). Auch am Rücken ist das Kind gut gestützt (➤ Abb. 3.17).

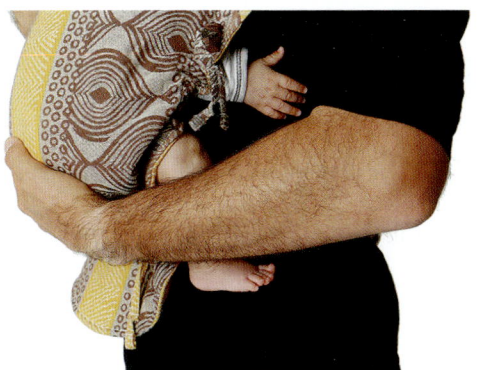

Abb. 3.13 Diese Handhaltung schaut süß aus, ist aber nicht ganz optimal: Arme und Hände sollten vor dem Körper des Kindes sein. Dann kann das Baby seinen Tonus durch leichten Druck mit seinen Händen und Unterarmen in den Körper des Tragenden regulieren.

Abb. 3.15 Anpassen der Tragehilfe: Tragehilfe zwischen die leicht angewinkelten Beine halten und entsprechend korrigieren.

Abb. 3.14 Eine gute Idee hat eine Firma mit dem sogenannten „Size it" entwickelt. Ein gepolstertes Band, mit dem man viele Tragehilfen einfach kleiner binden kann.

Abb. 3.16 Dreiklang im Bein: Abduktion, Flexion über 90° Außenrotation aus dem Hüftgelenk. Die Stellung der Füße zeigt die Qualität der Trageposition.

Abb. 3.17 Das Material am Rücken umhüllt und stützt das Kind, die Hand am Becken, die nur anliegt, ohne Druck auszuüben, sorgt für einen zusätzlichen Aufrichtungsimpuls.

Abb. 3.18 Die Tragehilfe kann auch für die große Schwester mit der Puppe angepasst werden.

Die kleine Puppenmutti zeigt, wie flexibel einstellbar manche Tragehilfen sind. Da wir zwei Mal das gleiche Modell hatten, haben wir der großen Schwester angeboten, ihre Puppe ebenfalls zu tragen. Das Ergebnis ist wirklich überzeugend finden wir! (➤ Abb. 3.18).

3.5 Den Alltag gestalten
Sabine Hartz

Auch in der achten Woche geht es für Ihr Kind weiterhin um das Anliegen der ersten Zeit nach der Geburt: „Hilf mir, mich in der Schwerkraft so zu bewegen, wie ich es selber tun würde, wenn ich es könnte!"

Doch in der kindlichen Entwicklung gibt es, wie Sie in den vorherigen Kapiteln bereits lesen konnten, auch Unterschiede im Hinblick darauf, was Ihr Kind kann. Es kann sein, dass es beginnt, auf Sie direkt zu reagieren und in wohligen Momenten leise und freundliche Töne von sich gibt. Es wird vertrauter mit Ihnen, Ihren Kontaktangeboten und der Umgebung, in der es lebt – seinem zu Hause. Sie haben bereits einen gewissen Rhythmus in Ihren Alltag gebracht und schwingen sich immer mehr aufeinander ein. Es gibt schon kleine Familienrituale beim Aufwachen oder Einschlafen mit Ihnen als Eltern oder auch anderen Bezugspersonen – Pausen und aktive Zeiten wechseln sich ab. Sie wissen bereits, was Ihr Kind mag und was nicht und können auch das unterschiedliche Weinen immer besser einordnen. In der Bewegung wird ihr Baby immer fähiger.

3.5.1 Bauchlage anbieten

Langsam bemerken Sie, dass Ihr Kind das große Köpfchen in der Bauchlage schon einen Moment halten kann und dieses von einer Seite auf die andere Seite dreht. Es reagiert neugierig auf deutliche Reize und beginnt, diesen zu folgen. Manchen Babys fällt es noch schwer, besonders dann, wenn sie bis dahin viel in der Rückenlage gelegen haben. Denken Sie bitte immer daran, Ihr Kind in Wachphasen die Bauchlage erfahren zu lassen. Diese Position ist sehr wichtig, um sich motorisch weiter zu entwickeln. Sie vermittelt das Gefühl der Geborgenheit und Schutz – insbesondere, wenn Ihr Kind auf Ihrem Körper liegt.

Falls es Ihrem Kind noch schwerfällt, in dieser Position zu bleiben, es sich vielleicht sogar darüber beschwert, passen Sie die Umgebung ein bisschen an, indem Sie ein zum „U" gerolltes Handtuch unter den Brustkorb Ihres Kindes legen (➤ Abb. 3.19), so dass das Gewicht vom schweren Kopf mehr in Richtung Becken geleitet wird. Nun kann es leichter über die Arme das Gewicht des Kopfes regulieren und lernen, sich individueller und feiner zu bewegen. Sicher mag Ihr Baby nun einen Moment länger in dieser Position bleiben. Auch ein Stillkissen (➤ Abb. 3.20) kann diese Wirkung unterstützen. Am schönsten aber wird es sein, wenn Sie sich selbst als Umgebung zur Verfügung stellen. Sie sitzen bequem auf einem Sofa oder auf dem Fußboden und winkeln ein Bein seitlich so an, dass es ein Dreieck bildet (in der Wirkung wie das „U"). Sie können Ihr Kind in dieses Dreieck (➤ Abb. 3.21) legen, indem es mit dem Brustkorb auf dem Knie liegt, die Arme werden über das Bein geführt – sie befinden sich also außerhalb des Beindreiecks. Die Beinchen „knien" innerhalb des Beindreiecks, dadurch gibt das Kind sein Gewicht großflächig ab und das Gewicht des Kopfes wird zu den unteren Körperteilen geleitet, was wiederum die Kopfkontrolle erleichtert.

Gleichzeitig werden Sie einen deutlichen Eindruck davon bekommen, wie wohl sich Ihr Kind dort fühlt und wann es genug hat. Für Ihr Kind ist es auch hilfreich, wenn es nur für kurze Zeit in dieser Position liegt: Trauen Sie diese Position Ihrem Kind ruhig immer wieder einen Moment zu. Schnell wird es Freude daran haben, sich hier zu erfahren und zu entwickeln.

Manchmal werde ich besonders von Vätern gefragt, ob wir es dem Baby mit dieser Unterstützung

Abb. 3.20 Auch das Stillkissen hilft dem Baby länger in der Bauchlage zu verweilen. [K383]

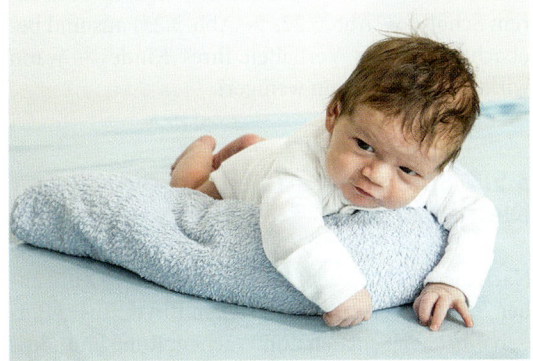

Abb. 3.19 Baby in Bauchlage mit einem zum U gerollten Handtuch: Dadurch kann es sich leichter anpassen und in der Position bleiben. [K383]

Abb. 3.21 Wenn Ihr Kind in dem Dreieck zwischen Ihrem angewinkelten Bein liegt, erfährt es eine gute Unterstützung bei der Kopfkontrolle – eine schöne Form der Interaktion, um Ihr Kind in der Bauchlage zu begleiten. [K383]

nicht zu leicht machen – es muss doch, so die Meinung der Fragenden, seine Muskeln trainieren, indem wir es herausfordern, sich selbst zu bewegen oder, wie hier, seinen Kopf in der Bauchlage zu halten. Diese Frage ist in sportlicher Hinsicht für größere Kinder durchaus berechtigt, für kleine Babys allerding fehl am Platz: Denn während dieser Zeit der Unterstützung geht es um die Qualität und nicht um die Quantität in der Bewegung. Ein Baby muss erst in der Lage sein, seinen Körper in der Schwerkraft zu positionieren, dann erst kann es zusätzlich etwas tun, wie z. B. fixieren, spielen, essen, schlafen … Dabei können wir behilflich und aufmerksam sein!

3.5.2 Auf dem Schoß

GUT ZU WISSEN

Das Gewicht in der Schwerkraft: Wir Menschen geben unser Gewicht über die Knochen ab und bewegen unser Gewicht mit den Muskeln. Diese Strukturen finden sich in sieben Körperteilen wieder – am Kopf, Brustkorb, Becken, an den Armen und an den Beinen (in der Kinaesthetics-Sprache sprechen wir von Massen) – und sechs „Verbindungsteilen" – am Hals an der Taille, an den Hüft- und Schultergelenken – diese Strukturen werden in Kinaesthetics als Zwischenräume bezeichnet. In der Schwerkraft geht es in den unterschiedlichen Positionen immer darum, dass die Massen das Gewicht abgeben und die Zwischenräume frei sind für Bewegung. Dies ist eine wichtige Voraussetzung, um in der Bewegung kompetent und immer differenzierter zu werden – bei allen Aktivitäten des Alltags.

Haben wir ein Kind auf dem Schoß, ist es wichtig, dass wir dafür sorgen, dass es in aufrechter Position unterstützt wird. Dies gelingt am besten, indem sich Ihr Kind in der Schwerkraft so erfahren darf, dass das Gewicht vom Kopf über den Brustkorb zum Becken „läuft". Ihr Kind lehnt sich über alle Körperteile bei Ihnen an, es hat also eine Position, die unserer gleicht, wenn wir sitzen. Obwohl das kleine Kind noch nicht sitzen kann, ist diese Form des Kontakts zu Ihrem Kind sehr hilfreich. Denn durch den Druck, den die Knochen über die Schwerkraft erfahren, wird die Calciumeinlagerung in die Knochen unterstützt und damit eine wichtige Voraussetzung für die Entwicklung eines stabilen Skelettsystems geschaffen.

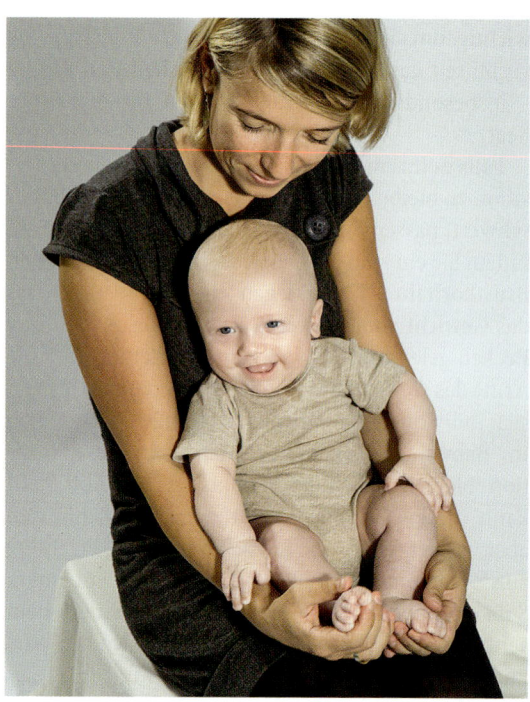

Abb. 3.22 Auf dem Schoß der Mutter kann sich das Kind schon früh in der aufrechten Position erfahren. [K383]

Es ist wie „aufrechtes Liegen". Das Baby kann sich in seiner Position immer wieder mit uns in kleinen Bewegungen anpassen. Sein Bauch ist frei für Verdauung, ohne zusammengepresst zu werden, seine Atmung kann ungehindert fließen und in diesem hilfreichen Spannungszustand kann es zunehmend seinen Blick nach außen richten, seine Händchen und Füßchen entdecken oder aber auch z. B. in Ruhe trinken.

Probieren Sie unterschiedliche Positionen auf Ihrem Schoß (➤ Abb. 3.22, ➤ Abb. 3.23) aus und beobachten Sie das Verhalten Ihres Kindes – wann wirkt es aktiver, wann weniger?

3.5.3 Spielen ist Arbeit für die Kleinen

Nach diesen ersten acht Wochen mit Ihrem Kind haben Sie schon einen gemeinsamen Rhythmus gefunden zwischen Schlafen und Wachen, Ruhe und Aktivität. Alles, was wir mit den Kleinen tun, ist, so freudvoll es auch für Sie beide ist – eine Anstrengung, die für Ihr Baby schnell ihre Grenzen findet.

3.5 Den Alltag gestalten

- Richten Sie Ihre Aufmerksamkeit auf das, was Ihr Kind gerade tut – stören Sie es nicht, wenn es gerade auf etwas lauscht, etwas betrachtet oder seinen Körper in der eigenen Bewegung kennenlernt.
- Schaffen Sie eine Umgebung, in der es sich nicht verletzen kann und geben Sie Raum für eigene Entdeckungen und Erfahrungen. Auch kleine hilflos wirkende Kinder sind schon mit Selbsterfahrung beschäftigt. Respektieren Sie diesen Raum, den sich Ihr Kind manchmal selbst sucht. Wir sollten diese „Babytrance" nicht stören durch immer neue, gut gemeinte, aber manchmal überfordernde Angebote.
- Sprechen Sie in der Familie darüber, werden Sie sensibel für diese Abläufe – dadurch werden Sie mit den Prozessen vertrauter und schaffen Vertrauen zu Ihrem eigenen Tun und dem Tun Ihres Kindes.

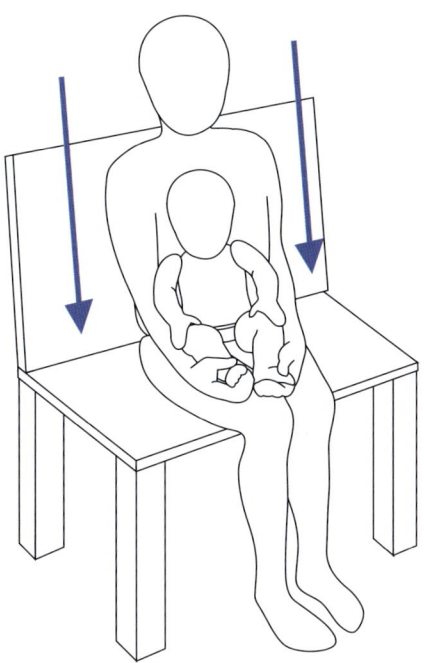

Abb. 3.23 Hier ist der Gewichtsverlauf bei Mutter und Kind skizziert. Er ist bei beiden gleich. Das Kind ist im ganzen Körper von der Mutter unterstützt. Durch diesen Kontakt können sich beide auf leichte Weise fein aufeinander abstimmen indem sie sich in sich selbst regulieren. [L138]

Beobachten Sie das Verhalten Ihres Kindes im Spiel. Ist es freudig und wach im Kontakt, wird es Sie auffordernd anschauen, weiterzumachen. Beginnt es aber wegzuschauen oder seine Händchen in den Mund zu stecken, so ist dies ein Zeichen, dass es jetzt Pause braucht. Wir sprechen von Selbstanbindung – eine Fähigkeit, sich selbst zu beruhigen, Spannung abzubauen und genug mit sich selbst zu sein.

Manchmal weinen Kinder nicht, weil sie müde sind, sondern überfordert. Es hilft, ihnen dann einen ruhigen vertrauten Ort anzubieten, an dem sie einfach sein können. Das kann im Tragetuch, auf dem Schoß oder aber auch an einem sicheren warmen Platz am Boden o. ä. sein. Es braucht also auch in der Wachzeit die Balance zwischen Aktivität und Ruhe.

Tipps und Tricks
Kinder lieben in diesem Alter die Regelmäßigkeit. Sie benötigen nicht viele Angebote, um sich mit der Umgebung zu beschäftigen.

3.5.4 Schlafen im Elternbett

Darf unser Baby zum Schlafen mit in unser Bett? Dies ist eine Frage, die unterschiedlich diskutiert wird. Lassen Sie sich nicht verunsichern, wenn Sie Freude haben, Ihr Kind mit in Ihrem Bett schlafen zu lassen.

Holen Sie Ihr Kind zu sich ins Bett. Schaffen Sie Ihrem Kind einen eigenen Platz darin, z. B. durch den Rahmen eines Stillkissens. Bedenken Sie, dass es erst kurz auf dieser Welt ist und oft überfordert ist, sich allein in der Schlafposition zu regulieren. Häufig sind die Nächte in Nähe ruhiger, das Stillen ist weniger aufwendig, Sie erleben Ihr Kind unmittelbarer in seinem Verhalten und geben Ihrem Kind Sicherheit und Verbundenheit. Häufig reicht eine Hand, die streichelt oder die Stimme, die leise ins Ohr spricht, um die Kleinen zu beruhigen.

■ Was spricht gegen das Schlafen im Elternbett?
Wenn Sie oder Ihr Partner **rauchen,** sollte Ihr Kind nicht mit im Bett schlafen, da dies die Atemqualität Ihres Kindes negativ beeinflussen kann.

Falls Sie etwas **Alkohol** getrunken haben, wie es auf einem Fest geschehen kann, dann sollten Sie Ihr

Kind getrennt hinlegen (Babybay oder eigenes Bettchen), da Sie wahrscheinlich tiefer schlafen werden und nicht so aufmerksam für Ihr Kind neben sich sein können.

Falls Sie **Medikamente** oder andere Substanzen einnehmen, die das Bewusstsein beeinflussen, sollten Sie ebenfalls auf das Elternbett verzichten.

Wenn Ihre **Matratze sehr weich** ist oder Sie in einem **Wasserbett** schlafen, sollten Sie auch das Kind an anderer Stelle zum Schlafen legen, da es unbemerkt unter Sie gelangen kann.

Ihre ganz **eigene Haltung** als Paar/Mutter/Vater: Prüfen Sie, wie Ihr eigener Schlaf in der Nacht ist. Sicher werden Sie sich schnell an das gemeinsame Schlafen gewöhnen. Gönnen Sie sich aber auch Exklusivzeit mit Ihrem Partner – vielleicht ist das auch außerhalb der Nacht möglich ∎

KAPITEL 4

Vier Monate

4.1 Entwicklungsschritte
Birgit Kienzle-Müller

4.1.1 Greifen und erste Drehung der Wirbelsäule

Im dritten und vierten Monat hat Ihr Kind einen entscheidenden Meilenstein in der Entwicklung durchlaufen – den **symmetrischen Unterarmstütz**. Ist Ihr Kind in der Bauchlage auf beide Unterarme aufgestützt, sind seine Hände geöffnet, ist seine Wirbelsäule schräg aufgerichtet und hält Ihr Kind den Kopf außerhalb der Stützfläche, dann ist die optimale Entwicklung gestartet (➤ Abb. 4.1). Hat Ihr Kind diesen Entwicklungsschritt in Qualität in Haltung und Bewegung erreicht, so kann man jetzt schon davon ausgehen, dass auch die weitere Entwicklung einen günstigen Verlauf nehmen wird. Die weitere Entwicklung beinhaltet den koordinierten Gang, die geistige Entwicklung mit Sprache und Feinmotorik, sowie eine freie Augenbeweglichkeit.

Erstes Greifen

Im vierten Monat beginnt das erste Greifen: In der Rückenlage kann Spielzeug, das von außen gereicht wird, gegriffen werden. In der Bauchlage bietet der sichere Stütz auf den Unterarm und inneren Ellenbogen (Ellenbogenstütz) dem Kind den Haltungshintergrund für eine bessere Orientierung. Im **Ellenbogenstütz** mit Gewichtsverlagerung auf einen Unterarm kann es den vor ihm liegenden Gegenstand greifen (➤ Abb. 4.2).

> **GUT ZU WISSEN**
> **Antigravitationskräfte – Aufrichtung gegen die Schwerkraft**
>
> Der symmetrische Unterarmstütz in der Bauchlage des dritten bzw. vierten Monats mit schräg aufgerichteter Wirbelsäule erfordert äußerst viel Kraft. Um ein entferntes Spielzeug besser zu sehen, muss das Kind sich vermehrt aufrichten. Es verstärkt mit den Unterarmen und den Innenseiten der Ellenbogen die Druckrichtung nach unten in die Unterlage hinein. Gleichzeitig wird dadurch die Schulterblattmuskulatur aktiv, welche die Schulterblätter in Richtung Wirbelsäule zieht. Durch die Aufrichtung der oberen Brustwirbelsäule fächert sich der Brust-

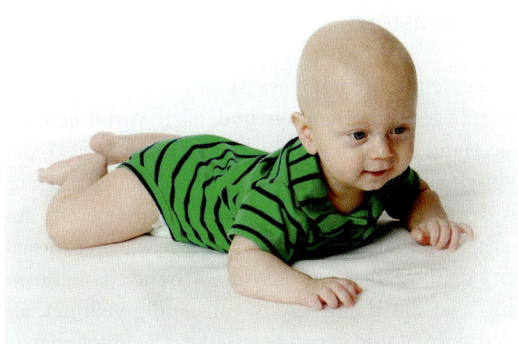

Abb. 4.1 Dritter Monat: Die Entwicklung ist optimal gestartet, das Kind befindet sich im Unterarmstütz und kann den Kopf außerhalb der Stützfläche halten.

Abb. 4.2 Vierter Monat: Der einseitige Ellenbogenstütz – das Begreifen beginnt.

korb auf, dies wiederum wirkt auf die Atemmuskulatur und das Zwerchfell, atemvertiefend. Die Bauchmuskeln spannen sich an und heben den Brustkorb gegen die Schwerkraft an. Der Rumpf wird dadurch gegen die Schwerkraft angehoben. Die Hals- und obere Brustwirbelsäule lassen sich dadurch in all ihren Segmenten potenziell frei bewegen. Der Kopf kann in dieser Position außerhalb der Stützfläche gehalten werden.

Die Aufrichtung gegen die Schwerkraft ist die Voraussetzung für den Einzelellenbogenstütz mit vier Monaten. Durch das vermehrte Stützen mit einem Arm, wird der andere Arm frei und die Hand kann nach vorne zu einem Spielzeug greifen. Der Brustkorb dreht mit einer leichten Rotation. Dies ist die erste Drehung in der Brustwirbelsäule. Das perfekte Zusammenspiel der Bauchmuskeln mit den Schulterblattmuskeln, das Einstemmen der Unterarme in die Unterlage, das Gegenhalten der Beine, ergibt die Aufrichtung in der Wirbelsäule. Das Stützen und Greifen aus der Bauchlage wird möglich und der Kopf kann aufrecht gegen die Schwerkraft gehalten werden. Diese freie Drehbeweglichkeit der Hals- und Brustwirbelsäule in Verbindung mit der aufgerichteten Stützfläche nennt Prof. Vojta „die Startstufe der Fortbewegung".

Kopfdrehung (➤ 2.2.1)

Um den Kopf in den ersten drei Monaten in der Bauchlage zur Seite zu rollen, muss das Kind seinen Kopf im Nacken zurück und zugleich zur gegenüberliegenden Seite neigen. Allerdings kann es bis zu diesem Zeitpunkt seinen Kopf nur bis zu 45° drehen, die Kopfdrehung bis zu den Schultern bzw. die aktive Drehung der gesamten Halswirbelsäule zur Seite ohne Seitneigung und nach hinten neigen des Kopfes (Reklination), ist erst ab dem vierten Monat möglich.

Wird der Kopf aktiv vom Kind bzw. passiv von außen zur Seite gedreht, so geschieht dies immer mit einer „Überstreckung" in der Halswirbelsäule. Diese Überstreckung ist bis zum dritten Monat normal, denn das Kind kann in dieser Zeit seinen Kopf noch nicht wirklich aktiv drehen – es rollt seinen Kopf über das Kinn von einer Seite auf die andere Seite. Zum aktiven Drehen fehlt der sich später entwickelnde Ellenbogenstütz. Die rollende Bewegung ist immer mit einer Seitneigung und einer Reklination des Kopfes verbunden.

Nimmt man vor dem dritten Monat eine passive Rotation des Kopfes vor, ist nicht klar, was in der Halswirbelsäule wirklich geschieht, weil das Kind diese Bewegung noch nicht aktiv ausführen kann und die oberen Halswirbel noch nicht vollständig ausgebildet sind.

Beachte
Bei der Drehung des Kopfs zur Seite spürt man am Ende der Drehbewegung einen leichten Widerstand in der Halswirbelsäule. Hier ist äußerste Vorsicht geboten: Auf keinen Fall darf der Kopf gegen einen Widerstand bewegt werden, es besteht Verletzungsgefahr am Bindegewebe. Dadurch können Blockaden an der Halswirbelsäule hervorgerufen werden. Ob durch ein unsachgemäßes Handling die Entwicklung des Kiss-Syndroms hervorgerufen werden kann – lässt sich zum jetzigen Zeitpunkt nicht klar beantworten.

Beim Tragen im Tuch oder Tragehilfe ist es hilfreich, die natürliche Stellung des Kopfes beizubehalten und nicht den Kopf vollständig zur Seite zu drehen. Das Atmen aus einer 45° Stellung gelingt leichter, als bei einer vollständigen Drehung des Kopfes. Nase und Mund müssen frei bleiben. Wichtig für die Atmungsunterstützung sind eine feste Bindung des Tuches oder der Tragehilfe und eine korrekte Arm bzw. Beinhaltung.

4.1.2 Feinmotorik – mit Hand und Auge

Entwicklung der Hand: Vom Seeigel zum Seestern

In der Neugeborenenphase ist die Hand gefaustet mit innenliegendem Daumen und nach vorne geneigt. Die Hand ähnelt in dieser Phase einem Seeigel, der typisch runden Hand-Haltung eines Neugeborenen. In der vierten Woche liegt der Daumen bereits außerhalb der leicht geöffneten Hand. Mit drei Monaten, dem Meilenstein „Symmetrischer Unterarmstütz" ist die Hand bereits vollständig geöffnet, sie wird gedreht und genau betrachtet. Die Finger haben sich entfaltet, wie die Strahlen eines Seesterns (s. u.). Dies ist zugleich ein Zeichen dafür, dass sich die Wirbelsäule gestreckt und stabilisiert hat.

Gezieltes Greifen

Mit **drei Monaten** betrachtet das Kind seine Hände (➤ Abb. 4.3), bringt sie zueinander (**Hand-Hand-Koordination**) und führt sie zum Mund (**Hand-Mund-Koordination**). Die Hände werden bewusst wahrgenommen. Die Stimme begleitet das Betrachten der Hände. Mit **vier Monaten** beginnt das erste Greifen. Zuerst wird mit der Kleinfingerseite, ein von außerhalb der Körpermitte gereichter Gegenstand gegriffen.

In Bauchlage schiebt sich die Hand zu dem vorne liegenden Spielzeug (➤ Abb. 4.4). Dabei neigt sich die Körperseite des Stützarms nach vorne unten. Dies ist die erste Rotationsbewegung (Drehung) der Brustwirbelsäule. 14 Tage später gelingt dem Kind schon das Anheben des Armes aus der Bauchlage und ein erhöht gereichter Gegenstand kann ergriffen werden.

Mit **fünf Monaten** kann ein Spielzeug schon in Rückenlage aus der Körpermitte, mit der Daumenseite genommen werden (➤ Abb. 4.5). Das Greifen ist noch ein ulnares Greifen, das Handgelenk wird zur Kleinfingerseite geneigt. Dieses Greifen ist noch nicht gezielt. Ausgiebig wird ein Spielzeug mit den Händen und dem Mund untersucht.

Mit **sechs Monaten** wird ein Spielzeug über die Körpermitte hinaus ergriffen, dies sind der Beginn und die Voraussetzung für das Drehen des Kindes aus der Rückenlage in die Bauchlage. Damit sich das Kind drehen kann, müssen die beiden Gehirnhälften miteinander vernetzt werden. Ab dem vierten Monat übernimmt der sogenannten Balken (Corpus collusum), der beide Gehirnhälften miteinander verbindet, seine Funktion, indem er beide Körperseiten miteinander koordiniert. Mit dem Scherengriff – hierbei überkreuzen sich Daumen und Zeigefinger – beginnt nun das feinere Greifen.

Mit **sieben Monaten** wird das Greifen mit dem Pinzettengriff noch gezielter. Die Daumen und Zeigefinger sind gestreckt und berühren sich an den Fingerperlen.

Auf den Pinzettengriff folgt mit **acht Monaten** der feinere **Zangengriff**. Beim Zangengriff (➤ Abb. 4.6) werden (➤ 8.2). Daumen und Zeigefinger gerundet, wie bei einer Zange. Die Fingernägel berühren sich. Das Kind greift radial, die Hand neigt sich zur Daumenseite. Diese Form des radialen Greifens ist die schwerste bzw. differenzierteste Greiffunktion, die Kinder im ersten Lebensjahr erlernen.

Abb. 4.3 Ein Baby betrachtet seine Finger und lauscht seiner Stimme.

Abb. 4.4 In Bauchlage kann das Kind das Spielzeug greifen, wenn es sich auf den Ellenbogen stützt.

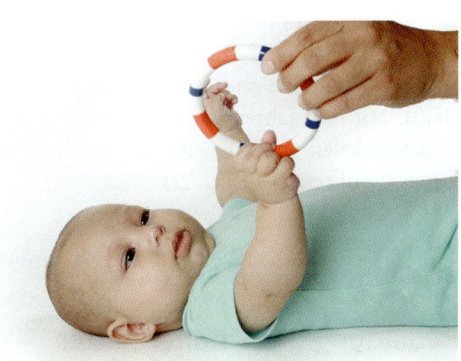

Abb. 4.5 Beim auf dem Rücken liegenden Kind soll das Spielzeug von außen gereicht werden.

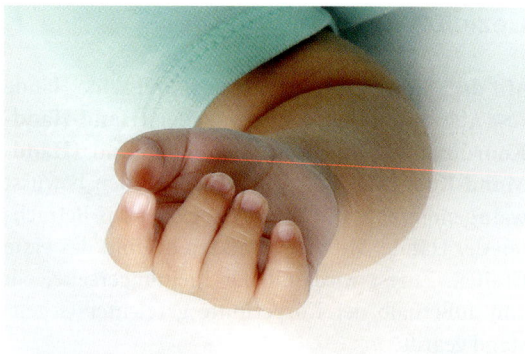

Abb. 4.7 Das Kind kann die Hand nach oben drehen (Supination).

Abb. 4.6 Mit dem Zangengriff werden kleine Gegenstände wie Perlen, Knöpfe gegriffen, um diese Gegenstände feinmotorisch genauer zu untersuchen.

Feinmotorik

Mit dem Sitzen kommt die Fähigkeit die Hand zu drehen, so dass die Handinnenfläche nach oben zeigt, die Supinationsbewegung der Hand (➤ Abb. 4.7). Bis das Kind sitzt hat sich die Basis für die Feinmotorik der Hand entwickelt, um sich dann zeitlebens weiter zu verbessern. Die Hand hat ihre vollständige Öffnung erreicht und ähnelt jetzt einem geöffneten Seestern.

Der Fingerspitzengriff mit allen Fingern, Pfötchenstellung, ist mit drei Jahren vorhanden. Dieser Griff ermöglicht das Halten eines Buches mit gestrecktem Daumen und Fingerkuppen (lumbrikaler Griff). Mit fünf Jahren kann das Kind ohne hinzuschauen, jeden einzelnen Finger mit der Daumenkuppe berühren (➤ Tab. 7.2).

4.1.3 Rumpf und Wirbelsäule

Bedeutung der Schulterblätter

Die Schulterblätter sind die Verbindungen zwischen Rumpf und Armen. Die Beweglichkeit der Schulterblätter, das Gleiten über die Rippenbögen, ermöglicht das gezielte Greifen der Hand. Mit drei Monaten hat das Kind seine frühkindliche Haltung, die Rundung der Brustwirbelsäule, mit dem Beginn der Aufrichtung der Wirbelsäule in den oberen Abschnitten bzw. der Streckung der Halswirbelsäule und oberen Brustwirbelsäule verlassen. Da die Brustwirbelsäule nicht mehr gerundet (Kyphose), sondern entfaltet ist, gleiten die Schulterblätter von ihrer ursprünglichen Stellung am äußeren Rand des Rückens auf den Rippen nach innen in Richtung Wirbelsäule. Der vorherige Rippenbuckel hat sich ausgeglichen, wodurch die Schulterblattmuskulatur die Schulterblätter besser auf den Rippen fixieren bzw. gleiten lassen kann.

Durch die Aufrichtung der oberen Wirbelsäule wird das Stützen und Greifen möglich. Die Neugierde und das Verfolgen mit den Augen eines Spielzeuges und der neuen Möglichkeit die Hand danach auszustrecken und zu greifen, bringt das Kind in seiner Selbstständigkeit, seinem eigenen Willen und dem Begreifen näher.

Entwicklung von Wirbelsäule, Händen und Füßen

Die Entwicklung von Wirbelsäule, Händen und Füßen zeigen die optimale Entwicklung an und sind voneinander abhängig. Eine fehlende Aufrichtung in der WS zeigt sich in der locker geschlossenen Hand und in der Knick-Senkfuß-Stellung der Füße, zeitlebens.

Folgende Übung soll Ihnen diese Feststellung näherbringen:
- Setzen Sie sich bequem auf eine Tischkante und lassen Sie Ihre Beine locker nach unten baumeln. Legen Sie Ihre Hände auf die Oberschenkel. Ihr Rücken ist gerundet, die Hände sind locker und leicht gefaustet. Die Zehen sind leicht eingekrallt.
- Nun stellen Sie Ihre Füße auf einen bereit gestellten Stuhl und richten sich von Ihrem Rumpf her auf.
- Die Schulterblätter kommen dabei in Richtung Wirbelsäule, die Hände öffnen sich und die Zehen sind locker gestreckt. Die Aufrichtung des Rückens wird mit dem leichten Einstemmen der Füße in den Untergrund unterstützt.
- Das zielgerichtete Greifen wird möglich.

4.1.4 Reflexe – Split-Brain-Phase

Ablösen der frühkindlichen Reflexe

Die meisten frühkindlichen Reflexe (> 2.2.1) sind mit dem Beginn des Greifens abgebaut. Der Greifreflex der Hände wird durch die Hand-Hand- und durch die Hand-Mund-Koordination sowie durch das bewusste Greifen mit den Händen integriert. Integriert heißt, dass die Reflexe nicht erloschen sind, jedoch höhere Gehirnregionen die Bewegungssteuerung übernommen haben. Die Reflexe sind in tieferen Gehirnregionen abgelegt und werden zum Teil in Halte- und Stellreaktionen umgewandelt, da sie mit der Entwicklung der Willkürmotorik nicht mehr benötigt werden. Dieser Prozess geht nicht von jetzt auf nachher vonstatten, sondern er vollzieht sich Schritt für Schritt – beinahe unbemerkt. Für den Betrachter ist nur zu erkennen, was das Kind schon wieder Neues gelernt hat. So wird z. B. der Such-Saug-Schluck-Reflex durch die Willkürmotorik des Saugens übernommen. Der Greifreflex der Zehen bleibt noch bestehen, bis das Kind frei und sicher laufen kann. Auch die Halte- und Stellreaktionen des Kopfes und des Rumpfes bleiben noch vorhanden, bis das Gleichgewicht in der aufgerichteten Körperhaltung diese Aufgabe übernimmt. Auch danach bleiben Teile der Halte- und Stellreaktionen ein Leben lang erhalten. Schutzreaktionen, wie Blinzeln oder das nach vorne Abstützen der Hände werden

noch aufgebaut. Höhere Gehirnebenen sind dafür verantwortlich.

Split-Brain-Phase

Bieten Sie Ihrem Kind in Rückenlage ein Spielzeug aus 30 cm Entfernung aus seiner Körpermitte an. Es wird gebannt das Spielzeug betrachten, seine Arme nach oben strecken und in der Bewegung verharren. Beide Gehirnhälften werden angesprochen, doch das Gehirn kann sich nicht entscheiden, welche Hand das Spielzeug ergreifen soll (> Abb. 4.8). Bei diesem Innehalten in der Bewegung, bei der kein Greifen erfolgt, spricht man von einem **Split-Brain-Stadium:** Da die beiden Gehirnhälften noch unabhängig voneinander arbeiten, kann in der Mitte angebotenes Spielzeug noch nicht von einer Hand gegriffen werden. Es ist eine Pattsituation, in der die kindliche Erregung sichtlich steigt. Der ganze Körper versucht in einer Bewegungsstarre den Gegenstand zu ergreifen. Die Augen werden aufgerissen, der Mund ist geöffnet, die Zunge schiebt sich heraus, die Hände sind gespreizt, die Füße sind abgehoben und die Großzehen berühren sich.

Führen Sie nun das Spielzeug seitlich zu einer Seite weiter. Das Kind verfolgt mit den Augen und mit einer leichten Drehung des Kopfes den Gegenstand. Nun kann es von der Seite, mit der gleichseitigen Hand, das Spielzeug greifen. Es ist eine weitere Errungenschaft des Kindes, aus seiner Bewegungsstarre heraus, seinen Arm zu lösen und die Hand zielgesteuert zu einem begehrten Objekt hin zu bewegen.

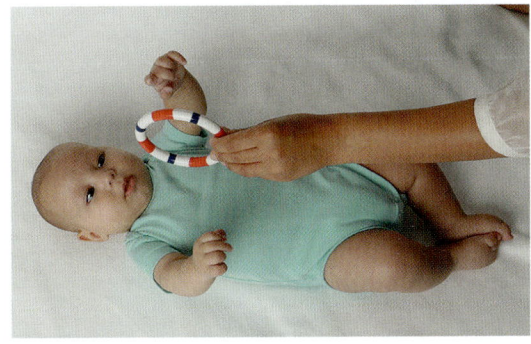

Abb. 4.8 In der Split-Brain-Phase ist das Greifen aus der Mitte noch nicht möglich.

Abb. 4.9 Drehen auf die Seite

Das erste Greifen zeigt das Ende der Massenbewegungen an, hin zur Willkürmotorik. Mit viereinhalb Monaten kann das Kind den ihm gereichten Gegenstand aus der Körpermitte heraus mit beiden Händen ergreifen. Zu diesem Zeitpunkt dreht sich das Kind bewusst auf die Seite und bleibt dort stabil liegen (> Abb. 4.9). Mit fünf Monaten wird es über die Mitte hinausgreifen. Mit dieser Fähigkeit kann aus der Hand gefallenes Spielzeug über die Seite ergriffen werden. Durch Zufall wird es auf den Bauch fallen, mit sechs Monaten wird es gezielt das Drehen vom Rücken auf den Bauch einsetzen.

SCHAU, WAS ICH SCHON KANN
Die Bauchlage wird perfekt beherrscht und durch die Verlagerung des Körpergewichtes auf einen Unterarm bekommt das Kind mehr Handlungsspielraum. Es kann mit dem freien Arm das Spielzeug greifen und erkunden, so wie es seinem natürlichen Drang die Welt zu entdecken, entspricht. In der Rückenlage ergreift das Kind ein Spielzeug, das ihm seitlich gereicht wird. Das Kind wird immer selbstständiger. Das wichtigste in diesem Entwicklungsschritt ist das Greifen, das Tasten, das Schmecken und Entdecken. Mühelos kann sich das Kind schon auf die Seite drehen und liegen bleiben.
Zum Entdecken gehört die Weiterentwicklung des Sehvermögens: Das Kind kann nun dreidimensional sehen und ist noch weitsichtig. Ein im Wohnbereich aufgehängtes Mobile kann nun interessiert betrachtet werden.

4.2 Das Baby betrachten
Birgit Kienzle-Müller

4.2.1 In Rückenlage

Die Rückenlage (> Abb. 4.10) ist **stabil** und **symmetrisch.** Der Kopf ist frei beweglich. Alle Gelenke stehen in ihrer Mittelstellung und können frei bewegt werden. Die Beine können rechtwinklig von der Unterlage habgehoben werden, dabei berühren sich die Großzehen der Füße, kurze Zeit später, mit viereinhalb Monate, auch die Fußinnenkanten.

Von der Seite gereichtes Spielzeug wird mit der Kleinfingerseite ergriffen und mit allen Sinnen eingehend untersucht, geschmeckt und betrachtet. Auf diese sinnlichen Geschmacks- und Geruchseindrücke greifen wir noch heute als Erwachsener zurück. Noch greift das Kind nicht isoliert mit den Händen: **Greifen** bedeutet während dieser Zeit immer, dass der ganze Körper mitgreift. Augen und Mund werden geöffnet, die Zunge schiebt sich vor, um zu schmecken, die Bauchmuskeln ziehen sich zusammen, die Beine werden abgehoben, die Füße sind beim Greifen aktiv dabei. Greifen die Hände, so machen die Füße unwillkürliche Greifbewegungen. Hingebungsvoll lauscht es dabei seiner eigenen Stimme.

Abb. 4.10 Rückenlage

4.2.2 In Bauchlage

In Bauchlage zeigt das Kind den **Einzelellenbogenstütz** (➤ Abb. 4.11). Dieser Einzelellenbogenstütz ist die Voraussetzung für das spätere Robben und den Kreuzgang beim Krabbeln.

Der Einzelellenbogenstütz – dies bedeutet, dass sich das Kind auf einem Arm abstützt und dabei das Gewicht verlagert – macht es möglich, dass ein Arm zum Greifen nach vorne frei wird. Die Hals- und Brustwirbelsäule sind dabei schräg aufgerichtet und voll entfaltet, wodurch in allen Segmenten die Wirbel der Hals- und Brustwirbelsäule frei beweglich sind. Die erste Drehung der Brustwirbelsäule erfolgt mit dem Greifen eines Gegenstandes aus der Bauchlage. Dabei kann der Arm von der Unterlage noch nicht abgehoben werden. Das Becken nimmt beim Einzelellenbogenstütz eine schräge Stellung ein. Auf der greifenden Seite schiebt sich das Bein in Schrittstellung hoch. Diese Position macht die Bauchlage beim Greifen stabiler, das Kind fällt nicht zurück auf den Rücken.

Abb. 4.11 Bauchlage mit Einzelellenbogenstütz

4.3 Kleine Hilfen mit großer Wirkung
Birgit Kienzle-Müller

4.3.1 Auto fahren erleichtern

Manche Kinder fahren sehr ungern mit im Auto. Nach nur kurzer Fahrt beginnen sie zu weinen und lassen sich nur noch schwer beruhigen. Ein Sichtschutz am Seitenfenster sowie an der Heckscheibe kann eine Reizüberflutung durch schnell wechselnde Landschaftsbilder reduzieren und die Autofahrt für das Kind und für Sie entspannender machen.

Was gut gemeint ist bringt dem Kind eher Stress, wie z. B. baumelndes Spielzeug am Haltegriff der Autositzschale. Verzichten Sie darauf. Spielzeug, das am Dach der Kindersitzschale oder am Kinderwagen angebracht ist, schwingt mit der Bewegung mit. Dieses Schwingen irritiert und überreizt das Kind, weil es den sich bewegenden Gegenstand noch nicht fokussieren, d. h. mit den Augen fixieren, kann. Bringen Sie stattdessen das Spielzeug am seitlichen Tragegriff der Sitzschale an. Das Spielzeug liegt auf den Beinchen des Kindes und es kann danach greifen und zum Mund führen. Dies gilt auch für den Kinderwagen, kein baumelndes Spielzeug am Kinderwagendach befestigen.

Eine stoßdämpfende Zusatzpolsterung für die Autositzschale, die außerdem das Schwitzen reduziert, machen lange Autofahrten erträglicher.

Mit einem Rückbankspiegel kann das Kind auch während der Fahrt vom Fahrer gut beobachtet werden.

4.3.2 Windel und Co.

Wickeln will gelernt sein. Ob Sie herkömmliche Windeln oder Stoffwindeln benutzen oder ohne Windeln auskommen, ist eine Sache der eigenen Einstellung.

Das Wickeln mit Stoffwindeln wird immer populärer, zumal dadurch Berge von Abfall vermieden werden. Auf den ersten Blick scheint diese Wickeltechnik, durch das breite Wickeln, für die Hüftgelenksentwicklung besonders förderlich: Obwohl die Beine in eine Abspreizhaltung eingebunden werden, fehlen oftmals Flexion (Beugung) und Außenrotation, wodurch insbesondere bei falscher Ausführung des Wickelns die Beine zu stark in eine **bewegungsarme Haltung** gebracht werden. Deshalb sollte man sich diese Art des Wickelns genau zeigen lassen. Es besteht auch die Gefahr, dass das Kind durch eine falsche Wickeltechnik nicht strampeln kann. Zudem wird die Bewegungsentwicklung gehemmt, das Drehen und später das Krabbeln können durch den Windelberg kaum gemeistert werden. Werden die Stoffwindeln jedoch richtig eingesetzt, sind sie eine gute Unterstützung für die Reifung der Hüftgelenke.

Windelfrei ist eine lustige Sache. Je besser man sein Kind kennt, umso deutlicher erkennt man die Zeichen für Stuhlgang oder Pipi. Windelfrei geht vom ersten Tag an. Bei den anzeigenden Zeichen, kurz das Höschen runter, über die Toilette oder das Waschbecken halten, fertig. Für unterwegs kann man einen kleinen Kinderspieleimer mitnehmen. Für die Bewegungsentwicklung ist dies natürlich das Idealste, aber nicht jedermanns Sache.

Für genügend Bewegungsfreiheit und einen schnellen Windelwechsel sorgt eine herkömmliche Windel, die nicht zu eng an den Beinchen angelegt ist. Das Bäuchlein sollte durch die Windel nicht eingeengt werden. Diese Windeln füllen den Abfalleimer und es ist nicht ganz klar, wieviel Chemie in der Windel steckt.

Tipps und Tricks

- Das Spielzeug muss ausgiebig mit dem Mund, den Lippen, der Zahnleiste, der Zunge erkundet werden. Der Mund spielt bei der Erkundung von einem Gegenstand eine große Rolle. Dieses Feingefühl, Feinmotorik ist in der Hand noch nicht vorhanden. Der Entdeckerdrang beginnt mit der Zunge. Deshalb lassen Sie es zu, wenn das Kind sein Spielzeug oder seine Hände in den Mund steckt.
- Nimmt das Kind seinen Daumen in den Mund, so drückt es diesen hoch in Richtung oberen Gaumen. Dieser Punkt im Gaumen, den das Kind mit seinem Daumen stimuliert, entspannt das Kind und lässt es zur Ruhe kommen. Mit dieser Stimulation beruhigt sich das Kind selbst.
- Das Kind drückt mit Zeige- und Mittelfinger unter der Zunge auf den Mundboden. Dieser Druckpunkt wirkt schmerzstillend, wenn die Zähne kommen.

4.3.3 Bewegungsimpulse nachempfinden

Getragenwerden vermittelt dem Kind über die Körperbewegung des Tragenden Bewegungsimpulse. Durch das Tragen im Tuch oder in einer Tragehilfe wirken Gleichgewicht, Koordination, Rotation (Drehbewegung) und Aufrichtung auf den Körper des Kindes. Kraft und Ausdauer werden beim Kind aktiviert. Diesem Input an Bewegungsinformationen kann das Kind beim Ablegen auf dem Boden nachspüren. Diese Information hallt im Kind nach wie ein Echo und regt es in seinen Bewegungen an. Das Tragen ist Inspiration für die Bewegungsentwicklung des Kindes.

Für das Ablegen auf den Boden eignet sich als Unterlage eine große Gymnastikmatte, die mindestens 100 × 185 cm groß sein sollte, als „Spielwiese" im Wohnbereich. Weniger geeignet ist eine sogenannte „Puzzlematte". Durch die Einzelteile der Puzzlematte ist diese in sich beweglich und erschwert das spätere Robben und Krabbeln.

4.4 Das Baby als Tragling
Ulrike Höwer

4.4.1 Auf der Hüfte reiten – Hüftreifung und Entwicklung

Das Schreiben dieses Textes wäre ohne die Forschungen und die Publikationen von Dr. Ewald Fettweis nicht möglich gewesen. In einer Reihe von Begegnungen hat er sein Wissen mit uns geteilt. Alles was hier steht, geht auf seine Schriften und den Austausch mit ihm zurück.

Beginnen möchte ich mit der Klärung der Begriffe Hüftgelenk, Hüftgelenksunreife, Hüftdysplasie und Luxation.

Hüftgelenk und Co

Das Hüftgelenk verbindet den Oberschenkelknochen (Femur) mit dem Becken (Pelvis). Am Becken findet sich eine halbkugelige Schale, die Hüftgelenkspfanne (Acetabulum), und am oberen (kranialen) Oberschenkelende eine entsprechende Kugel (Caput femoris), der Hüftgelenkskopf. Alle Teile sind von Knorpel und der Gelenkschmiere überzogen. Beides ermöglicht die Beweglichkeit des Gelenkes.

Kopf und Pfanne, werden durch eine Gelenkkapsel zusammengehalten, die sowohl am Becken als auch am Hals des Hüftgelenkskopfes ansetzt. Bewegung erfährt das Gelenk von den Muskeln, die mit Sehnen am Knochen befestigt sind. Das Hüftgelenk ist bei der Geburt noch weitgehend knorpelig: d.h. die Verknöcherung des Gelenkkopfes und der Gelenkpfanne (Ossifikation) ist noch nicht abgeschlossen, sie verläuft in einem eigenen Tempo. Die Verknöcherung (Ossifikation ➤ Abb. 4.12) der Hüftpfanne und des Caput femoris ist der Reifungsprozess des Hüftgelenks.

Eine verzögerte oder gestörte Verknöcherung der normal angelegten Pfanne wird als Hüftdysplasie bezeichnet. Die verzögerte oder gestörte Verknöcherung kann dazu führen, dass die weiche Pfanne dem Druck des Hüftkopfes nicht länger standhalten kann. Somit ist die Dysplasie auch das Vorstadium der Luxation, d.h. dem vollständigen Heraustreten des Caput femoris aus dem Acetabulum.

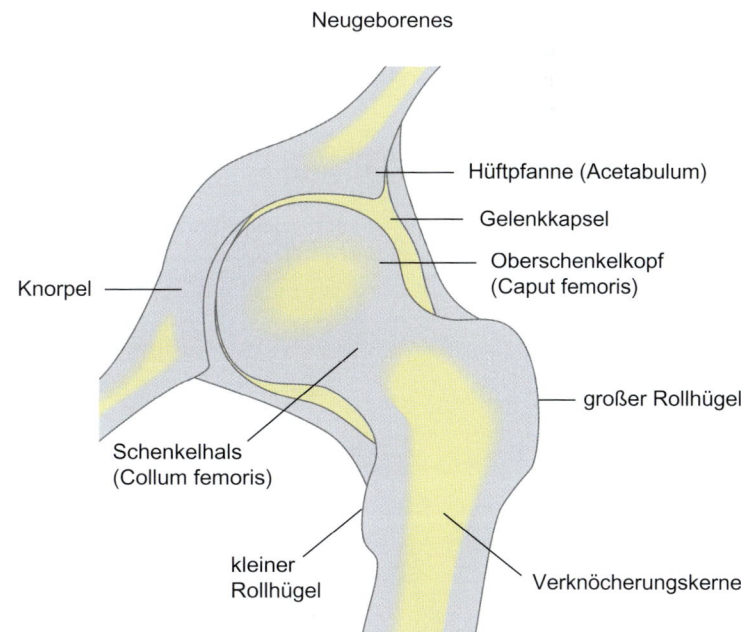

Abb. 4.12 Gesunde Hüftentwicklung heißt, dass sich Hüftkopf und Hüftpfanne in ihrer physiologischen Stellung durch Verknöcherung ausbilden. [L138]

GUT ZU WISSEN

Die kindliche Hüftluxation ist weniger auf ein singuläres Ereignis zurückzuführen, als vielmehr ein schleichender Prozess. Die Hüftpfanne ist aufgrund der knorpeligen Strukturen weich und nachgiebig. Der Hüftkopf verlässt langsam die Hüftpfanne. Eine Rolle spielt hier z. B., wie das Baby gewickelt wird. Bei jedem Anheben der Beine entsteht ein ungünstiger Muskelzug. Ein weiteres Beispiel ist das Tragen von Kindern in Tragehilfen, in denen die Beine nach unten hängen, wodurch das Eigengewicht der Beine den Hüftkopf langsam aus der Pfanne zieht. Auch die exzessive Bauchlage kann durch die langgestreckten Beine das Hüftgelenk aus der Pfanne ziehen. Durch den Druck des Hüftkopfes auf den Pfannenrand entsteht dann eine zusätzliche Schädigung.

Ziel jeder guten Hüftentwicklung bzw. der Dysplasieprophylaxe muss sein, dass die Ossifikation der Hüftpfanne und des Kopfes in angemessener Zeit von statten geht und jede schädigende Verformung vermieden wird, d. h. der Hüftkopf gut in der Pfanne eingestellt bleibt.

Unterstützende Faktoren des Reifungsprozesses

Gibt es Faktoren, die die Hüftreifung unterstützen? Das Ersetzen der knorpeligen Strukturen von Hüftpfanne und Kopf durch Knochen geschieht dann, wenn im Knorpel ein hydrostatischer Druck herrscht, d. h. wenn alle Teile der Pfanne und des Kopfes gleichmäßig belastet werden. Diese **gleichmäßige Belastung** von Pfanne und Kopf entsteht bei einer Beugung im Hüftgelenk von ca. 110 Grad und einer Abspreizung von der Körpermitte von ca. 40 Grad im Neugeborenenalter (> 7.1.3). Diese Winkelwerte (> Abb. 4.13) gehen auf Forschungen des Dresdner Orthopäden Johannes Büschelberger zurück.

Eine zusätzliche Unterstützung der tiefen Einstellung des Kopfes in der Hüftpfanne erfolgt durch die **Aktivität** des großen **Gesäßmuskels** (Musculus gluteus maximus). Durch die starke Beugung wird er stark angespannt und drückt zusätzlich den Kopf tief in die Pfanne. Das Krabbeln des Kindes hat übrigens eine vergleichbare Wirkung: Die Beugung des Beines und die gleichzeitige Aktivierung Musculus

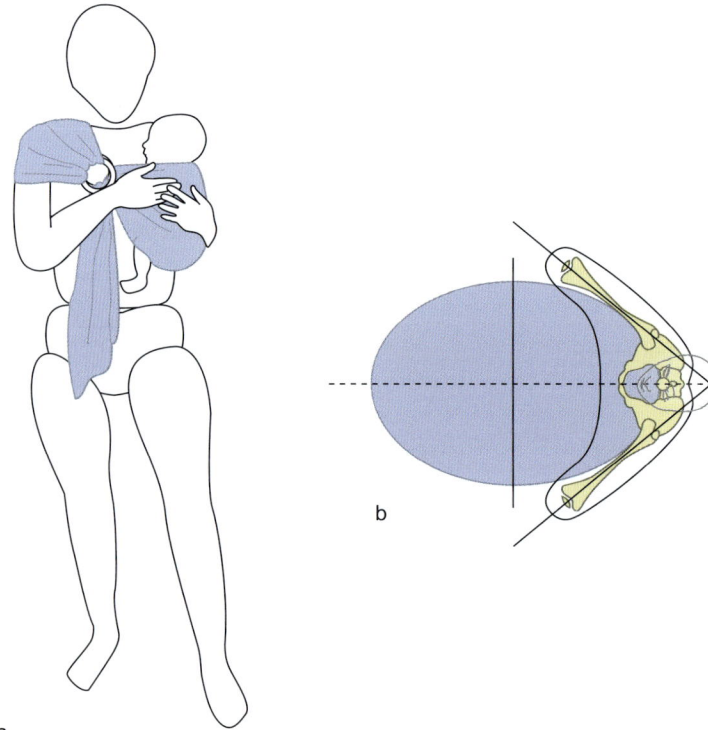

a

b

Abb. 4.13 Der ideale Rahmen für die Hüftentwicklung im Neugeborenenalter ist eine Flexion von ca. 110 Grad bei einer mäßigen Abspreizung von ca. 40 Grad. [L138]

gluteus maximus wirken sich reifungsunterstützend auf die Hüfte aus, während das exzessive Liegen auf dem Bauch mit gestreckten Beinen sich nachteilig auswirken kann.

Sind Tragetücher und Tragehilfen hilfreich?

Was hat dies nun mit dem Tragen von Kindern in Tragetüchern und Tragehilfen zu tun? Bereits in den 1940er-Jahren hatte der japanische Orthopäde Professor Shigeo Nagura in Japan einen positiven Zusammenhang zwischen dem Tragen von Kindern und einer niedrigen Dysplasierate beobachtet: Die Anzahl der dysplastischen Hüften hat ihm zufolge durch die Abkehr von der traditionellen Säuglingsversorgung, deren Kern das Tragen von Kindern war, deutlich zugenommen. Ähnliche Forschungsergebnisse gibt es auch aus Korea. Aber auch die Tatsache, dass in Kulturen, in denen Kinder viel auf der Hüfte getragen werden, die Luxation der kindlichen Hüfte nahezu unbekannt ist, legt nahe, dass es einen Zusammenhang zwischen dem Tragen von Kindern und der angemessenen Reifung des Hüftgelenks gibt.

Der Dresdener Orthopäde Johannes Büschelberger konnte bereits 1961 zeigen, dass die Winkelwerte, eines auf der Hüfte angehockten Kindes exakt den idealen Werten zur Einstellung und Verknöcherung der Hüftegelenke entsprechen. Büschelberger sah im Tragen von Kindern auf der Hüfte oder dem Rücken eine ideale Dysplasie- und Luxationsprophylaxe. Als praktische Konsequenz entwickelte er sogar ein eigenes Tragetuch, das Dyadetuch (➤ Abb. 4.14, ➤ Abb. 4.15), das in einem Textilkombinat in Zittau hergestellt wurde und ausschließlich dem Tragen des Kindes auf der Hüfte diente (➤ Abb. 4.16, ➤ Abb. 4.17).

Konventionelle Behandlung

Um das Neue und Besondere an den Forschungen von Fettweis und Büschelberger herauszuarbeiten, möchte ich einen Blick in die Geschichte der Luxationsbehandlung werfen: Bis Ende des 19. Jahrhunderts galt die Hüftluxation als unheilbar und die be-

Abb. 4.14 Das Dyadetuch ist ein einfaches Stück Stoff, das nach unten hin glatt und gerade ausläuft. Am oberen Rand hat es einen genähten Tunnel mit einem eingezogenen Bändchen.

Abb. 4.15 Bindet man das Bändchen um das untere Ende des Stoffes, so entsteht eine Hüfttrage, ähnlich wie ein Ring Sling.

Abb. 4.16 Das Tuch wurde auf der Schulter platziert und auf Beckenkammhöhe eingestellt.

Abb. 4.17 Das Baby wurde in das Tuch gesetzt und mit dem Tuch umhüllt. Das Material kann im Knoten nachgestrafft werden.

troffenen Kinder und Erwachsenen wurden oft als Krüppel angesehen mit den entsprechenden Folgen für die Entfaltung des eigenen Lebens, der Berufs- als auch der Partnerwahl. 1895 veröffentlichte Adolf Lorenz seine Methode der Behandlung: Das Gelenk wird eingerenkt und mit einem Verband in einer Position ruhiggestellt, in der keine weitere Ausrenkung möglich ist. Dabei stellte Lorenz fest, dass der Hüftkopf nur in einer Beugung als auch Abspreizung von 90 Grad in der Pfanne blieb. Der Gips in dieser Stellung – als Lorenz-Gips bekannt – blieb oft mehrere Monate. Diese Behandlungsmethode der starken Spreizung setzte sich schnell in der Medizin durch und brachte zwar kurzfristige Erfolge, doch die Langzeitergebnisse sind für viele Patienten als schrecklich zu bezeichnen: So gab es bei Patienten, bei denen die Behandlung länger als zehn Jahre zurücklag, nur bei 2,4 % eine vollständige Ausheilung. 58 % der Patienten hatten ein schlechtes Ergebnis, Schmerzen und sehr starke Einschränkungen im Laufen und Sitzen. Zwei wesentliche Gründe für die schlechten Langzeitergebnisse sind

- die Dezentrierung der Hüftgelenksköpfe mit der Verlagerung des Drehpunktes und einem schmerzhaften Gelenkverschleiß sowie
- die Durchblutungsstörungen im Hüftgelenkskopf, die zum Absterben des Gewebes führen (Kopfgelenksnekrose). Die Durchblutungsstörungen entstehen durch den enorm starken Druck, mit dem die Hüftköpfe durch die starke Spreizung in die Pfanne gepresst werden. Erhöht wird dieser Druck zudem durch die Überdehnung der Adduktoren und ihrer Tendenz Druck gegen die Überdehnung aufzubauen.

Wichtig ist, sich zu vergegenwärtigen, dass über viele Jahre hinweg, Hüftdysplasie, im Sinne einer Luxationsprophylaxe, über das Prinzip des Spreizens behandelt wurde. Das breite Wickeln fällt ebenso in diesen Bereich wie die sogenannten Spreizhosen, die dem Lorenz-Gips nachempfunden sind und vergleichbare Komplikationen beinhalten.

Betrachten wir nun die Forschungsergebnisse von Ewald Fettweis und Joannes Büschelberger, so wird hier ein ganz neues Prinzip der Prophylaxe und Behandlung zugrunde gelegt: Das Prinzip des Spreizens wird durch das **Prinzip des Beugens** und **Hockens** ersetzt. Die Prophylaxe erfolgt über die Hockstellung etwa auf der Hüfte der Mutter und das Krabbeln. Die Heilung über die Hockhose bzw. den Fettweisgips als Sitz-Hock-Gips.

Tragen auf der Hüfte

Auf der Hüfte getragen werden bedeutet, dem Baby eine Haltung anzubieten, die es ganz natürlich von selbst einnimmt (➤ Abb. 4.18):
- Die Beine des Babys sind in der Hüfte gebeugt und der Hüftkopf sitzt tief in der Hüftpfanne (➤ Abb. 4.19, ➤ Abb. 2.13).
- Damit sind ideale Bedingungen gegeben für die angemessene Hüftreifung, d. h. für den Prozess der Verknöcherung. Das gut eingestellte Füßchen zeigt uns wieder, wie ideal diese Haltung ist (➤ Abb. 2.10).
- Die Gesäßmuskulatur wirkt zusätzlich zentrierend auf die Hüftköpfe in der Hüftpfanne.

Abschließend ein Zitat von Ewald Fettweis (2004): „Sie können also nichts Besseres für Ihr Kind tun, als es in einem Tragetuch bei sich zu tragen".

4.4 Das Baby als Tragling

4.4.2 Tragen konkret: Hüfttragen mit einem Ring Sling

Im Hinblick auf die idealen Winkelwerte der Kindeshüfte zur Nachreifung ist also das Tragen auf der Hüfte die ideale Trageweise. Dies ist neben dem Tragen auf dem Rücken die bevorzugte Tragetechnik. Das Tragen der Kinder vor dem Bauch hat sich aus der bindungsorientierten Elternschaft entwickelt, um so Kontakt und Kommunikation zu unterstützen, sollte aber nicht ausschließlich verwendet werden. Ideal ist es für sich selbst und das Kind, ein Spektrum von Tragetechniken und Methoden anzuwenden. Die Hüfttrage ist für viele Kinder eine gute Lösung, da sie eine leicht spiralige und damit entlastende Haltung erlaubt als auch das Sichtfeld erweitert.

So wird der Ring Sling benutzt:
- Am einfachsten ist es, wenn Sie den Ring Sling an den Ringen festhalten und auf die Schulter legen. Die Ringe liegen vorn direkt unterhalb der Schulter (➤ Abb. 4.20a). Qualitätsringe bestehen übrigens immer aus Aluminium und nicht Stahl. Aluminiumringe werden in einem Stück gefertigt und brechen nicht, während Stahlringe eine Schweißnaht haben.
- Nun holen Sie den Stoff auf der gegenüberliegenden Seite nach vorn und fädeln ihn entsprechend der Produktanleitung durch die Ringe (➤ Abb. 4.20b).
- Alles schön sortieren, damit sich der Stoff leichter ziehen lässt (➤ Abb. 4.20c).
- Das Baby aufnehmen und in den Sling hineinsetzen und die Ringe erneut an die richtige Stelle ruckeln (➤ Abb. 4.20d).
- Dann den Stoff über den Rücken des Babys ziehen und unter dem Po in Richtung Kniekehlen geben (➤ Abb. 4.20e).
- Nun den Stoff durch die Ringe Richtung Babykörper festziehen. Ihr Baby sollte nun fest vom Stoff umschlungen sein und die Beine schön angehockt (➤ Abb. 4.20f).

Abb. 4.18 Das Baby in seiner natürlichen Anhockposition auf dem Arm.

Abb. 4.19 Neugeborenes im Sling in der gleichen Anhockposition.

a Tuch auf die Schulter geben, die Ringe liegen direkt unterhalb Schulter auf.

b Das Tuch über den gegenüberliegenden Beckenkamm führen und dadurch die Länge des Tuchs auf Beckenkammhöhe einstellen.

c Das Tuch durch die Ringe fädeln, danach den Stoff von der einen bis zur anderen Kante sortieren.

d Das Baby in den Sling setzen, die Ringe nochmals an die richtige Stelle ziehen, dann das Baby in das Tuch einhüllen. Das Baby immer gut festhalten!

e Das Baby leicht anheben, damit Sie nicht gegen das Gewicht des Babys arbeiten müssen und das Material nicht nach unten, sondern in Richtung Baby festziehen.

f Fertig!

Abb. 4.20 Hüfttragen mit einem Ring Sling.

> **GUT ZU WISSEN**
> **Geschichte des Ring Slings**
>
> Der Ring Sling wurde von Rayner Garner 1981 für seine Frau Sachi Yoshimoto und seine Tochter Fonda in Hawaii entwickelt. Beide Eltern hatten das Buch „Auf der Suche nach dem verlorenen Glück" von Jean Lidlhoff gelesen und wollten ihrem Baby unbedingt so viel körperliche Nähe wie nur möglich geben. Eine erste Lösung mit einem langen Tuch war viel zu warm. Ein einfach geknotetes kurzes Tuch zu unpraktisch. Rayner, der viel segelte, nahm zwei Ringe und ein einfaches Stück Baumwollstoff. Er nähte die Ringe an die eine Seite und faltete das Tuch an der anderen Seite kompakt zusammen. Dann fädelte er das Material wie bei einem Gürtel von unten durch beide Ringe und über den ersten Ring zurück. Der Ring Sling war geboren. Im Laufe der nächsten Monate experimentierten Rayner und Sachi mit verschiedenen Materialien und Polsterungen für die Schulter und die Außenkanten. 1985 wurden die Designrechte an Dr. William Sears verkauft, der den Ring Sling unter dem Namen „The Original BabySling" zu verkaufen begann.

4.5 Den Alltag gestalten
Sabine Hartz

4.5.1 Mein Kind wird mobiler

Sicher sind Sie überrascht, was Ihr Kind plötzlich kann. Sie können beobachten, dass es sein Köpfchen immer sicherer in der Bauchlage hält. Es folgt Ihnen aufmerksam mit seinem Blick und scheint immer interessierter an der Umgebung. Daneben entdeckt es seine Händchen wieder. Es scheint manchmal, als fällt es in eine „Händchen-Trance" – ganz fasziniert dreht es ein Händchen vor dem Gesicht. Es scheint, als wenn es etwas wiederentdeckt, was es aus anderer (intrauteriner) Zeit schon kennt. Es bemerkt, dass es sich feiner und differenzierter, damit auch wirksamer in der Schwerkraft bewegen kann. Jetzt lassen auch eventuelle Bauchprobleme nach und bestenfalls werden die Nächte ruhiger. Es fällt Ihrem Kind nun nicht mehr so schwer, in den Schlaf zu finden.

Ihr Kind greift gezielt nach Gegenständen und macht deutlich klar, was es möchte, und was nicht. Die Bewegungsfreude nimmt zu, die Neugier und Freude sich selbst zu entdecken – langsam bewegen sich die Händchen Richtung Füßchen. Diese landen auch schon mal im Mund. Es kann sich zunächst unvermittelt in die Bauchlage drehen.

All dies sind sichere Zeichen dafür, dass die Spannung der ersten drei Monate im Körper Ihres Kindes weniger wird, da es das Gewicht seiner Arme und Beine besser an die Unterstützungsfläche abgeben kann. Die Welt der Wahrnehmung und Möglichkeiten wird größer, die Bewegung werden differenzierter.

Auch unsere Achtsamkeit für diese sich erweiternden Fähigkeiten über die Freude Ihres Kindes nimmt zu: Sie werden zunehmend Ihr Kind aktiver in die Aktivitäten des Alltags, wie z. B. das An- und Ausziehen einbeziehen. Dadurch unterstützen Sie weiterhin Ihre Bindung und das Kennenlernen in immer wieder neuen Lebenssituationen.

4.5.2 An- und ausziehen auf dem Schoß

Je mehr Kompetenz Ihr Kind erwirbt, desto größer ist seine Freude, ein Teil der Interaktion zu werden und sich selbst in Bewegung zu erfahren. Bislang haben wir Kinder sehr häufig vor uns hingelegt, um sie an- oder auszukleiden. Nicht selten wurden wir durch Unruhe, Abwehr oder Weinen zur Eile getrieben. Und nicht nur wir waren im Stress, vielleicht auch das Kind, denn viele Kinder mögen es nicht, abgelegt zu werden, um an- oder ausgezogen zu werden, und beschweren sich. Wie lässt sich mehr Leichtigkeit in diese notwendige Interaktion bringen, damit wir nicht in dem Ablauf – erst schnell anziehen und dann spielen – verharren, sondern **die Aktivität spielerisch gestalten.**

Ausziehen (➤ Abb. 4.21)

- Zunächst suchen Sie sich selbst eine gute, stabile Position, in der Sie mit Ihrem Kind in Bewegung sein können. Ein Sofa oder der Boden vor dem Sofa ist häufig ein guter Platz, da Sie sich zum einen ggf. anlehnen und zum anderen ein Bein auf der Sofafläche leicht angewinkelt ablegen können (➤ Abb. 4.13). Sie sollten sich beweglich fühlen.

- Setzen Sie ihr Kind seitlich auf das Bein, das auf dem Boden steht (also nicht das angewinkelte), so dass es sich noch gut bei Ihnen anlehnen kann. Folgende Schritte sind nun hilfreich für eine gleichzeitig, gemeinsam gestaltete Aktivität:
- Beginnen Sie damit, einen Arm Ihres Kindes so, z. B. aus der Jacke zu ziehen, wie Sie es selbst tun würde: Achten Sie darauf, dass Sie nicht die Jacke vom Arm wegziehen, sondern den Arm Ihres Kindes aus der Jacke ziehen. Dadurch wird es sich nicht empören, dass wir ihm den Arm „wegnehmen". Zudem wird Ihr Kind vertraut mit dieser Aktivität, es darf schon mitmachen und lernt.
- Nehmen Sie nun die Jacke hinten weg, um den anderen Arm auf gleiche Weise auszuziehen oder – im Sinne spielerischer Interaktion –
  - Sie bewegen Ihr Kind auf das angewinkelte Bein in die Bauchlage. Sie bringen Ihr Bein näher zum Kind, damit Sie es nicht heben, sondern dorthin bewegen können – die neue Position ist spannend und unterstützt andere Muskelgruppen zur Selbsterfahrung in der Schwerkraft. Sie nehmen die Jacke hinten weg und bewegen Ihr Kind wieder zurück auf den Schoß.
  - Nun ziehen Sie den zweiten Arm aus, so, wie es im ersten Punkt beschrieben ist.

Anziehen

- Bewegen Sie einen Arm in den Ärmel, indem Sie den Arm ganz sanft „hineindrücken". Es empfiehlt sich an dieser Stelle, zunächst das Händchen durch den Ärmel zu bringen, da sich gern ein Fingerchen verhakt. Erst dann drücken Sie den Arm vom Ellenbogen in den Ärmel – so wie Ihr Kind es selber tun würde, wenn es das schon könnte.
- Auch nach diesem ersten Schritt legen Sie Ihr Kind wieder auf Ihrem Bein in der Bauchlage ab, um dann die Jacke hinten anlegen zu können.
- Danach sitzt Ihr Kind wieder auf Ihrem Schoß, wo Sie nun den zweiten Arm mit leichtem Druck in den Ärmel führen und dadurch die Jacke vollständig anziehen.

Dieses Prinzip des An- und Ausziehens wird mit einer Hose in gleicher Form durchgeführt (➤ Abb. 4.21):
- Wechsel der Position vom Sitzen auf dem Schoß über gemeinsame Bewegung in die Bauchlage
- Beim Ausziehen das Beinchen aus der Hose ziehen (manchmal ziehen die Kinder Ihre Extremitäten reflexhaft aus der Kleidung. Diese Bewegung wird gezielter, je ausgereifter das Gehirn ist ➤ 1.4)

Oft bieten wir Kindern andere Bewegungen an beim Ankleiden, als die, die wir selbst durchführen. Die

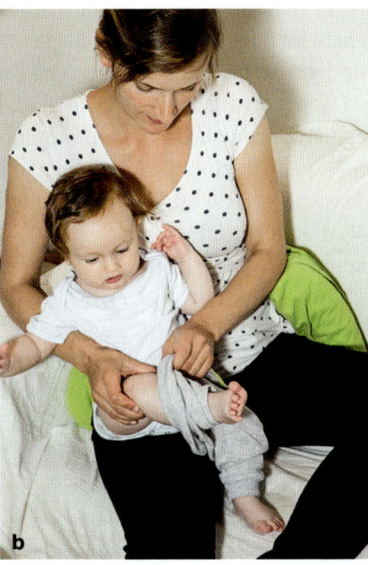

Abb. 4.21 An und Ausziehen auf dem Schoß. [K383]
a) Um die Hose an- oder auszuziehen, liegt das Kind in Bauchlage auf dem Bein der Bezugsperson
b) Auf diese Weise kann das Kind das An- und Ausziehen gut miterleben und mitgestalten

Frage bleibt ja als roter Faden des Blicks von Kinaesthetics: Was würde das Kind selber tun, wenn es das könnte? Daher richten Sie Ihren Blick einmal auf Ihr eigenes Handeln.

Tipps und Tricks

Achten Sie auf Ihre Art des An- und Ausziehens: Was tu ich genau, um in den Ärmel zu kommen? Ist es eine eher drückende oder ziehende Bewegung für den Arm? Wie „steige" ich in meine Hose? Führe ich eine drückende oder ziehende Bewegung durch? Sie werden in Erfahrung bringen, dass das Anziehen mit einer drückenden Bewegung an Arm oder Bein einhergeht, und das Ausziehen eine ziehende Bewegung bedeutet. Ihr Kind freut sich, wenn es dies mit Ihnen gemeinsam lernen darf.

Abb. 4.22 So kann es auf dem Boden gemütlich werden. [K383]

4.5.3 Mit dem Baby in Bewegung: Spielerisch den Alltag gestalten

In diesem Alter beginnt ihr Kind sich zunächst eher zufällig, dann gezielter von der Rückenlage in die Bauchlage zu drehen. Das sind aufregende Momente: Zeuge von solch einem Zuwachs an Fähigkeiten und Fertigkeiten zu werden, das ist toll und weckt Freude und Stolz auf beiden Seiten! Vielleicht erschrickt sich Ihr Kind bei den ersten Malen des Umdrehens, da etwas Unvertrautes geschieht –, wenn Sie Ihr Kind jedoch durch Ihr Bewegungsangebot in der Drehung unterstützt haben (wie z. B. beim Wickeln beschrieben), wird die Irritation des Selber Tuns nicht allzu groß sein.

In dieser Zeit zunehmender Mobilität ist der beste Platz der Fußboden, denn nun kann Ihr Kind unvermittelt in größere Bewegung kommen und von Sofa oder Bett fallen – das kann schnell gehen. Gestalten Sie besser einen gemütlichen, sicheren, warmen, weichen und zugfreien Platz am Boden (> Abb. 4.22).

Dort kann Ihr Kind für sich spielen, sich beschäftigen und für sich sein – hin und wieder können Sie sich dazulegen und sich miteinander in der Bewegung erfahren: Vielleicht entwickeln Sie ganz zart und langsam kleine gemeinsame Bewegungen, indem Ihr Kind auf Ihrem Bauch liegt. Schwingen Sie langsam hin und her und machen Sie Ihrem Kind dadurch kleine Bewegungsangebote, die es herausfordern, immer mehr das Zusammenspiel seiner Muskeln zu entdecken und sicherer zu werden in der Schwerkraft. Halten Sie ein langsames und ruhiges Tempo – mit dem Größerwerden können auch Ihre Bewegungsangebote größer werden, bis Sie dann spätestens mit 8–10 Monaten spielerisch gemeinsam in alle Richtungen über den Boden rollen können.

SCHAU, WAS ICH SCHON KANN
Gehen bedeutet nichts anderes, als das Gewicht von einer auf die andere Seite zu verlagern und dabei das Gewicht der freien Seite woanders hin zu bewegen, dort das Gewicht zu übernehmen und die andere Seite zu bewegen. Dieser Vorgang ist die Vorbereitung für das spätere „Gehen": Das Kind lernt im Liegen, wie später das Gehen funktioniert. Es beginnt mit dem vierten Monat in der Rückenlage sein Gewicht von der einen auf die andere Seite zu bewegen, bis es über das Drehen in die Bauchlage kommt. Das scheint irgendwann mühelos zu funktionieren. Hilfe könnte es jedoch brauchen, um verstehend nachvollziehen zu können, wie das Gewicht in der Bauchlage von der einen auf die andere Seite kommt. Sicherlich wird es diese Prozesse auch allein lernen, wir können es ihm aber schon jetzt unterstützend immer wieder bei jeder Bewegungsunterstützung zeigen. Bis spätestens zum sechsten/siebten Monat wird es dies „verstanden" und in seine Bewegung integriert haben.

Tipps und Tricks

Ihr Kind wird mobiler – das ist wunderbar, aber: Lassen Sie Ihr Kind jetzt nicht mehr allein auf erhöhten Unterstützungsflächen wie dem Wickeltisch, dem Bett, dem Sofa! **Sehr** viele Eltern berichten, dass ihr Kind „gerade noch" still dort gelegen hat und als sie nur schnell mal draußen waren, um etwas zu holen und wiederkamen, lag es schreiend am Boden. Manchmal reicht ein kurzes Wegdrehen zum Schrank und Ihr Kind fällt. Das lässt sich einfach vermeiden: Am besten Sie lassen Ihr Kind von Beginn an **nie und nirgends allein auf erhöhten Betten** o. ä. liegen! Suchen Sie immer einen sicheren Platz – auch für „Mal-kurz-Aktionen" und legen Sie Ihr Kind ins eigene Bettchen, den Kinderwagen oder auf den Fußboden! Wenn Sie sich auch nur kurz vom Wickeltisch wegdrehen, behalten Sie immer eine Hand auf Ihrem Kind!

Auch, wenn sehr selten schwere Unfälle dadurch geschehen, sollten Sie/wir es nicht herausfordern!

GUT ZU WISSEN

Wir sind aus der Sicht von Kinaesthetics ein spiraliges System. Betrachten wir unser Skelett genauer, so werden wir keinen geraden oder röhrenförmigen Knochen finden. Alle Knochen, selbst die langen Knochen, wie z. B. am Oberschenkel, haben eine spiralige Form. Schauen wir weiterhin die Beziehung der Knochen zueinander an, so finden wir Gelenke mit unterschiedlichen, wechselnden Bewegungsspielräumen: wir treffen auf einen Wechsel von Gelenken, die nur in eine Richtung vor und zurück in Bewegung kommen und solchen, die in viele Richtungen in Bewegung kommen. Das hat, außer an den Zehen und Fingern, System. Mit diesen Grundlagen von Anatomie hat der Körper viele spiralige Bewegungsressourcen.

Dieses Wissen sollte uns dazu veranlassen Menschen, so auch kleine Kinder entsprechend in der Bewegungsvielfalt zu unterstützen. Parallele Bewegungen sind oft zu schwer für kleine Kinder, sie können diese nicht allein durchführen – dagegen sind sie in der spiraligen Bewegung bereits aus ihrer intrauterinen Zeit sehr erfahren. Dort sollten wir immer wieder anknüpfen – diese Ressource unterstützen.

KAPITEL 5

Sechs Monate

5.1 Entwicklungsschritte
Birgit Kienzle-Müller

5.1.1 Drehen – die erste Fortbewegung

Ein weiterer spannender Lebensabschnitt beginnt: die Entdeckung der Fortbewegung. Ihr Kind wird zunehmend mobiler. Erst beginnt es sich ganz zufällig vom Rücken auf die Seite zu drehen, und von dort auf den Bauch. Kurze Zeit später dreht es sich ganz bewusst, um sich einem Spielzeug zu nähern. Die Voraussetzung zum Drehen ist die ausgereifte Hand-Hand-Koordination und ein stabiler Haltungshintergrund des Rumpfes in der Rückenlage (➤ Abb. 5.1). Die Split-Brain-Phase (➤ 4.1.4) muss überwunden sein, so dass ein Spielzeug aus der Körpermitte ergriffen werden kann und dies ein Übergreifen des Armes über die Mitte möglich macht.

Der erste physiologische Drehvorgang findet immer **vom Rücken auf den Bauch** statt. Die Voraussetzung zum Drehen ist die Verbindung zwischen beiden Gehirnhälften, der Balken. Wissenschaftler des Pax-Planck-Institut in Leipzig haben herausgefunden, dass dieser Balken auch für das Sprachverständnis zuständig ist und welche Hand nach einem Gegenstand greifen soll.

Damit ein Kind sich dreht, muss immer ein Spielzeug vorhanden sein, das die Neugierde des Kindes weckt. Der Drehvorgang vom Rücken auf den Bauch wird immer durch die Augen eingeleitet: der Kopf dreht sich zur Seite, die übergreifende Hand folgt. Der Kopf wird von der Unterlage abgehoben und neigt sich nach vorne in die Drehrichtung hinein. Die unten liegende Rumpfseite verlängert sich. Das Becken wird auf der frei werdenden Seite hochgezogen. Das Kind kommt über die Seite auf den Bauch. Die Beine sind dabei in Schrittstellung und werden nach dem Drehvorgang in der Bauchlage wieder gestreckt. Das Drehen verfeinert sich im Laufe der Zeit und der Drehvorgang kann jederzeit gestoppt werden.

Meist zwei bis vier Wochen nach dem Drehen vom Rücken auf den Bauch, beginnt sich das Kind auf den Rücken zurück zu drehen. Dreht sich ein Kind deutlich vor dem sechsten Monat vom Bauch auf den Rücken, ist dies häufig eine Art des Zurückfallens, das mit einer Kopfüberstreckung nach hinten eingeleitet wird. Dies kann bei Kindern beobachtet werden, die ungern auf dem Bauch liegen.

5.1.2 Handstütz: Stützen auf eine höhere Ebene

Die Aufrichtung beginnt in der Bauchlage. Um einen besseren Überblick (➤ Abb. 5.2) zu erhalten, kommt das Kind in den Handstütz und richtet sich bis zu den Oberschenkeln auf. Die Beine sind vollständig gestreckt.

Mit dem Handstütz beginnt sich über die Handinnenfläche die **Tiefensensibilität** zu entwickeln, welche die Wahrnehmung des eigenen Körpers im Raum gewährleistet. Die Tiefensensibilität ermöglicht es auch, mit geschlossenen Augen zu spüren, in welcher Stellung sich die Haltung des Körpers und der Gelenke befindet.

Die vollständig geöffneten Hände im Handstütz zeigen an, dass die gesamte Wirbelsäule in ihrer Länge entfaltet ist. Aus dieser Stellung kann ein höher gereichtes Spielzeug erreicht werden, da das Körpergewicht auf einer Hand ausbalanciert werden kann. Doch die Kraft der Arme lassen nach, die Arme senken sich vom Handstütz in den Unterarmstütz, der Kopf senkt sich zum Boden. Die Beine zieht das Kind unter das Becken. Po hoch, Kopf runter, dies ist der Beginn des Vierfüßlerstandes (➤ 6.1.2) und zugleich das Erreichen einer weiteren höheren Ausgangsstellung für mehr Bewegungsspielraum. Jetzt muss das Kind nur noch genügend Kraft sammeln, um sich wieder auf die Hände zu stützen. Dieser Entwicklungsabschnitt des Wechselspiels zwischen Handstütz und dem Einknicken der Arme bei nach oben gestrecktem Po braucht wieder etwa zwei Wochen.

Zu Beginn hilft der jetzt aktiv werdende Symmetrisch Tonischer Nackenreflex (STNR), in seiner

Abb. 5.1 Die erste Fortbewegung ist erreicht: das Drehen vom Rücken über die Seite auf den Bauch. Die treibende Kraft dazu, ist die Neugier ein Spielzeug zu erreichen. Die Voraussetzung dafür ist das Sehen und eine freie Halswirbelsäulenbewegung sowie das Ende der Split-Brain-Phase.
a) Das Kind liegt auf dem Rücken.
b) Es kommt in den horizontalen Sitz, d. h. das Kind liegt auf dem Rücken und streckt die Beine senkrecht zur Decke und kann vielleicht schon nach den Füßen greifen.
c) Es dreht sich zur Seite, mit nach vorne genommenen Kopf, um das Spielzeug nicht aus den Augen zu verlieren und um mit der Hand es zu ergreifen.
d) Und dreht von der Seite auf den Bauch.
e) Mit abgestützten Händen, im Handstütz, hat es schon eine weitere Stufe der Aufrichtung erreicht.
f) … und zu zweit macht das Drehen natürlich noch mehr Spaß.

Abb. 5.2 Jetzt steht dem kleinen Entdecker die Welt nach oben offen.

physiologischen Form. Er zieht die Beine unter den Körper. Erst wenn das Kind es geschafft hat, gegen das reflektorische Senken des Kopfes, anzukommen und die Augen wieder die Führung der Bewegung übernehmen und die Arme genügend Kraft entwickelt haben, um den Körper hoch zu stützen, wird das Kind den Vierfüßlerstand erreichen.

5.1.3 Mahlbewegung des Kiefers

Nach dem dritten Monat kann das Kind selbst entscheiden, ob es saugen möchte oder nicht. Es hat Kontrolle über den Saugreflex, über die Saugtechnik. Ab dem sechsten Monat sind der Saugreflex und der Rooting-Reflex (Suchreflex) endgültig erloschen.

Mit dem Entwicklungsschritt des Drehens vom Rücken auf den Bauch, kann der Kiefer Mahl- und Kaubewegungen durchführen. War es zuvor nur möglich, feste Nahrung mit Lippen und Zunge aufzunehmen, ist es nun die Zahnleiste, welche die feste Nahrung aufnimmt. Schmackhaftes wird eingespeichelt, Grobes und unangenehmes wird ausgespuckt.

Zwischen dem vierten und fünften Monat hat das Kind einen starken Speichelfluss in Bauchlage. In Rückenlage ist der Speichelfluss geringer, er wird heruntergeschluckt. Das Kind giert und möchte alles mit dem Mund erkunden. Es ist ein vorprogrammierter Entwicklungsschritt, da feste Nahrung viel Speichel braucht. Nach dem 6. Monat wird deutlich weniger Speichel produziert. Das Kind entscheidet nun bewusst, ob es zum genaueren Kennenlernen den Gegenstand nicht nur mit den Augen, den Händen, sondern auch mit dem Mund erkunden möchte. Die Zunge bekommt in dieser Phase mehr Beweglichkeit und kann Nahrung im Mund hin und her schieben. Als Reflex bleibt alleine das Mundöffnen übrig. Nur mit großer Anstrengung können wir beim Füttern eines Kindes, selbst das Öffnen unseres Mundes unterdrücken. Mit dem eigenen Öffnen des Mundes, motivieren wir das Kind ebenfalls seinen Mund für den Löffel zu öffnen. Das Kind ahmt die Bewegung des Mundes wie ein Spiegel nach. In der ersten „Sturm und Drangzeit", der Trotzphase, ab dem ersten Lebensjahr, wird das Kind seinen Mund fest zusammendrücken, damit der Löffel nicht den Mund erreichen kann (➤ Abb. 5.3). Zu dieser Zeit entwickelt das Kind seine eigene Vorliebe für Speisen.

Beachte
Die Zahnleiste der Kinder ist ziemlich stark. Aus diesem Grund sollte man seinem Kind keine Karotte oder Apfelstückchen zum Lutschen geben. Schnell ist ein Stück heruntergebissen und kann verschluckt werden. Karotte und Apfel können noch nicht gekaut werden, lösen sich im Mund nicht auf und bleiben evtl. im Rachenraum stecken. Vor dem dritten Lebensjahr sollten Äpfel und Karotten nur gerieben dem Kind angeboten werden.

Abb. 5.3 Wenn das Kind bei der Löffelfütterung die Nahrung mit der Zunge wieder aus dem Mund hinausbefördert, ist es – so der Begriff – noch nicht löffelreif, weil der Zungenstreckreflex noch besteht.

Tipps und Tricks

Verwenden Sie zwei verschiedenfarbige Löffel. Eine Farbe für süßen Früchtebrei, eine andere Farbe für Gemüsebrei. So kann sich das Kind schon mit der Farbe des Löffels auf das nun folgende Genusserlebnis einstellen.

5.1.4 Emotionale Intelligenz

Der sechste Monat bedeutet einen großen Entwicklungsschritt für die Gefühlswelt (limbisches System) Ihres Kindes. Es gewinnt immer mehr Kontrolle über seine Gefühle und somit über sein Handeln. Hat es zuvor bereits zwischen bekannten und unbekannten Personen unterschieden, so zeigt es jetzt deutlich, ob es Kontakt aufnehmen möchte oder ob es die Person ablehnt. Die Bindung geht nun vom Kind selber aus. Es ist ein eigenständiges Familienmitglied geworden. Es will immer mehr am Familienleben aktiv teilhaben und die ungeteilte Aufmerksamkeit seiner Mutter. Dies ist ein wichtiger Schritt für sein Tun. Man spricht auch hier von der beginnenden emotionalen Intelligenz: Dies bedeutet, die eigenen Gefühle zu kennen und Gefühle von anderen zu deuten, z. B. bewusstes Mitweinen, wenn ein anderes Kind weint.

5.1.5 Atmung

Mit sechs Monaten ändert sich die bisher vorherrschende abdominale Atmung (Atmung im Bauchbereich) in eine **kostale-abdominale Atmung** (Brustkorbatmung mit Bauchatmung ➤ Abb. 5.4):
- Der M. psoas (Hüftbeuger) nimmt in der Bauchlage Einfluss auf die Atmung durch die neue Errungenschaft des Meilensteins Handstütz. Die Stützfläche liegt zwischen den Handflächen und den Oberschenkeln. Durch die deutliche Streckung der Hüftgelenke wird die Hüftbeugermuskulatur gedehnt und damit auch Ursprung und Ansatz dieser Muskeln.
- Die Lendenwirbelsäule richtet sich durch diesen muskulären Zug auf. Durch die Aufrichtung ziehen die an der Wirbelsäule anhaftenden Bänder des Zwerchfells, dieses nach unten in Richtung Beckenboden.

Abb. 5.4 Die Umstellung von abdominaler zur kostalen Atmung durch den Meilenstein Handstütz.

- Durch das Zusammenspiel des Zwerchfells mit der Interkostalmuskulatur führt diese Zugwirkung zu einer vertieften und konstanten kostalen Atmung, sowie eine Schrägstellung der Rippen.

Im nachfolgenden Entwicklungsschritt des Vierfüßlerstands wird diese Atmung nicht aufgegeben, da sich nun die Lendenwirbelsäule, mit dem Ursprung des Zwerchfells, gegen die Schwerkraft aufgerichtet hat. Bis die Atmung vollständig in allen Bewegungsrichtungen des Brustkorbes ausgereift ist, braucht es sieben Jahre. Dann spricht man von einer koordinierten dreidimensionalen Atmung.

5.1.6 Schutzreflexe statt frühkindlicher „Primitivreflexe"

Mit dem vierten Monat und dem ersten zielgerichteten Greifen lässt der Handgreifreflex bis zum sechsten Monat (mit dem radialen Greifen – von der Daumenseite aus) schnell nach. Der Moro-Reflex ist mit der stabilen Rückenlage erloschen. Alle frühkindlichen Reflexe, wie z. B. der Galantreflex, der asymmetrisch tonische Nackenreflex (ATNR) dürfen zu diesem Zeitpunkt nicht mehr bestehen. Durch das Aufbauen der Schutzreflexe und des Gleichgewichtes, integrieren sich jetzt endgültig alle frühkindlichen Reflexe. Diese Reaktionen finden in höheren (entwicklungsgeschichtlich jüngeren) Gehirnregionen statt und lösen die „primitiven" Reflexe im Stammhirn ab, die in den ersten Monaten lebensnotwendig waren.

- Der **Optiko-fazialis Reflex,** das **Blinzeln** (> Abb. 5.5) als Schutzreflex, baut sich ab dem dritten Monat auf und sollte mit dem sechsten Monat konstant vorhanden sein. Er ist ein Zeichen für die Sehfähigkeit und für die mentale Entwicklung.
- Die **Abstützreaktion** (> Abb. 5.6) mit ausgestreckten Armen nach vorne, auch Sprungbereitschaft genannt, wenn das Kind schnell vorgeneigt wird, gehört zu den Schutzreflexen und Gleichgewichtsreaktionen. Er dient als Schutz beim Fallen. Mit acht Monaten kann sich das Kind seitlich abstützen, so hat es dann auch im Sitzen das Gleichgewicht erreicht.
- Die Schutzreflexe bleiben ein Leben lang erhalten.

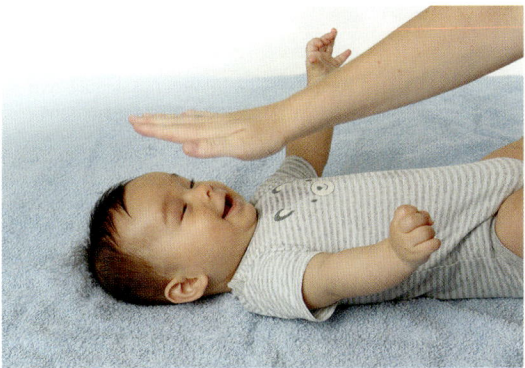

Abb. 5.5 Auch das Blinzeln ist ein Schutzreflex, der die Augen vor Gefahren schützt.

5.1.7 Symmetrisch Tonischer Nackenreflex (STNR) – der Beginn des Krabbelns

Der STNR hilft dem Kind, die Schwerkraft zu überwinden, in den Vierfüßlerstand oder den Katzensitz zu kommen und beide Körperhälften unabhängig voneinander zu benutzen und damit zum späteren Krabbeln zu kommen. Mithilfe des Reflexes werden die ersten Versuche unternommen, den ganzen Körper gegen die Schwerkraft anzuheben, dabei werden Ober- und Unterkörper miteinander in Verbindung gebracht. Außerdem trainiert das Kind durch das Anheben und Senken des Kopfes, die Augen in die Ferne und Nähe zu akkommodieren.

Der STNR ist schon bei der Geburt vorhanden. Aktiv wird er mit sechs Monaten und integriert sich endgültig mit neun Monaten. Er hilft dem Kind in Bauchlage, die Beine unter den Bauch zu ziehen, dabei sinkt der Kopf in Richtung Boden. Kommt das Kind zum Handstütz, strecken sich die Beine. Erst wenn das Kind es schafft, im Handstütz die Beine unter den Körper zu ziehen, hat es den Reflex überwunden und nimmt den Vierfüßlerstand (Position auf Händen und Knie) ein. Es ist ein großer Kraftakt, sich auf die Hände mit gestreckten Armen zu stützen und gleichzeitig die Knie zu belasten sowie das Becken und den Rücken gegen die Schwerkraft aufgerichtet zu halten. Manchmal kommt es zum „schwimmen": Alle vier Extremitäten werden von sich gestreckt in der Bauchlage.

Integriert und somit gehemmt wird der Reflex durch das Rocking (> 6.1.2) – das Hin- und Herschaukeln im Vierfüßlerstand – mit sieben Monaten. Erst jetzt kann das Kind sicher den Vierfüßlerstand einnehmen.

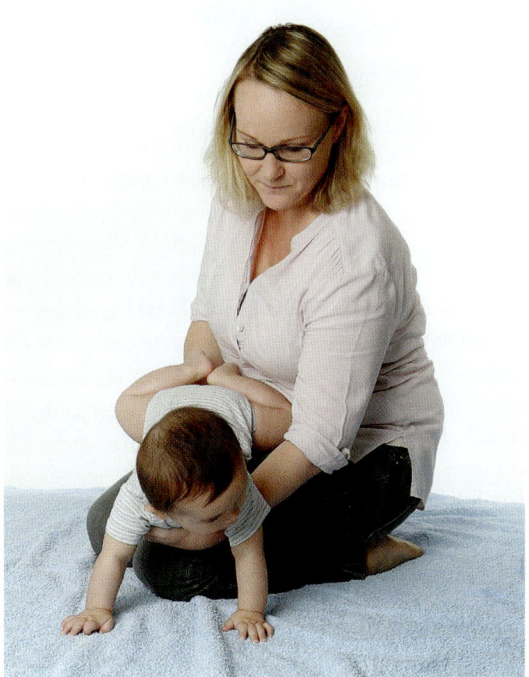

Abb. 5.6 Die Abstützreaktion ist ein Schutzreflex, der zur Streckung der Arme führt und dem Schutz des Körpers und des Gesichts beim Fallen dient.

GUT ZU WISSEN

Als pathologischer Reflex und entwicklungshemmend zeigt sich der STNR bei stark entwicklungsauffallenden Kindern in der Rückenlage. Der Kopf drückt sich überstreckend in die Unterlage hinein, die Arme beugen sich seitlich an, die Beine werden extrem gestreckt und der Rücken ist stark nach oben durchgedrückt. Neigt man das Kinn zur Brust, strecken sich die Arme seitlich am Rumpf und die Beine werden hochgezogen in Richtung Bauch. Der Rücken wird übermäßig gerundet.

Diese Kinder fallen bereits vor der U5 auf. Der Rumpf ist schlaff (Hypotonus), Arme und Beine zeigen eine hohe Muskelspannung (Hypertonus) mit Fausthaltung und eingekrallten Zehen. Häufig besteht ein Babinski-Reflex am großen Zeh (Zeh wird nach oben gezogen, restliche Zehen nach unten). Dieser Babinski-Reflex ist bei vielen Kindern im ersten Lebensjahr sichtbar und nicht immer weist er auf eine auffällige Entwicklung hin. Die gehemmte Willkürmotorik, die stockende Entwicklung, lassen den stark ausgeprägten STNR und ATNR weiterhin zu. Das Kind bleibt mit seinen Reaktionen der Reflexebene verhaftet, zudem bleiben kognitive Fähigkeiten eingeschränkt.

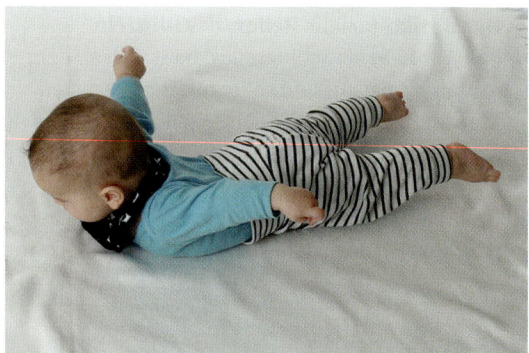

Abb. 5.7 Das Kind wechselt seine Bewegungsabläufe zwischen dem Meilenstein Handstütz und dem sogenannten „Schwimmen".

SCHAU, WAS ICH SCHON KANN

- Ihr Kind reicht das Spielzeug von einer Hand in die andere Hand, es wird gedreht, gewendet und evtl. noch mit dem Mund untersucht. Die Füße begleiten die Greifbewegung der Hände.
- Ihr Kind wird immer mobiler und dreht sich selbstständig vom Rücken auf den Bauch. Es kann selbst nun abschätzen, was zum Greifen nah ist und sich durch Drehen auf ein interessantes Spielzeug hinbewegen. Das Kind nimmt die Seitenlage ein und spielt. Es drückt sich in Bauchlage mit beiden Händen in den Handstütz. Aus dieser erhöhten Position bekommt das Kind einen besseren Überblick über den Raum.
- Gemüse- und Früchtebreie gehören jetzt zum Nahrungsangebot.
- Das Kind beginnt zu fremdeln. Es unterscheidet zwischen bekannten und unbekannten Personen. In seiner Mimik ist deutlich Missbilligung oder Freude zu erkennen.

Abb. 5.8 Der STNR hilft dem Kind das Becken in Bauchlage gegen die Schwerkraft anzuheben. Dies ist ein Schritt in die Aufrichtung und in den späteren Vierfüßlerstand.

5.2 Das Baby betrachten
Birgit Kienzle-Müller

5.2.1 In Rückenlage

Die Rückenlage ist symmetrisch und stabil. Die Beine können sich nach oben strecken und mithelfen ein Spielzeug zu ergreifen. Die Fußsohlen berühren sich. In der Rückenlage kommt das Kind in das „**horizontale Sitzen**" (> Abb. 5.9) – es streckt die Beine nach oben zur Decke, so als würde es sitzen. Der Kopf kann von der Unterlage gegen die Schwerkraft nach vorne abgehoben werden. Das Kind greift mit den Händen zu den Knien und zu den Unter-

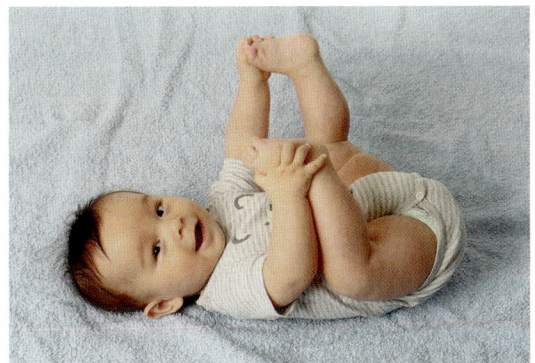

Abb. 5.9 Mit sechs Monaten nimmt das Kind in der Rückenlage den „horizontalen Sitz" ein.

Abb. 5.11 In der Bauchlage kann sich das Kind schon auf die Handflächen abstützen und kommt schon mal in den Vierfüßlerstand.

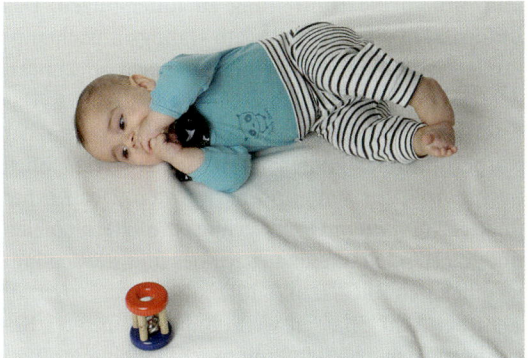

Abb. 5.10 Stabile Seitenlage

schenkeln. Es nimmt stabil die Seitenlage ein (> Abb. 5.10) und spielt dabei mit einem Spielzeug. Dieses Spielzeug wird mit den Fingern sanft berührt. Dabei wird es auch von einer Hand in die andere Hand gereicht. Das Kind sucht mit den Augen nach einer Geräuschquelle und kann stimmhaft laut lachen. Es beginnt sich vom Rücken auf den Bauch zu drehen. Die Neugierde wächst.

5.2.2 In Bauchlage

Das Kind hat sich durch die Aufrichtung und Streckung der unteren Brustwirbelsäule und des Beckens weiter aufgerichtet. Aus dem im dritten Monat eingenommenen Unterarmstütz kann es sich jetzt auf seine vollständig geöffneten Handflächen abstützen (> Abb. 5.11). Die schräg aufgerichtete Wirbelsäule ist symmetrisch und in sich stabil. Die Stützfläche liegt zwischen den Handtellern und den Oberschenkeln. Die Wirbelsäule ist von der Halswirbelsäule bis zum Becken aufgerichtet und in sich beweglich. Der Kopf wird außerhalb der Stützfläche getragen.

Das Kind schiebt sich auf der Unterlage rückwärts oder es hebt die Arme und Beine ab, bis es die Arme wieder beide vorne aufstützt. Es „schwimmt", um das Spielzeug zu greifen, ist aber doch noch nicht dazu in der Lage, da die Gewichtsverlagerung zum einseitigen Handstütz noch fehlt. Das Zurückdrehen auf den Rücken gelingt erst vier Wochen nach dem Drehen auf den Bauch.

5.3 Kleine Hilfen mit großer Wirkung
Birgit Kienzle-Müller

5.3.1 „Mein Kind möchte sitzen!"

Im Kinderwagen, wie auch auf dem Schoß, ziehen sich die Kinder in dieser Entwicklungsphase gerne mit den Armen nach vorne. Der Kopf übernimmt die Führung und zieht nach vorne. Auf den ersten Blick sieht es so aus, als wollte das Kind sich aufsetzen. Diese Bewegungsaktivität hat jedoch nichts mit dem Sitzen wollen zu tun. Das Kind kennt die Möglichkeit des selbstständigen Sitzens noch nicht.

Dieser Entwicklungsschritt zeigt, dass die Gehirnentwicklung weiter fortgeschritten ist. Die Neugierde, unterstützt durch die Augen, zieht das Kind nach vorne. Es kommt noch nicht in die Rumpfaufrichtung, sondern bleibt noch in einer nach **vorne gekrümmten Halteposition.** Es ist noch kein Sitzen und das Kind will sich auch nicht aufsetzen. Es ist nur neugierig. Freuen Sie sich an dieser neuen Errungenschaft, aber setzen Sie Ihr Kind nicht in einen Hochstuhl und üben sie kein Sitzen auf dem Boden. Ziehen Sie Ihr Kind nicht an seinen Händen nach oben zum Sitzen. Die „normale" Bewegung des Sitzens ist nämlich eine andere, wie es Ihr Kind später zeigt: Es stemmt sich über die Seite mit einer kleinen Drehbewegung des Rumpfes nach oben.

5.3.2 Tragen mit Blickrichtung nach vorne

Das Tragen des Kindes mit Blick nach vorn, insbesondere das Tragen in Tragehilfen, wird kontrovers in der Frage diskutiert, ob das Kind dadurch zu vielen Reizen ausgesetzt wird oder ob das nach vorne Tragen die Neugier fördert und dadurch entwicklungsunterstützende Impulse setzt. Auch im therapeutischen Kontext wird das Kind mit dem Blick nach vorn getragen. So z. B. in der Physiotherapie, in der Bobath-Behandlung, vor allem ab dem fünften Monat, werden die Kinder nach vorne gehalten und getragen. In dieser Zeit ist die Neugierde auf Neues sehr stark und das Sehen ist als Weitsehen in die Ferne orientiert. Auch im Hinblick auf die Entwicklung des Rumpfes ist das Tragen mit dem Blick nach vorne, sinnvoll: Denn die Entfaltung, d. h. die Aufrichtung der Halswirbelsäule und der Brustwirbelsäule sind abgeschlossen, zudem hat sich der Balken im Gehirn entwickelt, wodurch das Greifen aus und über die Körpermitte ermöglicht wird. Kinder, die in diesem Alter eine Physiotherapie besuchen, leiden oft unter einer zu niedrigen Muskelspannung im Rumpf. Werden sie nun mit Blick nach vorn gehalten und getragen, so unterstützt der Blick nach vorn die Aufrichtung des Rumpfes. Gleichzeitig erfährt das Kind Halt im Rücken. Oft ist es gerade diese Haltung, die sehr hypotonen Kindern eine erste Kopfkontrolle ermöglicht. Gibt man dem Kind zusätzlich ein Spielzeug in die Hand, so übt es nebenher eine Reihe von motorischen Fähigkeiten als auch seine Hand-Hand- und Hand-Mund-Koordination.

Beachte
Es ist wichtig, ausschließlich Tragehilfen zu verwenden, die eine physiologische Haltung der Beine erlauben. Alle anderen Tragen, bei denen die Beine unphysiologisch herunterhängen, können nicht empfohlen werden!

Tragen ist nicht gleich Tragen. Wie immer kommt es auf die Gegebenheiten an. Unsere Kinder benötigen einen ganz bestimmten Rahmen, der sie in ihrer sehr spezifischen Haltung unterstützt. An erster Stelle geht es hier um eine Haltung, die dem Kind Kontrolle über seinen Körper ermöglicht. Ebenfalls muss der Dreiklang (➤ 2.2.2) der Beine möglich sein, um so die Hüftreifung zu unterstützen. Das Kind sitzt in einer dem Bobath Handgriff nachempfundenen Stellung. Die Beine sind leicht angehockt, der Rumpf ist aufgerichtet und gut gestützt. Das Kind kann mit den Händen spielen und von der Körpermitte her greifen. Es hat einen freien Blick nach vorne, zur Seite und nach unten. Der Körper folgt der optischen Orientierung. Die Eltern spielen mit den Händen, Füßen des Kindes und stärken ihm förmlich den Rücken und unterstützen es.

Außer Acht gelassen werden darf in unserer Betrachtung der folgende Punkt nicht: das zügige Tragen mit Blick nach vorn durch belebte Einkaufsstraßen unterscheidet sich signifikant vom Schlendern durch den Park oder die eigene Wohnung. Während das Eine – die Einkaufsstraße – überfordert und zu einer Reizüberflutung führt, ist das Andere eine Inspiration (➤ Abb. 6.8, ➤ Abb. 6.9).

Beachte
Das Tragen von Kindern in Tragetüchern und Tragehilfen beinhaltet eine Fülle von entwicklungsunterstützenden Momenten, die aus dieser Interaktionsform zwischen Eltern und Kind erwachsen
- Wahrnehmen von Bewegungen – das Kind nimmt bewusst die Fortbewegung des Tragenden war, wodurch seine Tiefensensibilität gestärkt wird
- Spüren von Nähe und Körperwärme
- Spüren von Rhythmus in der Bewegung
- Erfahrung von Koordination und Gleichgewicht
- Kraft und Ausdauer der Muskulatur des Kindes werden ganz natürlich durch das Tragen aktiviert
- Bindungsstärkung durch Kontakt und Interaktion mit der tragenden Person

5.4 Das Baby als Tragling
Ulrike Höwer

5.4.1 Ausbalanciert – Bedürfnisse des Babys und eigene Bedürfnisse

Langsam, werden Entdeckerdrang und Aktionsradius des Babys immer größer. Es will alles befühlen und in den Mund stecken. Weggerolltes Spielzeug soll zurückkommen oder die Mutter es zurückbringen. Ein großer Teil des Tages ist gefüllt mit Aufmerksamkeit und gemeinsamem Spiel. Vielleicht haben Sie nicht nur einmal den Satz „Ich komme zu gar nichts mehr!" gedacht oder laut ausgesprochen. Für die Umgebung ist es nicht leicht zu vermitteln, wie anstrengend ein solcher Babytag sein kann, der zum größten Teil aus Reaktionen auf die Bedürfnisse des Babys besteht. Wer beruflich mit Kindern arbeitet, kennt Feierabend und gesetzlich geregelte Pausen. Als Mutter kennen Sie die fast pausenlosen 24-Stunden-Tage ohne Wochenende und Ferien. Besonders die Situation, nur noch reagieren zu müssen, kann sich sehr erschöpfend auswirken. Für manche Eltern bringen Rhythmus und Rituale etwas mehr Stabilität in den Babyalltag und Babys genießen oft beides. Doch weder das Eine noch das Andere werden das Gefühl, wenig zu schaffen und oft erschöpft zu sein, verhindern – und spätestens beim nächsten Schnupfen oder Zahn ist jeder Tagesplan dahin. Dann kann man nur noch viele tröstende Kilometer mit dem Baby auf dem Arm, im Tragetuch oder im Kinderwagen zurücklegen. Manchmal helfen nur noch eine Autofahrt und das beruhigende Geruckel des Kindersitzes. Um nicht irgendwann wirklich zu frustrieren, ist es wichtig, mit genau dieser Situation zu arbeiten.

Babyzeit als Trainingszeit für lebenslanges Miteinander

Denn diese Zerrissenheit zwischen den nicht planbaren Bedürfnissen des Babys und den eigenen Bedürfnissen bleibt bestehen. Dann ist es eben nicht mehr der erste Zahn, sondern es sind die Trotzzeiten, Kinderkrankheiten, all die kleinen täglichen Unfälle und später eben die Herausforderungen, die die Schulzeiten oder die Pubertät mit sich bringen.

Abb. 5.12 In der Bobaththerapie trägt man Kinder bewusst mit Blick nach vorn um die optische Orientierung für Aufrichtung zu nutzen.

Abb. 5.13 Jetzt möchte das Kind schauen, was die Mutter sieht.

Die Babyzeit ist eine Trainingszeit für das lebenslange Miteinander. In einer Schulung von Ärzten über das Tragen von Kindern, sagte einer der anwesenden Gynäkologen traurig, dass er als Vater für seine beiden Kinder wenig präsent war und nun, wo seine Kinder 20 Jahre und älter sind, er nur noch wenig Kontakt zu ihnen hat. Meist würden sie nicht mal auf eine SMS von ihm antworten. Aus einer zweiten Partnerschaft gibt es nun ein zweijähriges Kind, mit dem er viel Körperkontakt hat und so viel Zeit wie möglich verbringt. Für ihn von Anfang an eine andere Art der Beziehung. Wie also kann man dem Alltag ein sinnvolles Bild geben, ohne durch die Zerrissenheit und Müdigkeit in eine Spirale der Erschöpfung zu geraten?

- Die Situation ist, wie sie ist. Hier geht es nicht um Bewertung, sondern um ein schlichtes feststellen, dass der Alltag, den Sie gerade erleben so ist, wie Sie Ihn erleben.
- Die Babyzeit, die Sie gerade erleben, ist wirklich anstrengend. Die Tatsache, dass dies schon viele Mütter und Väter in der ihnen eigenen Weise erlebt haben, relativiert nicht Ihren ganz persönlichen Einsatz und Ihre Gefühle.
- Es ist wirklich schwer, von außen immer Verständnis zu bekommen, denn das persönliche Erleben einer Beziehung ist nicht wirklich vermittelbar. Wer die Jahre der jungen Mutterschaft hinter sich gelassen hat, erinnert sich meist noch an das eigene Meistern der Situation, während das sich Erinnern und sich auseinandersetzen mit nicht gelungenen Momenten nicht mehr erwünscht und oft auch zu schmerzhaft ist.
- Oft hilft der Austausch mit anderen Müttern, die gerade in der gleichen Situation sind. Meist bieten sich hierfür Still- oder Krabbelgruppen an.
- Verbinden Sie sich mit Ihren Bedürfnissen und Gefühlen. Nehmen Sie diese wahr, ohne sie zu bewerten. Im Moment empfinden Sie ebenso, wie Sie gerade empfinden!
- Ein negatives Gefühl sollte nicht zu viel Energie bekommen. Je mehr Aufmerksamkeit das Gefühl bekommt, desto größer wird das Monster. Gestatten Sie sich das Gefühl, und tun Sie das, was gerade anliegt: das Baby wickeln, Essen kochen, füttern …
- Schreiben Sie Ihre Bedürfnisse auf und versuchen Schritt für Schritt Lösungen zu finden. Die Lösungen dürfen unkonventionell und total „out of the box" sein – müssen es sogar meist! Lassen Sie sich überraschen, wie vieles sich doch erfüllen lässt. Auch wenn dies nur Lösungen für die nächsten vierzehn Tage sind – wichtig ist, immer einen Schritt weiter zu gehen.

Bedürfnisse im Familiensystem

Der Schlüssel der Balance liegt in der Achtsamkeit gegenüber den Bedürfnissen im Familiensystem. An erster Stelle stehen die Bedürfnisse des Babys: Körperkontakt und Aufmerksamkeit. Vieles hiervon kann mit dem Tragen im Tragetuch erfüllt werden. Nehmen Sie ihr Baby ins Tuch, wenn Sie den Haushalt machen (> Abb. 5.14), beim Einkaufen oder bei einem langen Spaziergang.

Manche Eltern genießen leichten Sport mit dem Baby. Rauskommen und in Bewegung sein (> Abb. 5.15), tut allen gut und vertreibt Müdigkeit und Babyblues. Nordic Walking zum Beispiel, lässt sich prima mit dem Kind auf dem Rücken machen.

Abb. 5.14 Mit dem Kind auf dem Rücken versucht die Mutter, ob Hausarbeit mit Baby im Tuch funktioniert – es macht auf alle Fälle Freude!

5.4 Das Baby als Tragling

Abb. 5.15 Leichte fließende Bewegung, gerader Rücken und aktivierter Beckenboden – ein guter Weg für die Rückbildung. Gleich geht es raus an die frische Luft.

In vielen Städten gibt es zudem eine Reihe von Angeboten, die sich auf Sport mit Baby in einer Tragehilfe spezialisiert haben.

GUT ZU WISSEN

Sport mit Baby ist zu einem Trend geworden. Bitte prüfen Sie die Angebote, auf fachgerechte Beratung und Begleitung im Hinblick auf den angebotenen Sport und die Trageberatung.
- Das Baby muss so gut gebunden sein, dass es sich in der Bewegung regulieren kann. Im Internet finden sich Videos von Sport- und Tanzveranstaltungen mit Babys in Tragehilfen, bei denen Kopf und Körper unkontrolliert mitschwingen. Dies kann für ihr Baby gefährlich sein. Der Kopf des Babys sollte gut gestützt werden und niemals unkontrollierten Bewegungen ausgesetzt sein.
- Tragen, bei denen die Beine herunterhängen oder überspreizen, sind ungeeignet.
- Für sich selbst sollten sie darauf achten, dass die Beckenbodenrückbildung mit im Fokus steht.

Die fließenden Bewegungen des Nordic-Walking entsprechen in der Regel diesen Kriterien. Das von vielen geschätzte „Kangatraining" hat einen hohen fachlichen Standard. In der ersten Kursstunde ist stets eine Trageberaterin mit anwesend, um Tragefehler so weit wie möglich auszuschließen.

Unablässig ist ein Schaukelstuhl. Das wichtigste Möbelstück im Haus. Es gibt sie praktischerweise als Stillstühle mit mitschwingendem Hocker für die Füße. So kann man ganz entspannt dem Baby Körperkontakt und Bewegung schenken und selber zu ein wenig Ruhe kommen. Stillen und füttern finden hier statt. Das Schaukeln und die Nähe zum Baby wirken sich dank des Oxytocins und der rhythmischen Bewegung ebenso positiv auf einen selber aus.

Wenn Sie nun so gemütlich sitzen, spüren Sie Ihren Bedürfnissen nach. Oft meinen wir Mütter, wir müssten uns zwischen den Bedürfnissen unseres Babys und den eigenen Bedürfnissen entscheiden. Gesunde Selbstachtsamkeit lässt uns kreative Nischen entdecken, in denen wir auch uns selber Rechnung tragen können.

Und der Partner? Auch für Sie als Vater, ist die Anpassung sowohl an die neue Rolle als auch an den neuen Rhythmus eine große Herausforderung. Für Sie entfällt der erholsame Feierabend ebenso wie der ungestörte Nachtschlaf. Fast alles, was für Sie vertraut und gewohnt war, muss neu gedacht und sortiert werden. Dabei lernen sich alle mit neuen Seiten kennen – und man sich selbst auch noch einmal. Hier liegt eine Chance für echtes Wachstum in der eigenen Persönlichkeit und Partnerschaft.

Diese Zeit kann man nur schwer ohne den Partner bewältigen. Alle brauchen gegenseitige Unterstützung und Nachsicht. Ganz besondere Unterstützung benötigt die Mutter. Denn Schwangerschaft und Stillzeit sind eine körperliche Herausforderung. Hier kommt dem Partner eine wahrlich tragende Rolle zu. Auch wenn es altmodisch klingt, aber wenn die Mutter sich getragen fühlt und das Kind sich geliebt und geborgen, kehrt eine andere Qualität von Ruhe ein.

Tragen Sie sich ein Stück gegenseitig durch diese Zeit. Wenn Bedürfnisse sein dürfen und alle sich um Lösungen bemühen, bleibt das Familienschiff nicht im Frustschlamm stecken, sondern segelt mal mit mehr oder weniger Wind durch die Gewässer des Lebens und trägt alle Mitglieder in ihre Häfen.

5.4.2 Tragen konkret: Das Baby im Tuch auf dem Rücken

Der beste Zeitpunkt ein Baby mit dem Tuch auf den Rücken zu nehmen, ist die Zeit, bevor sich Ihr Kind drehen kann – das ist die Zeit vor dem fünften Monat. Sobald sich Ihr Kind dreht oder sogar wegkrabbelt, wird das Lernen schwieriger, weil es nicht mehr ruhig liegen bleibt. Tragehilfen hingegen empfehlen sich erst für Kinder, die älter als sechs Monate sind, da die Kinder tiefer am Rücken getragen werden und dann die Gefahr besteht, dass der Kopf nach hinten überstreckt wird. Tragetücher können im Vergleich zu Tragehilfen höher gebunden werden und das Kind findet einen optimalen Halt.

Um das Einbinden eines Kindes auf dem Rücken zu erlernen, brauchen Sie etwas Zeit und Geduld. Bitte gönnen Sie sich hier eine Trageberatung, die zunächst mit einer Puppe alle Schritte mit Ihnen einübt, bis Sie sich sicher fühlen. Sie werden bei den Übungen und danach die Erfahrung machen, dass das Kind, das Sie am Rücken tragen, ganz selbstverständlich (➤ Abb. 5.16) Teil Ihres Alltags wird – und der Alltag bekommt eine neue Qualität von Balance (➤ Abb. 5.17).

Die Bindetechnik des „Double Hammock" (➤ Abb. 5.18, ➤ Abb. 5.19) ist wegen des breiten Brustbandes sehr bequem und beliebt Da auch hier die Kinder tiefer am Rücken getragen werden, als in der klassischen Rückentrage, ist sie ab dem Zeitraum zwischen dem fünften und sechsten Monat ideal. Grundsätzlich gilt, der Kopf des Kindes sollte nicht nach hinten gebeugt sein (Reklination des Kopfes). Das Kind soll in der Lage sein, seinen Kopf selbst gut in der Schwerkraft zu halten. Für kleinere Kinder ist eine Rückentechnik, bei der sie den Kopf am oberen Rücken der Eltern ablegen können günstiger.

Abb. 5.17 Ein Kompliment an das Kind und seine Mutter. Super gemacht!

Abb. 5.16 Zum ersten Mal im Tuch auf den Rücken.

Abb. 5.18 Kind im Tuch auf den Rücken. Die Bindetechnik, die Sie hier sehen ist der „Double Hammock".

5.5 Den Alltag gestalten

Meist sind diese Läden von ausgebildeten Trageberatern gegründet worden oder haben entsprechend geschultes Fachpersonal. Auch eine längere Anfahrt zu einem solchen Laden lohnt sich fast immer.

5.5 Den Alltag gestalten
Sabine Hartz

5.5.1 Drehen: Das Baby mag sich selbst entdecken

Abb. 5.19 Macht sichtlich Spaß und sieht toll aus.

Bis jetzt ist eine große Vertrautheit mit Ihrem Kind entstanden. Sie haben gemeinsame Möglichkeiten, Gewohnheiten, Vorlieben, den Tagesrhythmus entwickelt und sie fühlen sich immer sicherer im Umgang mit Ihrem Kind. Sie sind immer fähiger, Bedürfnisse zu erkennen und hilfreiche Angebote zu finden und ggf. zu variieren. Das ist toll, ein halbes Jahr ist schon eine ganz schön lange Zeit für Ihr Kind und für Sie, in dem so viel geschehen ist.

Bereits seit etwa Ende des vierten Monats dreht sich Ihr Kind von der Rückenlage in die Bauchlage – diese Bewegung hat es seitdem immer mehr verfeinert – wieder und wieder hat es auch versucht, sich auf verschiedenen Wegen in die Rückenlage zurück zu bewegen – Sie erinnern sich sicherlich: das eine oder andere Mal war der Versuch nicht ganz so flüssig – doch diese Neugier auf mehr wird Ihr Kind auch bis jetzt dazu gebracht haben, sich zunehmend souveräner hin- und zurück zu drehen. Es genießt seinen Zuwachs an Bewegungskompetenz.

Hier können Sie, wie auch schon in der vergangenen Zeit unterstützend wirken: Wenn Sie das Drehen unterstützen wollen, zeigen Sie Ihrem Kind den Weg, den es selbst „gehen" würde, um in die Bauchlage oder Rückenlage zu kommen. Dafür ist es hilfreich, Ihre Hände links und rechts von Brustkorb zu platzieren. Bewegen Sie nun Ihr Kind in die Bauch- bzw. Rückenlage in seinem eigenen Tempo – wir neigen oft dazu, etwas zu schnell zu sein. Machen Sie es möglich, dass Ihr Kind mit seinem kleinen Körper Ihrem Bewegungsangebot folgen kann!

Tipps und Tricks

Gönnen Sie sich eine Trageberatung

Vieles lernt sich einfacher mit Begleitung. Es ist schön jemanden zu haben, der gut erklären kann und viele Tipps parat hat. Familien sind Systeme mit einer ganz individuellen Situation und Bedürfnissen. Eine Trageberatung führt in der Regel mit Ihnen ein unkompliziertes Vorgespräch um Ihre persönlichen Bedürfnisse mit Hinblick auf Alltag und Freizeitgestaltung zu verstehen. Dann wird sie gemeinsam mit Ihnen schauen, welche Bindeweise oder Tragehilfe zu Ihnen passt. Da es immer wieder neue Tragehilfen und Tragetücher gibt, ist es vor der Beratung am sinnvollsten, ein Probepaket von einem gut sortierten Onlinehandel zu bestellen. Hier können sie die Tragehilfen und Tragetücher in der für sie schönsten Farbe und angenehmsten Qualität zu sich nach Hause kommen lassen. Gemeinsam mit der Trageberatung, lernen Sie das optimale Einstellen der Tragehilfen und das korrekte Binden des Tuches. Sind Körpergröße oder Bedürfnisse der Eltern sehr unterschiedlich, ist es schön, wenn keine Familienlösung gefunden werden muss, sondern eine Idee für die Mutter und eine für den Vater gefunden werden darf. An manchen Orten gibt es spezialisierte Trageläden, wo sie sich alles vor Ort anschauen und direkt beraten lassen können.

Drehen in die Bauchlage

Je kleiner oder unerfahrener Ihr Kind ist, desto mehr Unterstützung braucht es beim Drehen (➤ Abb. 5.20, ➤ Abb. 5.21, ➤ Abb. 5.22): Hat Ihr Kind noch keine große Souveränität beim Drehen in die Bauchlage, ist es sinnvoll, es zunächst auf Ihre Hand zu drehen, die Sie auf der entsprechenden Seite positioniert haben. Erst, wenn die Ärmchen „sortiert", d. h. an ihrem richtigen Platz sind, ziehen Sie Ihre Hand unter dem Brustkorb hervor. So kann Ihr Kind sich langsam in der Position stabilisieren.

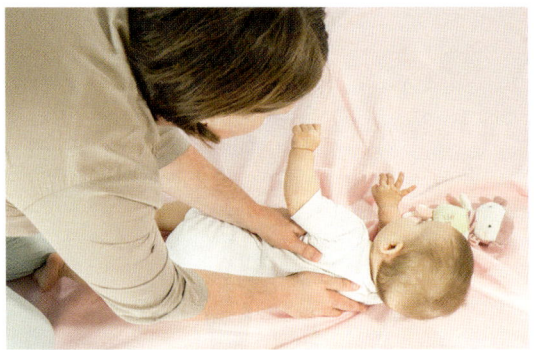

Abb. 5.21 Bewegung unterstützen – die Körperteile folgen dem Angebot nach und nach. [K383]

Drehen in die Rückenlage

Wollen Sie Ihr Kind in der Bewegung in die Rückenlage unterstützen, so achten Sie bitte besonders darauf, dass das Ärmchen, über das die Bewegung erfolgt, besondere Aufmerksamkeit benötigt. Bewegen Sie den betreffenden Arm im Tempo Ihres Kindes unter den oberen Bereich des Brustkorbs – dadurch wirkt er wie eine Schiene, über den der Rest des Körpers drehend folgen kann. Ist Ihr Kind schon deutlich im Unterarmstütz werden Sie darauf immer weniger achten müssen, da diese Bewegung der Struktur des Körpers entspricht.

Häufige Rückenlage verzögert die Entwicklung: Seien Sie bitte nicht beunruhigt, wenn Ihr Kind an dieser Stelle noch nicht so weit ist wie vielleicht an-

Abb. 5.22 Bei Kleineren ist es hilfreich, sie beim Drehen auf die Hand der Unterstützungsperson rollen zu lassen. Ist das Kind angekommen, wird die Hand herausgezogen. [K383]

dere Kinder. Da heutzutage die Rückenlage als Schlafposition gegen den Plötzlichen Kindstod propagiert wird – was ja wirklich wichtig ist – machen Kinder nicht mehr so häufig die Erfahrung der Bauchlage. Zum Teil reagieren die Kleinen sogar verunsichert, wenn sie in die Bauchlage gebracht werden. Das verführt uns dazu, diese (dann ungeliebte) Position nicht so häufig anzubieten, wodurch möglicherweise eine weniger „geübte" Position den nächsten Entwicklungsschritt verzögert auftreten lässt. Wichtig ist daher, dass Sie in allen Bewegungsangeboten daran denken, was Ihr Kind selber tun würde, wenn es das schon könnte. Denn angemessene gemeinsame Bewegungserfahrungen sind der Schlüssel zur differenzierten Entwicklung.

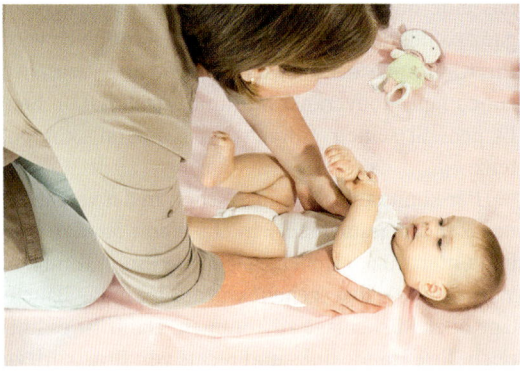

Abb. 5.20 Die Hände der Mutter geben beim Drehen die Bewegungsrichtung vor und unterstützen den Brustkorb. [K383]

Tipps und Tricks

Wenn beim Drehen in die Bauchlage ein Ärmchen unter dem Körper „klemmt": Die Kleinen lernen ihren Körper in der Bewegung immer besser kennen – die Kür wird dabei durch Versuch und Irrtum hart erarbeitet: Dreht sich ein Kind die ersten Male in die Bauchlage, können Sie häufig bemerken, dass es sich mindestens auf ein Ärmchen dreht – dieses „klemmt" unter dem Brustkorb. Nun sind Sie sicher versucht, das Ärmchen einfach unter dem Körper herauszuziehen. Doch wenn Sie Ihrem Kind einen kleinen Moment Zeit geben, können Sie beobachten, wie Ihr Kind von allein den Arm herauszuziehen versucht. Ihr Kind muss allerdings erst lernen, das Gewicht des Körpers auf die gegenüberliegende Seite zu bewegen, damit die andere Seite frei wird, den Arm herauszuziehen. Dabei können Sie Ihr Kind unterstützen und eine Idee geben, was es tun kann: Es fällt leicht, wenn wir dem Kind den Impuls über das Becken geben, es leicht auf die Seite bewegen. Es folgt dem Bewegungsimpuls und kann sein Gewicht auf die Seite verlagern, die dem „eingeklemmten Arm" gegenüberliegt. Der Arm kann vom Kind selbst leicht herausgezogen werden.

■ **Wie gehe ich damit um, wenn mein Kind sich im Schlaf auf den Bauch dreht?**
Diese Frage bewegt in diesem Alter viele Eltern und es gibt keine absolute Antwort. In der zunehmenden Mobilität im Alltag drehen sich die Kleinen – wie wir auch – auch im Schlaf in die Bauchlage. Manche Eltern stehen in den ersten Nächten immer wieder auf und drehen ihre Kinder zurück in die Rückenlage. Sie geben es dann aber auf, da sie selbst nicht mehr zum Schlafen kommen. Gehen Sie davon aus, dass Ihr Kind in seiner zunehmenden Autonomie so viel Bewegungskompetenz besitzt, dass es sich immer wieder auch in dieser Position gut regulieren kann. Achten Sie weiterhin auf eine sichere Schlafumgebung, z. B. darauf, die Matratze hart genug ist und es keine Kissen o. ä. im Bettchen gibt, die das Kind einschränken könnten. ■

5.5.2 Wickeln auf dem Schoß: Gemeinsam in Bewegung

Das Wickeln auf dem Schoß kann mit zunehmender Reife Ihres Kindes eine Entlastung im Alltag sein. Ihr Kind beginnt in seiner Neugier und zunehmenden Ungeduld, sich auf der Wickelunterlage immer wieder in die neu entdeckte Bauchlage zu drehen und windet sich gerne wie ein Aal, wenn Sie es zurückdrehen wollen. Das Wickeln auf dem Schoß (➤ Abb. 5.23) bietet Entlastung: Verfahren Sie wie beim An- und Ausziehen auf dem Schoß. Es braucht zugegeben ein bisschen Übung – daher ist es empfehlenswert, nicht gleich zu üben, wenn die Windel „voll" ist. Eine „Pipi-Windel" lässt sich leicht auf diese Weise wechseln.

- Setzen Sie sich bequem hin, so dass Sie Ihr Kind auf ein Bein setzen können. Aus hygienischen Gründen können Sie eine Stoffwindel oder eine Wickelunterlage zwischen sich und Ihr Kind auf den Schoß legen.

Abb. 5.23 Das ist die Ausgangsposition des Wickelns auf dem Schoß. [K383]

Abb. 5.24 Wenn Ihr Kind auf dem Bauch liegt, können Sie die Windel anbringen. [K383]

Abb. 5.25 Im Sitzen können Sie die Windel schließen. Ihr Kind ist die ganze Zeit aktiv an der Bewegung beteiligt. [K383]

- Öffnen Sie die Windel, klappen den vorderen Bereich nach unten und bewegen Ihr Kind nun in die Bauchlage (> Abb. 5.24) auf das andere Bein (das wieder angewinkelt auf einer Unterstützungsfläche liegt).
- Nehmen Sie die Windel weg. Reinigen Sie das Genitale wieder in der Sitzposition von vorn nach hinten und dann das Gesäß in der Bauchlage.
- Legen Sie die Windel „passend" an das Rückteil des Beckens, bewegen Sie Ihr Kind wieder ins Sitzen und klappen den vorderen Teil hoch und kleben die Windel zu (> Abb. 5.25).

Das ist eine einfache Interaktion, die Ihr Kind beschäftigt und teilhaben lässt. Sie werden sehen, dass es sich viel weniger wie ein Aal windet.

5.5.3 Quantität und Qualität in der Bewegung

Immer wieder treffe ich auf Eltern, die mich danach fragen, ob die Arbeit mit den Ideen von Kinaesthetics im ersten Lebensjahr die Kinder nicht verweichlicht und unterfordert und zudem Vorschub leistet, dass sich die Muskeln nicht ausreichend entwickeln. In der heutigen Zeit, in dem die Leistungsmaxime von höher, schneller, weiter im Vordergrund steht, ist diese Frage auf Quantität von Bewegung gerichtet, wie es in Fitnesszentren der Fall ist.

Doch kleine Kinder müssen erst lernen, ihre Knochen und Muskeln miteinander in differenzierter Weise zu bewegen. Hier sollten innere Feinabstimmung und Selbstwirksamkeit im Mittelpunkt stehen. Ein Kind, das lernt, den eigenen Körper vielfältig zu nutzen – und dies von Anfang an in sich lernen darf – wird später viel mehr Zugriff auf Anpassungsreaktionen an herausfordernde Situationen im körperlichen aber auch in sozialen Kontexten haben.

Die Qualität der eigenen Bewegung ist das Tor zur Entwicklung von Selbstbewusstsein und zur Entwicklung der Fähigkeit, Gesundheit zu regulieren und sich in sozialen und gesellschaftlichen Situationen bewegen zu können.

KAPITEL 6

Acht Monate

6.1 Entwicklungsschritte: Bewegungsentwicklung – Robben, Krabbeln, Sitzen

Birgit Kienzle-Müller

Das dritte Trimenon, der Zeitraum vom siebten bis neunten Monat, ist überwiegend der Fortbewegung, der **Eroberung** der **dritten Dimension,** gewidmet. Das Körperschema wird bis zu den Füßen aufgebaut. Es gilt immer mehr, die Welt zu erkunden – und dazu entdeckt Ihr Kind neue Möglichkeiten der Fortbewegung. Neben dem Drehen vom Rücken auf den Bauch und wieder zurück, kann Ihr Kind um die eigene Achse kreiseln (Pivoting) und kommt zum Robben. Der Bewegungsradius beginnt sich nun enorm zu vergrößern.

Über den Vierfüßlerstand und später durch das Sitzen erschließt sich das Kind den Raum nach oben und meist kommt es aus dem Schrägen Sitz heraus zum Krabbeln (> Abb. 6.3). Diese Entwicklungsschritte stehen ganz im Sinne der **Fortbewegung** und der **Aufrichtung.** Wann und in welcher Reihenfolge Ihr Kind diese Entwicklungsschritte durchführt, ist sehr individuell. Forsche Kinder wählen die Fortbewegung, vorsichtigere Kinder eher das Sitzen.

Abb. 6.1 Vom Zwergensitz über den Schrägen Sitz kommt das Kind zum Krabbeln und kann so sein Spielzeug erreichen.
a) Zwergensitz, b) Schräger Sitz, c) Handstütz, d) Krabbeln

GUT ZU WISSEN

Pivoting ist das Kreiseln in Bauchlage um die eigene Achse. Diese Bewegung entwickelt sich aus dem sogenannten „Schwimmen". Durch seitliches abstützen von Händen und Füßen dreht sich das Kind um sich selbst. Pivoting ist noch keine Fortbewegung, das Kind bleibt noch auf der gleichen Stelle.

6.1.1 Vierfüßlerstand

Um zu neuen Bewegungen zu gelangen, experimentiert das Kind nicht nur aus der Seitlage, sondern auch aus der Bauchlage. Aus dem symmetrischen Handstütz schiebt es sich, Knie und Oberschenkel belastend und die Hüfte beugend, zurück auf die Knie und landet im Vierfüßlerstand (➤ Abb. 6.2). Es ist auch möglich, dass das Kind die Beine unter den Bauch zieht und sich dann mit den Armen hoch in den Vierfüßlerstand drückt (➤ 2.1.1, ➤ 5.1.7). Aus dem Vierfüßlerstand kann das Kind jedoch noch nicht sofort zu neuer Fortbewegung starten. Seinen Willen dazu zeigt es jedoch im „rocking" (➤ 6.1.2): Es schaukelt auf den Händen vor und zurück, hat aber noch beide Hände und Knie fest auf dem Boden.

Beachte
Der Vierfüßlerstand ist die Grundposition für alle weiteren Unternehmungen nach oben in die Aufrichtung.

6.1.2 Robben

Das Robben (➤ Abb. 6.3) ist die zweite Fortbewegung nach dem Drehen vom Rücken auf den Bauch und die erste lineare Fortbewegung nach vorne, die es ihm ermöglicht, den Raum zu durchqueren und sein Ziel dabei nicht aus den Augen zu verlieren. Bevor es sich vorwärtsziehen kann, schiebt es sich mit beiden Händen zurück.

Das Robben ist eine kriechende Fortbewegung in der Bauchlage und entwickelt sich aus dem Einzelellenbogenstütz aus dem 4. Monat. Dazu setzt es aus dem symmetrischen Ellenbogenstütz einen Ellenbogen vor der Schulter auf, stützt und zieht den Rumpf vorwärts bis zu diesem Punkt, bzw. ein Stück darüber hinaus. Der Körperschwerpunkt wird nach kranial-lateral zum stützenden Ellenbogen verlagert. Die Bewegungen werden alternierend (d. h. abwechselnd) durchgeführt. Die Beine haben dabei keine Fortbewegungsfunktion, sie werden locker hinterher gezogen.

Der Einzelellenbogenstütz wird koordinierter und zielorientiert ausgeführt, indem es einen Ellenbogen vor der Schulter aufsetzt und damit den Rumpf stützt und zieht. Mit den Augen das Spielzeug im Blick, wechselt das Kind in der Bauchlage die Hände, um an das bergehrte Spielzeug zu gelangen. Bevor es zum Vorwärtsrobben kommt, schiebt es sich zunächst mit beiden Händen auf dem Boden rückwärts. Mit den Händen nach hinten zu schieben ist einfacher, als das ganze Körpergewicht nach vorne über die Unterarme zu ziehen. Weg von seinem Ausgangspunkt, entfernt es sich weg von dem begehrten Spielzeug. Eigentlich wollte das Kind das Spielzeug erreichen, nun ist es weiter entfernt als gewollt. Dies macht das Kind unleidig, es wird dies auch mit seiner Stimme und Stimmung kundtun. Nach wenigen

Abb. 6.3 Das Vorwärtsziehen beim Robben kann zu Beginn ganz schön anstrengend sein, später sind die Kleinen flott unterwegs.

Abb. 6.2 Vierfüßlerstand

Wochen wird es Neues ausprobieren: Mit wechselnden Armen und viel Elan versucht es das Spielzeug vorne zu erreichen. Es stemmt sich mit den Unterarmen in den Boden ein und zieht, die Füße helfen mit und auf einmal ist es dem begehrten Spielzeug näher gekommen. Das Körpergewicht wird mit Kraft über den stützenden Arm nach vorne gezogen. Die Hände sind geöffnet, der Rumpf schwingt leicht in der Bewegung den nach vorne nachgesetzten Armen mit. Die Wirbel der Wirbelsäule machen kleine Drehbewegungen. Die Wirbelkörper rotieren in sich. Die Beine haben dabei keine Fortbewegungsfunktion, sie werden locker hinterher gezogen oder unterstützen die Arme durch Abstoßen.

Abb. 6.4 Der Schräge Sitz ist der Ausgangspunkt für die nachfolgenden Schritte, wie Krabbeln, hochziehen in den Stand, in den Langsitz oder wieder zurück auf den Boden.

Beachte
Idealerweise erfolgt das Robben mit abwechselnden Armvorwärtsbewegungen – die Arme bewegen sich im Wechsel der Seiten nach vorne. Um spätere Fehlhaltungen im Rumpf zu vermeiden, sollte man das Wechseln der Armbewegung fördern, indem das Spielzeug mit Beginn des Robbens von beiden Seiten angeboten wird. Eine Lieblingsseite sollte vermieden werden.

6.1.3 Variationsreiches Sitzen

Mit der Eroberung der Dreidimensionalität des Raumes wird die bisher instabile **Seitenlage stabil,** so dass das Kind aus dieser Position heraus nach oben in den Raum greifen kann. Aus der stabil eingenommenen Seitenlage entwickeln sich verschiedene Formen des Sitzens – zunächst der Zwergensitz und später der Schräge Sitz.

Neugierig hebt das Kind seinen Kopf aus der Seitenlage und stemmt sich mit dem unterliegenden Arm in den Boden ein. Das obere Bein liegt in Schrittstellung auf dem Boden. Aus dieser Beobachtungslage und dem vermehrten Abdrücken des Armes in den seitlichen Handstütz kommt das Kind in den **Zwergensitz.**

Etwas später, bei der Bemühung, noch höher zu greifen, verlagert es das Gewicht weiter in Richtung des unten liegenden Oberschenkels und stützt sich seitlich auf der Hand. So gelangt der Säugling in den „Schrägen Sitz" (> Abb. 6.4). Das eine Bein ist dabei nach vorne angewinkelt, das andere Bein nach hinten. Der Schräge Sitz ist die Grundposition für alle weiteren Bewegungsschritte in die Aufrichtung. Beim Schrägen Sitz spricht man von der statischen Rumpfbeweglichkeit. Die Wirbel sind in all ihren Bewegungen frei und werden in der aufrechten Körperhaltung gehalten. Durch das seitliche Abstützen der Hände ist das Gleichgewicht im Sitzen erreicht.

Um beide Hände zur Erforschung einsetzen zu können, findet das Kind einige Zeit später den **Langsitz** (> Abb. 6.5). Dabei werden die Beine nach vorne lang ausgestreckt. Es zeigt sich in dieser Position, ob die Kopfbeweglichkeit in allen Segmenten frei ist. Der Rumpf ist gerade und symmetrisch aufgerichtet. Ein gerundeter Rücken zeigt einen noch unreifen Langsitz, die freie Beweglichkeit der Wirbelsäulenabschnitte fehlt noch. Im reifen Langsitz ist zum ers-

Abb. 6.5 Im Langsitz sind beide Hände frei, um kleinste Krümel genau zu untersuchen.

ten Mal die ganze Wirbelsäule aufgerichtet und in allen Segmenten frei beweglich.

Auch über das **Rocking,** das Vor- und zurückschaukeln, kann das Kind zum Sitzen kommen. Im Vierfüßlerstand wird das Schaukeln vor und zurück immer sicherer und wilder. Plumps, rutscht der Po zur Seite weg. Das Kind stützt sich noch mit den Händen am Boden seitlich ab. Was durch Zufall geschah, wird nach ein paar wenigen Wochen bewusst ausprobiert und das Kind sitzt abgestützt im Schrägen Sitz.

In den **Fersensitz** gelangt das Kind, indem es beim Rocking direkt auf den Fersen zum Sitzen kommt. Aus dem Fersensitz kann sich das Kind hoch in den Kniestand ziehen. Im Zwischenfersensitz sitzen die Kinder gern ab dem 1. Lebensjahr. Das Kind sitzt zwischen den Beinen. Dieser Zwischenfersensitz führt zu stark innenrotierten Hüftgelenken und ist für das Gangbild nicht förderlich.

Beachte
Der Schräge Sitz ist die Grundposition, um in die Aufrichtung zu gelangen, er ist somit eine Zwischenposition, die das Kind einnimmt, um dann zu krabbeln, in den Langsitz zu gehen oder sich hochzieht. Die Reihenfolge ist bei jedem Kind unterschiedlich.

6.1.4 Krabbeln

Sobald der Stütz und die Koordination der Rücken- und Bauchmuskulatur so gut sind, dass der Bauch abgehoben werden kann, beginnt das Kind auf Händen und Knien gestützt zu krabbeln.

Das Krabbeln (➤ Abb. 6.6) entwickelt sich aus dem Schrägen Sitz. Seitlich vom Rumpf werden die geöffneten Hände in Schrittstellung aufgestützt. Das Becken wird in die Aufrichtung gebracht. Die Beine ziehen in Schrittstellung auf den Knien nach. Durch diese labile Position ist der erste Schritt schnell als Abstützreaktion getan und der erste Krabbelschritt ist ausgelöst. Das Krabbeln ist die erste menschliche Fortbewegung. Es ist ein Kreuzgang – ein Arm agiert mit dem gegenüberliegenden Bein und bringt den Schritt gemeinsam nach vorne.

Zu Beginn der Krabbelphase ist das Krabbeln noch einigermaßen ungelenk, was sich daran erkennen lässt, dass die Unterschenkel vom Boden abge-

Abb. 6.6 Das Krabbeln ist eine wichtige Fortbewegung.

hoben werden und die Füße hochgezogen sind. Etwa zwei Wochen später bleiben die Unterschenkel auf dem Boden, die Füße sind langgestreckt, die Beine werden mit dem Becken schwänzelnd nachgezogen. Im Krabbeln ist die dynamische Rumpfbeweglichkeit verankert. Alle Bewegungsfreiheitsgrade eines Wirbels werden aktiv genützt.

Um das Umfeld genau zu erforschen, wird das Krabbeln meist drei Monate vom Kind als Fortbewegung genutzt. Ein guter Krabbler hat einen muskulären Brustkorb und ist damit für die Aufrichtung gut vorbereitet. Die Arme haben genügend Kraft entwickeln können, um den Körper in die Höhe zu ziehen.

GUT ZU WISSEN
- Das Krabbeln ist die wichtigste Fortbewegung im Säuglingsalter. Angesprochen werden die verschiedenen Sinne: Die Tiefensensibilität über die geöffneten Handflächen und das Wahrnehmen von Bodenbeschaffenheit, Körperlage und Bewegung im Raum, der Gleichgewichtssinn, die Koordination sowie das Sehen durch das Wechselspiel zwischen Nah- und Weitsicht. Arme und Beine können isoliert voneinander bewegt werden. Die Rumpfstabilität wird so gut trainiert, dass das Kind für die spätere Aufrichtung optimal in Kraft und Ausdauer vorbereitet ist. Die Wirbelsäule ist vollständig in der horizontalen Ebene aufgerichtet und alle Segmente sind frei beweglich. Kleinste Drehbewegungen zwischen dem Schulter- und Beckengürtel bereiten den aufrechten Gang vor. Der Kopf kann außerhalb der Stützfläche getragen werden.
- Durch das Krabbeln sind alle frühkindlichen Reflexe überwunden.
- Mit dem Krabbeln beginnt das Fokussieren der Augen in der Bewegung.

6.2 Die optimale Bewegungsentwicklung

Birgit Kienzle-Müller

Die optimale Entwicklung ist nicht an der Quantität der Bewegungen zu erkennen, also nicht daran, dass das Kind alle möglichen Bewegungen durchführt und z. B. greift, dreht, krabbelt, sondern an der Qualität, wie es diese Dinge tut. Die Entwicklung verläuft nicht immer gradlinig, sondern macht manchmal Umwege über Ersatzmuster und Ausweichbewegungen. Dies ist nicht schlimm, wenn es nicht ständig vorkommt.

Beachte
Werden sehr häufig Abweichungen vom Verlauf der idealen Motorik erkannt, sollte man den Kinderarzt aufsuchen.

6.2.1 Wenn das Krabbeln ausgelassen wird

Wird das Krabbeln ausgelassen und übersprungen, so weist dies darauf hin, dass vorherige Meilensteine in ihrer Qualität nicht genügend gezeigt wurden oder auch, dass in die motorische Entwicklung eingegriffen wurde: Das Kind wurde evtl. zu früh aufgesetzt oder auch häufig auf die Beine gestellt. Möglicherweise – und dies kann ein weiterer Grund sein – sind die Beweglichkeit der Wirbelsäulen bzw. die Gelenke der Extremitäten eingeschränkt, wie es bei verschiedenen Erkrankungen und Störungen der Fall ist: So z. B. bei der Plexusparese, einer Lähmung der Armmuskulatur, die durch ein Geburtstrauma hervorgerufen werden kann oder es besteht ein Kiss-Syndrom, eine Einschränkung der Halswirbelsäulenbeweglichkeit, das durch Einblutung in die Muskulatur hervorgerufen wurde. Zudem zeigen sich Störungen in der körperlichen bzw. geistigen Entwicklung häufig im Überspringen dieser Fortbewegung an, so z. B. eine Zerebralparese (Schädigungen des Gehirns vor oder während der Geburt). Auch bei dem nur noch selten vorkommenden Down-Syndrom krabbeln die betroffenen Kinder selten oder mit eingeschränkter Qualität.

Das Krabbeln ist viel anspruchsvoller, als das spätere Laufen. Das Krabbeln ist ein wichtiger Meilenstein in der Entwicklung des Kindes und darf nicht ausgelassen werden. Neigung zu Kopfschmerzen, Seh- und Konzentrationsproblemen, Kieferprobleme, Leistungsminderung in der Schule können ein Zeichen für das nicht durchgeführte Krabbeln sein. Häufig erzählen Eltern ganz stolz, dass ihre Kinder sofort gelaufen sind und sich nicht mit dem Krabbeln auf dem Boden abgegeben haben. Doch meiner Meinung nach fehlt diesen Kindern ein ganz großes Stück Entwicklung.

6.2.2 Warum man ein Kind nicht einfach so hinsetzen sollte?

Solange ein Kind nicht von alleine in den Sitz kommt, sollte es auch nicht hingesetzt werden. Manche Eltern, manche Großeltern können es kaum erwarten, bis sich ihr Kind von alleine aufsetzt. Sie helfen nach und setzen es in den Langsitz. Ganz stolz sind sie darüber, dass sich das Kind gerade so im Sitzen ausbalancieren kann und nicht rückwärts wieder umfällt. Doch diese Position hat das Kind nicht selbstständig erreicht. Das Hinsetzen des Kindes gleicht dem Antrainieren einer neuen Position, es handelt sich aus Sicht der Entwicklungsphysiologie nicht um eine Fähigkeit. Denn es können sich aus dieser neuen Position keine neuen Entwicklungsschritte entwickeln, da Zwischenschritte und Erfahrungen sich vom Boden hoch zu stützen fehlen. Aus diesem Langsitz heraus, findet das Kind auch meist nicht zurück zum Boden. Denn es kann nicht einschätzen, wie weit entfernt der Boden ist, da die eigentliche Höhe durch das eigene Aufstützen nie erfahren wurde.

Beachte
Es ist der Schräge Sitz, aus der sich die Fortbewegung weiterentwickelt. Der selbst erlangte Langsitz ist eine Ausgangsstellung, aus der Spielzeug mit beiden Händen genauer betrachtet und untersucht werden kann. In diesem selbst erlangten Langsitz verharren Kinder nur kurz, da der Entdeckerdrang groß ist. Das passive Hingesetztwerden ist eine Entwicklungseinbahnstraße und die Basis für Fehlhaltungen im Rücken.

6.3 Weitere Entwicklungsschritte
Birgit Kienzle-Müller

6.3.1 Sehen

Die optische Orientierung, das Sehen, ist nun ausgereift. Kleine Fusseln auf dem Boden werden erkannt und mit Daumen und Zeigefinger ergriffen. Gleichzeitig kann das Kind in der Weite Dinge deutlich erkennen, denn die Nah- und Weitsicht haben sich entwickelt. Das Kind beginnt räumlich und dreidimensional zu sehen. Erst mit 9 Jahren ist das räumliche Sehen vollständig ausgereift und das Kind kann Größenunterschiede in der Ferne erkennen und unterscheiden.

Das Spielzeug wird jetzt intensiv betrachtet und nur unbekannte oder liebgewordene Dinge werden noch mit dem Mund untersucht. Ein schneller Wechsel von weit nach nah ist möglich. Diese Fähigkeit braucht das Kind in der Schule, um vorne an der Tafel und nah im Heft das Geschriebene scharf zu erkennen. Die Sehschärfe nimmt im zweiten und dritten Lebensjahr nochmals deutlich zu. Das Sehen ist mit der Haltung des Rumpfes und der motorischen Entwicklung eng verbunden.

6.3.2 Fremdeln

Mit dem größeren Bewegungsradius wird das Kind vorsichtiger. Seine frühere große Neugierde wird gezügelt und mit dem Krabbelalter werden die Kinder anhänglich, meist zur Mutter. Entfernt sie sich, so kann sich das Kind ein gedankliches Bild von ihr machen. Das Kind kann sich erinnern. Es wird lautstark nach ihr rufen. Gegenüber einem Fremden ist das Kind distanziert und skeptisch. Es vergleicht Bekanntes mit Unbekanntem, wobei die abgespeicherte Vorstellung – „bekannt" – mit dem Fremden nicht übereinstimmt. Das verursacht Angst. Dieser kognitive Prozess, der im limbischen System stattfindet – Gefühle werden bewusst ausgedrückt – ist

Abb. 6.7 Fremdelndes Kind

für die Entwicklung eines stabilen Gefühlshaushalts wichtig. Das Kind kann sich für oder gegen eine Interaktion mit einer Person bewusst entscheiden. Das Fremdeln markiert einen wichtigen Abschnitt in der mentalen Entwicklung des Kindes. Fremdeln (➤ Abb. 6.7) ist Ausdruck seiner Bindung an vertraute Menschen.

Mit der Fähigkeit des Erinnerns entwickelt sich auch die Sprache. Ein Kind lernt die Sprache nur von Menschen, durch emotionales Erleben. Bestimmte Lautäußerungen werden mit bestimmten Ereignissen verbunden. Wann die ersten Worte nachgesprochen werden, ist von Kind zu Kind unterschiedlich.

SCHAU, WAS ICH SCHON KANN
Das Kind hat neue Herausforderungen, es robbt, krabbelt und sitzt. Es lässt Gegenstände absichtlich fallen und freut sich über das neue Aufhebspiel. Das Kind fremdelt deutlich gegenüber fremde Personen und reagiert auf Lob und Verbote.

6.4 Das Baby betrachten
Birgit Kienzle-Müller

Bewegungsmuster werden nach dem genetischen Plan unbewusst geschaltet. Sie kommen nicht von außen und können nicht eingeübt werden. Treibende Kräfte dieser Entwicklung sind das Sehen und die Neugier. Es dauert etwa vier bis sechs Wochen, bis der nächste Entwicklungsschritt erreicht ist.

6.4.1 Auffälligkeiten in der Fortbewegung

Bei den folgenden Fortbewegungsarten handelt es sich um Entwicklungsstörungen, die zu Fehlhaltungen führen. Suchen Sie den Kinderarzt auf, sollte Ihr Kind eine dieser Fortbewegungsarten entdeckt haben. Er wird die weiteren Schritte veranlassen und Ihr Kind einer geeigneten Physiotherapie zuführen, damit die physiologische Entwicklung gefördert wird.

Po-Rutscher und Co

Kinder, die sich auf dem Po sitzend vorwärtsbewegen, nennt man Po-Rutscher. Es sind meist ängstliche Kinder, die zu früh hingesetzt wurden. Nach dem zu frühen Hinsetzen erfolgt häufig ein zu frühes Hinstellen mit anschließendem Üben des Gehens. Diese Kinder werden eher später als früher das freie Gehen erlernen, da sie sich die Entwicklungsmeilensteine nicht selbst erarbeitet haben. Sehr schwierig ist es, diese Kinder im Nachhinein zum Krabbeln zu bringen.

Po-Rutscher sitzen meist auf einem Bein, das andere Bein wird weg gestreckt und mit einer Hand stoßen sie sich auf dem Boden nach vorne ab in die sitzende Fortbewegung. Diese Art des Sitzens behalten die Kinder bis ins Jugendalter gerne bei. Sie kauern über ihren Schulheften. Ihre Haltung ist asymmetrisch. Eine Beckenschaufel zeigt nach vorne, die andere nach hinten. Durch die unterschiedliche Belastung entwickeln sich die Beckenschaufeln in der Größe meist unterschiedlich. Für eine Wirbelsäulenverkrümmung (Skoliose) ist somit der Grundstein gelegt und auch die Hüftgelenksstellung erhält eine ungünstige Position.

Knieläufer

Knieläufer sind Kinder, die meist nur kurz gekrabbelt sind und sich dann auf den Knien laufend vorwärtsbewegen. Meist haben diese Kinder überbewegliche Sprunggelenke, die eine starke Instabilität bei Belastung zeigen. Beim Stehen halten sie der Belastung nicht stand und knicken nach innen weg. Da dies für das Kind unangenehm ist und ein Laufen auf den Füßen unmöglich macht, zieht das Kind es vor auf den Knie zu laufen. Dadurch werden die Hüftgelenke zu stark gebeugt, sie können durch diesen Gang Schaden nehmen, da die Aktivierung in die Hüftstreckung fehlt. Diese Streckung bedeutet die Aufrichtung im Stand. Die Kinder halten diese Fortbewegung sehr lange durch und lernen das tatsächliche freie Gehen sehr spät, häufig nach dem 18. Monat.

Häschen-Hüpfer

Anstatt zu krabbeln, zieht das Kind es vor, sich hüpfend (mit unter den Bauch gezogenen Beinen) und symmetrisch abstützenden Händen wie ein Häschen durch die Wohnung zu bewegen. Tritt diese zwar lustig aussehende Bewegung, erst nach dem ersten Geburtstag auf, ist das ein Hinweis darauf, dass hier noch der Symmetrisch Tonischer Nackenreflex (STNR) als pathologischer Reflex besteht. Diese Auffälligkeit kommt nur sehr selten vor.

6.4.2 Verknöcherung in der Wirbelsäule

Wenn ein Kind geboren wird, bestehen Teile seines Skeletts aus Knorpel und sind noch nicht zu Knochen ausgebildet. Die Verknöcherung ist ein über Jahre andauernder Prozess und ist erst im Erwachsenenalter beendet. Je jünger das Kind umso wichtiger ist es daher beim Tragen, die natürliche Form des Rückens in seiner ganzen Länge zu stützen. Zugleich sollte der Rücken nicht in eine zu gerundete oder zu gestreckte Haltung gedrückt werden als er natürlich annimmt, da so die Entwicklung gestört werden kann. Auch die Größeren brauchen entsprechende Unterstützung, wenn sie in der Tragehilfe einschlafen und die Muskeln sich entspannen.

6.4.3 Das tut jetzt besonders gut

Das eigene Reich

Aus- und einräumen macht jetzt großen Spaß. Schränke und Fächer verlocken, diese gründlich zu erforschen. Richten Sie Ihrem Kind im Wohnbereich ein eigenes Fach mit Schätzen aus dem Alltag ein. Es wird sich hingebungsvoll damit beschäftigen ein- und ausräumen und sich darin verstecken.

Tipps und Tricks

- Auf glatten Böden lässt es sich gut robben. Die ersten Krabbelversuche gelingen auf dem Teppich, dem Rasen oder auf der Gymnastikmatte.
- Das Hüpfen in einem Babyhopser oder auch auf einem Trampolin, Hüpfburg ist für Kinder unter drei Jahren nicht geeignet. Der Atlasring ist noch nicht geschlossen und somit ist das obere Kopfgelenk noch nicht vollständig ausgebildet.

Tragen – auch auf dem Rücken

Abwechslungsreiches Tragen am Tag, vorne, auf dem Rücken, auf der Seite, geben dem Kind immer wieder neue Eindrücke und Bewegungsimpulse. Das Tragen auf der Seite unterstützt die Drehbewegung im Rumpf.

6.5 Das Baby als Tragling
Ulrike Höwer

6.5.1 Tragen in aller Welt

Ausflüge in die Welt des Tragens in Afrika, Asien und Lateinamerika

Wir behandeln unsere Kinder, wie uns selbst. Sie sind der Spiegel dessen, wer oder was wir sind. In unseren Kindern spiegeln sich sowohl unsere Persönlichkeiten wider und die der an der Versorgung des Kindes intensiv beteiligten Personen als auch die Kultur, in die wir eingebettet leben.

Die Kinder der Welt ähneln sich in ihren Bedürfnissen. Die grundlegenden Bedürfnisse nach Nähe, Körperkontakt, Zuwendung und Nahrungsaufnahme durch das Stillen ist allen Babys dieser Welt gleich. Eine fürsorgliche Babyversorgung orientiert sich an diesen Bedürfnissen. Betrachten wir das breite Spektrum der gelebten Elternschaft, so bringt die Überzeugung, dem Kind eine gute Mutter, ein guter Vater zu sein, eine verwirrende Vielzahl von sich zum Teil widersprechenden Wegen hervor. Weltweit herrscht überhaupt keine Einigkeit darüber, wie Kinder angemessen ernährt werden, wieviel Körperkontakt richtig ist, wie und wo das Kind schlafen soll, wie mit dem Weinen des Kindes umzugehen ist. Und äußerst unterschiedlich sind die Ansichten darüber, welche Art von Bildung und Erziehung angemessen sind.

Machen wir uns klar, dass ein Baby nicht für sich alleine gedacht werden kann, sondern es immer nur das Baby plus gibt. Das Baby lebt von Beginn an in einer Dyade mit der Mutter. Auch nach der Geburt bleibt diese Dyade bestehen. Der Kreis wird dann mit dem Vater erweitert und später mit den Großeltern und anderen versorgenden Personen. So kann der Einfluss der Umgebung auf die Entwicklung des Kindes nicht hoch genug gerechnet werden.

Um die Persönlichkeit eines Menschen zu verstehen, kommt man an seiner frühen Kindheit nicht vorbei. Umgekehrt heiß dies aber auch, dass die frühe Kindheit und die Versorgung eines Babys uns einen großen Einblick in die jeweilige Kultur als auch sein Elternhaus geben. Das Baby kann nicht nur im Lichte seines Umfeldes betrachtet werden, sondern sein Umfeld auch im Lichte des Babys. So kann der bekannte Satz „Sage mir was Du isst – und ich sage Dir, wer Du bist" ganz richtig zur folgenden Aussage umformuliert werden: „Sage mir, wie Du Dein Kind versorgst – und ich sage Dir, wer Du bist."

Gelebte Elternschaft

Gelebte Elternschaft besteht aus drei Hauptzutaten: der Biologie des Kindes und den sich daraus ergebenen Bedürfnissen, der jeweiligen Kultur des Landes und dem ganz persönlichen Familienstil, der vor allem geprägt ist durch die eigenen Kindheitserfahrungen.

Jedes neugeborene Baby – unabhängig davon, zu welcher Zeit es geboren und in welche Kultur es hineingeboren wurde, erwartet von seiner Umwelt nichts geringeres, als die Bindung an jemanden, der ihn nährt, beschützt, versorgt und ihm durch Bildung und Erziehung einen Platz in der Gesellschaft ermöglicht. Unsere Erwartungen an das Baby und unsere Bereitschaft, die Bedürfnisse des Babys in dieser Form zu erfüllen, ist stark abhängig von unserer eigenen Prägung und davon, wie wir das Leben und Überleben in unserer Kultur erfahren.

In den Industrienationen ist die Versorgung des Babys von zeitiger Trennung geprägt, damit die Berufstätigkeit der Eltern und damit die materielle Versorgung der Familie so wenig Unterbrechung wie möglich erfährt. Der Wunsch, der in diesen Ländern lebenden Eltern, ist der nach einem Kind, das in der Lage ist, stark und unabhängig sein Leben zu gestalten. Entsprechend groß ist die Angst vor dem Verwöhnen und der möglichen Entwicklungsverzögerungen. Zu beobachten ist in den westlichen Industrienationen ebenfalls, dass ein großer Schwerpunkt auf die sprachliche Förderung gelegt wird: Die Stimulation der Sinne durch Ansprache, Spielzeug und allerlei Spiele, die das Baby zur Interaktion einladen, sind aus unserer Kinderstube nicht wegzudenken. Frühe Bildung und ein früher Krippenplatz sind zu zwei selbstverständlichen Säulen in der frühen Kindheit geworden.

Beides ist für Mütter anderer Kulturkreise unvorstellbar. Für viele andere Kulturen, die bestimmt sind durch ein mit der Natur verbundenes Leben, ist der ununterbrochene Körperkontakt, das häufige Stillen nach Bedarf und das gemeinsame Schlafen ebenso wichtig für das Überleben des Kindes, als auch ein Weg, ihn zu einem Teil der Gemeinschaft werden zu lassen, in dem das Baby Teil des ihn umgebenden Lebens von Anfang an ist.

In der Menschheitsgeschichte hat es zwei große epochale Veränderungen gegeben. Die erste Veränderung fand vor ca. 12.000 Jahren statt und heißt die neolithische Revolution. Durch die Fähigkeit zum Ackerbau begann der Mensch in großen Teilen der Welt sesshaft zu werden. Die zweite große Revolution ist die industrielle Revolution vor ca. 200 Jahren. In den Industrienationen ist das individuelle wirtschaftliche Leben weder mit der Herstellung von Lebensmitteln verbunden, noch mit dem Leben einer Familie oder größeren Gemeinschaft.

In einer Jäger- und Sammlergesellschaft beträgt die wöchentliche Arbeitszeit etwa zwei bis drei Tage, an denen Essen gesammelt und gejagt wird. Viel Zeit steht für das Zusammensein als Gemeinschaft zur Verfügung, in der die Kinder natürlicher Bestandteil sind. In der frühen Industriezeit betrug die tägliche Arbeitszeit über zwölf Stunden an mindestens sechs Tagen die Woche. Die Kinder konnten nicht mitgenommen werden und wurden entweder als sehr junge Kinder Teil des Produktionsprozesses oder blieben oft vernachlässigt zurück.

Bis heute leben wir mit unseren Kindern in dem Spannungsfeld der Anforderung der Arbeitswelt und dem natürlichen Bedürfnis nach viel Nähe und Zeit. Unsere Formen der Elternschaft sind geprägt von dieser Zerrissenheit und jede Familie muss für sich einen Weg finden, der so gut ausbalanciert ist wie nur möglich.

Wichtig ist mir hier zu zeigen, dass die Elternschaft wie wir sie kennen, nicht Ausdruck einer besonders hohen Entwicklungsstufe ist, sondern genau wie die anderen Formen der Elternschaft ebenso den kulturellen und sozioökonomischen Bedingungen folgt. Nur das manche Rahmenbedingungen den grundlegenden Bedürfnissen eines Babys nach immerwährender Nähe und Beziehung mehr entgegenkommen, als andere. Die moderne Industriegesellschaft ist für das Baby nicht der ideale Rahmen. Wenn wir diese Zusammenhänge verstehen, verstehen wir auch die Herausforderungen der heutigen Elternschaft besser. Hier kann es keinen richtigen Weg geben. Doch wenn wir den Rahmen verstanden haben, der uns umgibt, können wir uns inspirieren lassen von anderen Kulturen und vielleicht finden wir inspirierende Ideen, die unsere Zerrissenheit zwischen den vielen Bedürfnissen in eine bessere Balance bringt.

Das Tragen ist sicherlich ein großartiger Weg und eine wunderbare Idee. Wie gut, dass in vielen anderen Kulturen Schätze des Wissens und der Ideen bewahrt wurden.

6.5.2 Tragen konkret: Vielfalt entdecken – etwas Neues ausprobieren

Gönnen Sie sich und dem Baby immer wieder einen neuen Bewegungs- und Trageimpuls. Wechseln Sie regelmäßig die Stelle an ihrem Körper, wo Sie Ihr Baby tragen: Hüfte, Rücken, Bauch (➤ Abb. 6.8).

Das bringt Entlastung und sorgt für den rechten Entwicklungsschwung! Vor dem Bauch ist es für alle eine gemütliche Kuschelstunde, die Hüfte erlaubt die Aufrichtung und ein besseres Sichtfeld und mit dem Kind auf dem Rücken hat der Tragende einen freien Blick und ein freies Bewegungsfeld (➤ Abb. 6.9). Das Kind kann in Alltags- und Frei-

Abb. 6.8 Wir können sehen, wie schön es ist, unterschiedliche Positionen am Körper zu spüren.

Abb. 6.9 Auf einen Blick lassen die verschiedenen Tragehilfen die jeweiligen Besonderheiten erkennen.

zeitaktivitäten integriert werden und erfährt diese im Zusammenhang mit den entsprechenden Bewegungsmustern. Die Bewegung der Mutter oder des Vaters überträgt sich auf das Kind und wird vom Kind nachvollzogen.

Das Baby wächst und braucht hin und wieder Kleidung in einer neuen Größe. Die Babyschale wird zu klein und es braucht einen neuen Autokindersitz. Der Kinderwagen wird irgendwann gegen einen Buggy ausgetauscht. Ebenso entwachsen Kinder auch den Tragehilfen: Auch hier braucht es mit dem wachsenden Alter des Kindes etwas Neues. Genauso wie

Abb. 6.10 Drei verschiedene Mütter – drei verschiedene Tragen.

Abb. 6.11 In wenigen Minuten sind die Kinder eingeschlafen und die Mütter haben Zeit für einen Spaziergang und den Austausch mit der Freundin.

man Schuhe auch nicht auf Zuwachs kaufen kann, sollte eine Tragehilfe auch immer gut angepasst sein. Aber auch für Sie als Eltern ist es hilfreich, zwischen unterschiedlichen Tragemodellen zu wechseln, so wie wir auch immer wieder unsere Schuhe wechseln um Füßen und Gang einen neuen Impuls zu geben. Durch das Wechseln von Tragehilfen und Tüchern bzw. verschiedenen Techniken und Positionen am Körper, vermeidet man einseitige Bewegungsmuster und Belastungen und beugt somit Rückenschmerzen und Verspannungen vor. Auf den folgenden Bildern (➤ Abb. 6.10, ➤ Abb. 6.11) können wir Beispiele für ganz unterschiedliche Tragehilfen sehen, die sich alle seit vielen Jahren auf dem Markt bewährt haben. Während ein Kind gerade eine kleine Schmusestunde einlegt, sitzen die beiden anderen Kinder ganz vergnügt auf dem Rücken der Mama. Drei verschiedene Mütter – drei verschiedene Tragen.

6.6 Den Alltag gestalten
Sabine Hartz

In den vergangenen zwei Monaten hat sich wieder viel getan – ihr Kind ist deutlich mobiler und autonomer geworden. Es hat seinen eigenen Kopf und weiß sich auch gegenüber anderen Kinder schon ganz gut durchzusetzen. Es nimmt seinen Platz aktiv im Familiengeschehen ein.

6.6.1 Sitzen: der Weg dahin

Bis zu diesem Alter beobachten Sie, wie Ihr Kind immer leichter zwischen der Rückenlage und der Bauchlage wechselt – inzwischen empfindet es die Rückenlage in aktiven Zeit als „Zumutung" – kann es hier doch viel weniger von der Umgebung mitbekommen als in der Bauchlage – und so dreht es sich schnell zurück in die Bauchlage. Sie beobachten vielleicht auch, wie Ihr Kind versucht, bereits das Gewicht des kleinen Körpers auf Arme und Beine zu bringen, was mal mehr und mal weniger gelingt. Manche Kinder aber entdecken für sich den „Gartenzwerg" oder Zwergensitz (➤ Abb. 6.12, ➤ 6.1.2) auf dem Weg ins Sitzen.

Abb. 6.12 Unterwegs zwischen zwei Positionen: Kind in der seitlichen Position (angedeuteter Gartenzwerg) [K383]

In diesem Prozess stellt sich die Frage, wie Ihre Bewegungs- und Entwicklungsunterstützung aussehen könnte. Hier hilft eine Selbsterfahrung: Legen Sie sich in Bauchlage auf den Boden. Prüfen Sie: Wie bewegen Sie sich ins Sitzen? Manche heben ihr Gesäß in die Luft, bringen das Gewicht auf die Arme und kommen darüber ins Sitzen – eine parallele Bewegung. Andere drehen sich in die Seitenlage, bewegen sich spiralig über die Seite ins Sitzen, indem sie das Gewicht auf die Arme geben und „gehen" dann mit den Händen in die Sitzposition. Welche Bewegung fällt Ihnen leichter, wenn Sie diese Bewegung langsam durchführen?

Der „Gartenzwerg" ist eine Position, mit der Kinder beginnen, sich in eine aufrechtere Position, dem Sitzen, zu bewegen. Ihr Kind wird sich zunächst viel in dieser Position entdecken, um dann das Gewicht mehr auf die Arme zu bringen und über die Seite ins Sitzen zu kommen. Befindet sich Ihr Kind in der Bauchlage oder der Position des Gartenzwergs können Sie es, unserer vorausgegangenen Bewegungserfahrung folgend, über ein Bewegungsangebot über die Seite unterstützen (➤ Abb. 6.13). Dies ist besonders dann sinnvoll, wenn Sie z. B. aus dem Haus müssen und Ihr Kind auf den Arm nehmen, um es z. B. anzukleiden. Noch immer und immer mehr mag es sich selbst gern in der Bewegung erfahren und nicht einfach bewegt werden, wie es beim parallelen Hochnehmen der Fall wäre.

Wichtig ist auch hier wieder, dass Sie Ihrem Kind Zeit lassen, dem Bewegungsangebot in seinem eigenen Körper folgen zu können. Diese Bewegung ist sehr komplex und braucht Raum, die bereits gelernten Fähigkeiten zu integrieren und darauf aufzubauen. Der Unterschied zu unserem Körper ist ja die Proportion. Kleine Kinder können im Sitzen ihre Arme noch nicht an den Boden bringen. Sie müssen lernen über eine beugende Bewegung in den Sitz zu kommen. Üben Sie dies gemeinsam! Sie werden merken, dass das Zusammenspiel zwischen Ihnen beiden auch in dieser Interaktion wieder viel Freude macht.

▋ Warum bewegt sich mein Kind erst rückwärts, wenn es doch eigentlich nach vorn will?

Das „Rückwärtsgehen" können Sie beobachten, wenn Ihr Kind seinen Bewegungsspielraum vergrößern will. Es befindet sich in der Bauchlage, gibt Gewicht auf die Ärmchen und versucht dann ein vor ihm liegendes Spielzeug im Raum zu greifen. Es

Abb. 6.13 Unterstützung von Bauchlage in Sitzen. [K383]
a) Der Weg von der Bauchlage ins Sitzen: Hände an Becken und Brustkorb können die beugende Bewegung unterstützen.
b) Fast angekommen.

rutscht auf glatter Unterfläche nach hinten. Viele Kinder reagieren frustriert. Es geschieht Folgendes: Das Gewicht vom schweren Kopf „läuft" in Richtung Becken, so dass es hier schwer wird – dieses Gewicht zieht das Kind in den „Rückwärtsgang", sobald es seine Stabilität an den Armen aufgibt und das Gewicht auf eine Seite verlagert. Ihr Kind muss erst lernen, sich mit einem Füßchen nach vorne abzustoßen, um vorwärts zu kommen.

Hinweis: In Wohnungen mit Laminat-, PVC- oder Parkett-Fußboden geschieht diese Bewegung natürlich eher, als auf dem Teppichboden. Kinder versuchen diese Rückwärtsbewegung auszugleichen, indem Sie mit den Armen vorwärts robben. Unterstützen Sie Ihr Kind und bieten ihm eine griffige Bodenfläche, damit es dieses armbetonte Muster nicht beibehält, sondern seinen ganzen Körper für die Fortbewegung einsetzen und nutzen lernen kann! ∎

> **SCHAU, WAS ICH SCHON KANN**
> Becher ineinanderstecken, Dinge rein, Dinge raus, reinrobben, rausrobben ... In diesem Alter entdeckt Ihr Kind die Dreidimensionalität der Welt. Es kann mehr und mehr Tiefen und Räume erkennen. Dies beginnt häufig damit, dass es sein Händchen in einen Becher steckt und die Tiefe erforscht, es nimmt zwei Gegenstände/Gefäße und versucht, sie ineinander zu stecken, es steckt kleine Dinge in Große und lernt die ganze Zeit durch Versuch und Irrtum diese Dimensionen zu entdecken. Mit Alltagsgegenständen können Sie diesen Forscherdrang unterstützen. Bieten Sie Ihrem Kind kleine Forschungsräume an, so z. B. einen Krabbeltunnel oder große Pappkartons, die mit dem ganzen Körper erobert werden wollen. Kinder lieben es, Becher ineinander zu stecken oder den Löffel in den Becher, – nutzen Sie Alltagsgegenstände, es braucht kein neues Spielzeug dafür.

6.6.2 Essen macht Spaß – am Liebsten alleine

Sich selbst als wirksam zu erfahren ist eine der wichtigsten Interessen der Kleinen. Stolz auf den Erfolg einer Handlung zu sein – selbst etwas tun, ist das Größte! Das gilt auch für das Essen.

Es gibt sehr viele Ratgeber zum Themenbereich, was Kinder wann essen sollen und manchmal auch wie ... Doch darum soll es hier nicht gehen. Ich möchte das Auge auf unser Konzept von falsch und richtig lenken mit offenem Blick auf die Freude, die Kinder bei der Entdeckung Ihrer Fähigkeiten haben. Als Eltern oder Bezugspersonen wird es Ihr Anliegen sein, dass Ihr Kinder zügig und vernünftig isst und zivilisiert am Tisch sitzt, ohne die Umgebung zu sehr in Mitleidenschaft ziehen. Das wird Ihr Kind erst im Laufe seiner Entwicklung lernen, das geht nicht zügig und dauert einige Zeit.

Fühlen Sie sich ermutigt, Ihrem Kind die Möglichkeit zu bieten, mit den eigenen Händen zu essen (im Programm „baby lead weaning" ist dies selbstverständlich). In dem Moment, in dem Ihr Kind beginnt, stabiler im Sitzen zu sein und bereits selbst „übt", dorthin zu kommen, kann es im Kinderstuhl mit Ihnen zu den Mahlzeiten, also begrenzten Zeiten, am Tisch sitzen (➤ Abb. 6.14) – manchmal noch mit kleiner Unterstützung durch ein Kissen. Ein guter Platz während des Essens ist und bleibt auch hier der Platz auf Ihrem Schoß, auch wenn es etwas abenteuerlich werden könnte.

Machen Sie es Ihrem Kind möglich, in Greifhöhe, selbstständig das Essen zu greifen – ganz gleich egal welche Konsistenz es hat. Kinder lieben die Möglichkeit, die Dinge mit Mund und Händen zu erfahren. Zu Beginn landet vielleicht nicht so viel im Mund, aber Ihr Kind wird, wenn es Hunger hat, immer ge-

Abb. 6.14 Sich selbst erfahren dürfen im Umgang mit Essen stärkt auch das Selbstbewusstsein, [K383]

zielter die Nahrung zum Mund führen. Parallel können Sie ihm etwas mit dem Löffel anbieten (wenn es keine festeren Stücke sind). Sie werden feststellen, dass das Essen mit dem Löffel schnell interessant wird und Ihr Kind ebenfalls einen Löffel möchte. Bieten Sie dies am besten in einem Bereich an, in dem Sie den Boden wischen können, denn am Anfang geht natürlich einiges daneben. Auch wenn es zunächst nach „Matscherei" aussieht, wird Ihr Kind sich in Ihnen ein Vorbild suchen und essen wollen, wie Sie, wenn es ausreichend Zeit zum Erforschen bekommen hat.

Essen erforschen macht Spaß und Ihr Kind mag es, wenn Sie ihm viel Raum damit geben. Wo die Grenzen liegen, bestimmen Sie aus Ihrer eigenen Haltung und Familienkultur heraus.

6.6.3 Ebenen des Lernens

Um Entwicklung verstehen und einordnen zu können, helfen Handwerkzeuge die verschiedene Perspektiven einzunehmen. Mit den feed-back-Ebenen differenziert sich der Blick auf die Erfahrungen, die ein kleiner Mensch auf seinem Weg der Entwicklung auf feinmotorischer Ebene in Bezug auf seine Bewegungskompetenz macht:

- **Die eigene Hand entdecken – relatives feed back:** Hier geht es um die Beobachtung der Bewegung mit/in sich selbst. Wir kennen es, dass Kinder mit drei bis vier Monaten ihr eigenes Händchen neu entdecken und es in Bewegung selbstversunken betrachten. Hier spielt der Bezug auf sich selbst eine große Rolle – sich selbst differenziert und als wirksam zu erfahren macht Kinder sich ihrer selbst bewusster und damit ruhiger.
- **Einen Gegenstand halten und bewegen – operationales feed back:** Mit etwa vier Monaten beginnen Kinder nach Gegenständen ihres Interesses zu greifen, fällt der Gegenstand zunächst wieder aus der Hand, werden sie hier zunehmend fähiger, auch zu halten. Gegenstände werden bewegt. Interessant für die Kleinen ist die Wirkung der eigenen Bewegung auf den Gegenstand. Für diese Erfahrung braucht es die Ebene davor.
- **Einen Gegenstand gegenüber einem anderen Gegenstand einsetzen – instrumentales feed back:** Mit zunehmender Sicherheit im Umgang mit Gegenständen wird es spannend zu erleben, wie diese im Aufeinandertreffen mit anderen Gegenständen wirken. Geschieht dies zunächst ohne Bezug und zufällig (z. B. das Schlagen eines Löffels auf einen Tisch, den Boden, ein Spielzeug…) entdecken die Kleinen, wie sie diese Gegenstände – oft auch durch unser Vorbild – sinnhaft in Bezug bringen können (den Löffel in das Essen tauchen bis hin zum gezielten essen). Für diese Ebene braucht es die Ebenen davor, die sich mit zunehmendem Alter verfeinert.
- **Sprache und Gesten als Symbole einer Kultur verstehen – symbolisches feed back:** Kinder lautieren zunächst und erhalten eine Reaktion aus der Umgebung, diese Laute bekommen zunehmend eine Bedeutung – wenn ich lächle, dann lächeln Mama und Papa zurück – aus dieser Interaktion mit Gesten, Mimik und Lauten bekommt alles eine Bedeutung. Zunächst winkt ein Kind wie zufällig, durch unsere Motivation wird es zu einer Fähigkeit, die dann mit der gezielten Absicht verbunden wird, andere damit zu erreichen. Diese Ebene entwickelt sich durch alle Ebenen und verfeinert sich mit zunehmenden Alter.

6.6.4 Grundpositionen von Kinaesthetics: Hierarchie der Kompetenzen

Wollen wir Kinder ihrer Entwicklung entsprechend unterstützen und Wege zeigen, wie nächste Schritte aussehen können, helfen uns die in Kinaesthetics definierten Grundpositionen. Sie zeigen **sieben Positionen** – von der Rückenlage zum Zweibeinstand (> Abb. 6.15). Bislang haben wir uns in Bezug auf das Alter und die Fähigkeiten Ihres Kindes mit der Rückenlage (z. B. Ausgang für die Aktivität des Wickelns), der Bauchlage (z. B. Unterstützung der Bauchlage durch Stillkissen) und der Sitzposition (Essen am Tisch) beschäftigt. In der weiteren Entwicklung folgen nun der Vierfüßlerstand, der Einbein-Knie-Stand, der Einbein-Stand und bis zum zwölften/14. Monat der Zweibein-Stand.

An einer Stelle bleiben und sich fortbewegen

Die Positionen lassen sich wie folgt differenzieren:
- **Positionen,** in denen es leichter ist, **an einer Stelle zu bleiben,** um feinmotorische Aktivitäten zu lernen, wie spielen, essen, lesen (Rückenlage, Sitzen, Einbein-Knie-Stand, Zweibeinstand).
- **Positionen,** die besser dafür geeignet sind, **an einen anderen Ort zu gelangen,** die also perfekt für die Fortbewegung geeignet sind (Bauchlage/Unterarmstütz, Vier-Fuß Stand und Ein-Bein-Stand).

Von unten nach oben

- Die Positionen bauen von den tieferen Positionen nach oben hin auf. Es ist für alle Menschen, so auch kleine Kinder, nicht nur wichtig, **in der entsprechenden Position sein** zu können, sondern besonders den Weg **zwischen den Positionen hin und zurück zu erlernen/erfahren.** Darin liegt eine Hierarchie (vom Liegen ins Stehen), die uns hilft, aus der Entwicklungsperspektive darauf zu schauen, wo das Kind sich gerade mit seinen Fähigkeiten befindet und wo Unterstützung hilfreich ist. Dabei spielt die Organisation von Gewicht eine besondere Rolle.
- Je tiefer das Gewicht im Körper ist, desto höher kommen die Kinder im Raum. Das bedeutet aber auch, dass die Unterstützungsfläche immer kleiner wird, bis nur noch die Füßchen das Gewicht tragen. **Das braucht eine hohe Bewegungskompetenz, differenzierten Gleichgewichtssinn und Regulationsfähigkeit.**

Tipps und Tricks

Wir sollten Kinder darin unterstützen, sich in allen Positionen in gemeinsamer sich gegenseitig anpassender Bewegung mit uns zu erfahren, sie aber nicht überfordern, z. B. sie zu früh in einen Hochstuhl setzen oder zu früh ins Stehen zu bringen.

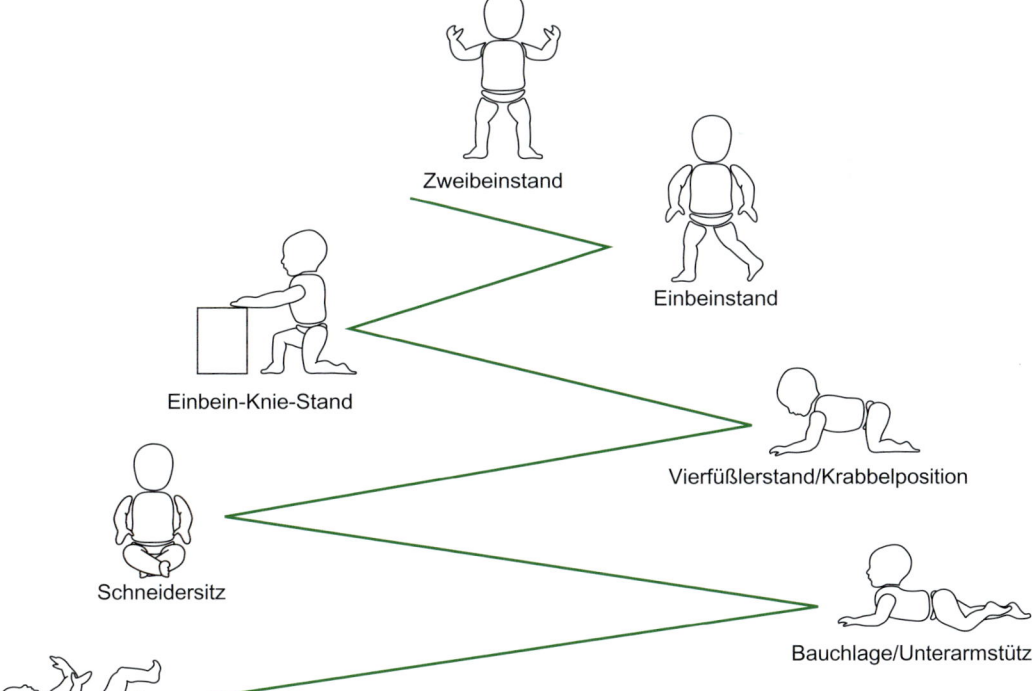

Abb. 6.15 Grundpositionen [L138]

6.6.5 Begegnungen mit anderen lernen

Besonders in Treffpunkten oder Gruppen für Babys und ihre Eltern wird in diesem Alter deutlich, wieviel interessanter auch die anderen Kinder werden. Sie können z. B. beobachten, wie Ihr Kind in seiner Nähe oder sogar am anderen Ende des Raums ein anderes Kind in den Blick nimmt und sich interessiert darauf zubewegt. Die Kleinen schauen sich tief in die Augen und offensichtlich erweckt dieser Kontakt auf der anderen Seite manchmal Neugier und Freude oder aber auch ein Wegdrehen oder Weinen – vielleicht sollten wir erkennen, dass es manchmal schwer ist, wenn ein lebhaftes Kind sich ungestüm auf ein eher stilles und zurückgenommenes Kind zubewegt, es ein Ausdruck von Überforderung ist, wenn das stillere Kind beginnt zu weinen, besonders dann, wenn es mit Neugier und Freude am Kopf berührt wird.

- Hier können wir lernen! Stellen Sie sich vor, Sie sind Mutter oder Vater des einen oder des anderen Kindes. Welche Reaktionen können Sie sich vorstellen?
- Manche Eltern intervenieren, indem sie ihr Kind – das aktivere oder weinende Kind – von dem Begegnungspunkt weg, also ganz aus dem Kontakt nehmen. Das ist nicht immer sinnvoll. Auch Begegnung will gelernt sein.
- Klären Sie mit dem anderen Elternteil, ob es in Ordnung ist, dass die beiden dabeibleiben. Gibt es hier Irritationen oder Abwehr, nehmen Sie Ihr Kind tatsächlich aus der Situation.
- Gut ist es, wenn Sie beide diese Situation als Lernmoment erkennen und beide Kinder unterstützt werden, sich zu regulieren und den Kontakt zu gestalten.
- Begeben Sie sich zu Ihrem Kind – ganz gleich, welche Rolle es gerade hat und wirken Sie beruhigend auf diese Situation ein. Sie können z. B. zu dem aktiveren Kind ganz ruhig sagen: „Na, kleiner Schatz, es erschreckt die Lisa wenn du so schnell bist, nicht Lisa? War das ein bisschen schnell/laut/energisch?" Dann machen Sie vor, wie die Berührung aussehen kann – wenn das aktivere Kind nicht nachlässt, geben Sie Ihre Hand zwischen die von Lisa und Ihrem Kind, dadurch kann das stürmischere Kind die „Dosierung" des Kontakts lernen … und Lisa könnte mit Ihrer Unterstützung als Mutter/Vater darin bestärkt werden, da zu bleiben und selbst ihre Neugier zu entwickeln und … später vielleicht ebenfalls freudig zu anderen Kinder zu krabbeln.

KAPITEL 7

Zehn Monate

7.1 Entwicklungsschritte: Bewegungsentwicklung – vom Hochziehen zum Stehen
Birgit Kienzle-Müller

Im Sitzen wie auch im Krabbeln hat Ihr Kind mit ausgestrecktem Arm den Raum über sich entdeckt. Hängende Spielzeuge bieten jetzt dem Kind Anreiz, sich nach oben zu strecken. In einer ausgiebigen Krabbelphase hat Ihr Kind genügend Rumpfstabilität aufgebaut, damit der nächste Schritt in die Aufrichtung gelingt. Ein gewünschtes höher liegendes Spielzeug wird ihm nun genügend Anreiz bieten, um sich mit allen Kräften nach oben zu stemmen. Zuerst zieht es sich mit beiden Armen hoch, später, wenn die Beine mehr Kraft entwickelt haben, helfen diese nach.

7.1.1 Von der Bauchlage zum Stand

Unter großer Anstrengung wird das Kind alle zur Verfügung stehenden Entwicklungsschritte einsetzen, um höher gelegenen Gegenstand ergreifen zu können – sei es, dass es aus der Bauchlage über den Sitz in den Vierfüßlerstand geht oder sich aus der Krabbelposition aufrichtet. Der Arm und die Augen übernehmen die Führungsrolle. An beiden Armen – diese sind in dieser Phase führend für die Aufrichtung – zieht sich das Kind hoch in den Stand. Zu Beginn der Aufrichtung wird der Stand erreicht, indem die Füße eher gezogen werden und sich weniger vom Boden abstemmen. Als kurze Zwischenstation geht das Kind in den Kniestand. Beim später folgenden Halbkniestand (➤ Abb. 7.1) benötigt das Kind viel Gleichgewicht.

- Das gegenüberliegende Bein, des höher greifenden Armes drückt den Körper nach oben.
- Der ausgestreckte Arm versucht den Gegenstand und Halt zu finden, der nachgreifende Arm zieht den Körper hoch in die Aufrichtung.
- Das Kind drückt und stemmt sich im Kreuzgang nach oben.

Der **erste Stand** ist mehr ein Festhalten als ein selbstständiges Stehen. In der neuen Position, der Aufrichtung, hat das Kind mehr optische Orientierung. Es kann den Raum besser überschauen. Zudem erhalten die Füße durch den Stand zum ersten Mal Belastung und Funktion. Die Tiefensensibilität der Füße wird angesprochen. Der Greifreflex an den Füßen erlischt in dieser Phase. Dadurch kann das Gleichgewicht mit der Funktion von Ausgleichbewegungen in den kleinen Fußmuskeln wirken.

Abb. 7.1 Mit einem Bein auf den Knien (Halbkniestand) kann sich das Kind nach oben aufrichten.

7.1.2 „Küstenschifffahrt" und Fußentwicklung

Hat sich das Kind nach oben hochgezogen, sind nach vorne dem Entdeckerdrang des Kindes Grenzen gesetzt. Jetzt gilt es, seitlich Liegendes zu entdecken. Auch hier sind Auge und Hand die treibende Kraft. Kann das Kind mit dem Arm das begehrte Spielzeug nicht erreichen, muss es einen Ausgleichsschritt zur Seite machen. Durch diese Erfahrung wird es beginnen, die Beine wechselweise zu belasten – es schaukelt von einer auf die andere Seite. Bis zum ersten seitlichen Schritt können einige Tage verstreichen. Mutige Kinder schaffen diesen Schritt recht schnell. Vorsichtige Kinder brauchen eher Zeit, um das Wagnis einer instabilen Position einzugehen und für einen kurzen Augenblick auf einem Bein zu stehen. Die „Küstenschifffahrt" (➤ Abb. 7.2) beginnt.

Diese Bewegung macht mit Musik viel Spaß. Anfangs wird verstärkt die Innenkante der Füße belastet: Das Kind schaukelt von einem auf das andere Bein, wobei die Fußsohlen noch nicht vollständig in Anspruch genommen werden. Durch den noch unsicheren Stand braucht das Kind einen guten Halt mit den Händen, damit es seine Stabilität im Rumpf bewahren kann. Je sicherer sich das Kind in der Bewegung der „Küstenschifffahrt" fühlt, umso weniger Halt braucht das Kind mit seinen Händen. Es kann sich nun an glatten Wänden und Schrankwänden oder dem Sofa zu dem Objekt seiner Begierde entlanghangeln.

Durch die seitliche Bewegung beginnen sich nach und nach die Fußgewölbe zu formen. Die gesamte Fußsohle wird nun genutzt und das Kind rollt seinen Fuß über Außen- und Innenkante ab. Die Füße und die Beine übernehmen die Kraft des Haltens und den Bewegungsantrieb. Das wieder „herunter kommen" auf den Boden, um krabbelnd das Ziel zu erreichen, ist meist zu Beginn sehr unsanft – das Kind plumpst auf seinen Po. Kurze Zeit später hat es aber auch dies gelernt. Das Kind geht langsam vom festgehaltenen Stand wieder zurück in die Hocke und geht dann zum Krabbeln über. Ruhig sitzen ist nicht möglich. Ein Entdecker muss unterwegs sein.

7.1.3 Halte-, Stell- und Gleichgewichtsreaktionen

Mit fortschreitender Entwicklung des Nervensystems verschwinden die Primitivreflexe. Sie werden von Gleichgewichtsreaktionen und zunehmend bewusst gesteuerten Bewegungsmustern abgelöst.

Halte- und Stellreaktionen

Die Halte- und Stellreaktionen (➤ Abb. 7.3), die Lageempfindung im Raum, richten Kopf und Rumpf

Abb. 7.2 Das „Entlanghangeln" an Gegenständen, wird auch „Küstenschifffahrt" genannt. Diese Bewegungen sind zunächst noch unsicher. Dabei bewirkt die starke Hüftbeugehaltung, dass das Kind bei seinen ersten „Stürzen" überwiegend auf seinem windelgepolsterten Gesäß landet.

Abb. 7.3 Aktive Halte- und Stellreaktion des Kopfes im Sitzen. Die Augen stellen sich in horizontaler Linie ein. Die rechte Hand zeigt eine Abstütz- und Gleichgewichtsreaktion zur Seite.

im Raum gegen die Schwerkraft aus. Sie dienen der Kopf- und Körperkontrolle, sowie der Bewahrung der Körperspannung und helfen bei der Aufrichtung gegen die Schwerkraft. Nach dem ersten Lebensjahr werden die Halte- und Stellreaktion langsam von der Willkürmotorik abgelöst und in ihr integriert. In abgeschwächter Form bleiben sie ein Leben lang auslösbar.

Die Halte- und Stellreaktionen sind die Voraussetzungen für die späteren Abstütz- und Gleichgewichtsreaktionen. Sie werden im Mittelhirn mit Verbindungen zu höheren Gehirnregionen gesteuert. Sie halten die Augen in jeder Position in der Waagrechten, in der Mittelstellung. Sie ermöglichen eine ständige Korrektur der Körperhaltung und gewährleisten so die Koordination der Bewegungen.

Die axillare Hängereaktion (Axillarhängeversuch ➤ Abb. 7.4) wird durchgeführt, um zu prüfen, ob die Kopfgelenke frei sind und keine bindegewebige „Blockade" vorliegt. Das Kind wird aus Bauchlage seitlich am Rumpf in die vertikale Haltung hochgenommen. Beide Hände halten das Kind am Rumpf fest, die Beine hängen in der Luft. Der Kopf stellt sich so im Raum ein, dass die Augen horizontal stehen. Der Rumpf reagiert zur gekippten Seite mit Konvexität. Der Hüftbeugemuskel des oberen Beines (M. psoas) auf der konkaven Seite, beugt sich vermehrt an. Das betreffende Bein wird seitlich hochgezogen und leicht abgespreizt. Die Reaktionen sollten auf beiden Seiten im Kippversuch gleich sein.

Gleichgewichtsreaktionen

Gleichgewichtsreaktionen sind überwiegend automatische, unbewusste Bewegungen, die auf der Großhirnebene gesteuert werden. Sie gewährleisten die Körperhaltung und Bewegungsmöglichkeit im Raum. Sie werden in allen Körperlagen wirksam, unter anderem bei plötzlich veränderter Körpergeschwindigkeit. Das Gleichgewicht wird durch das Ausstrecken von Armen oder Beinen in oder gegen die Fallrichtung und durch Rumpfbewegungen gegen oder in die Fallrichtung wiederhergestellt. Dabei richtet sich der Kopf immer an der Körperlängsachse aus.

Der Gleichgewichtssinn hat einen wesentlichen Anteil an unserer Körperhaltung und an unserer Bewegung. Koordination, Muskelspannung und unsere Gleichgewichtsreaktionen sind von ihm abhängig. Hüpfen, Rennen, Balancieren sind ohne Gleichgewicht nicht möglich. Durch das „bewegt werden" beim Tragen und dem täglichen Umgang mit dem Kind werden genau diese Basissinne angesprochen (➤ 3.4.1).

GUT ZU WISSEN

Zu den Halte- und Stellreaktionen gehören:
- Augen- und Labyrinthkopfstellreaktion: die Augen bleiben trotz Körperbewegung auf ein Ziel gerichtet
- Amphibienreaktion: zwischen dem zweiten und sechsten Monat bewegt sich der Kopf von den Beinen unabhängig
- Landau-Reaktion: der Rumpf streckt sich beim Hochnehmen in der Bauchlage ab der dritten Woche bis zum dritten Lebensjahr

Zu den Gleichgewichtsreaktionen gehören:
- Positive Sprungbereitschaft, Gleichgewichtsreaktionen in der Bauchlage (beide fünfter bis siebter Monat)
- Gleichgewichtsreaktionen aus dem Sitz nach vorne (sechster bis siebter Monat)
- Gleichgewichtsreaktionen aus dem Sitz zur Seite (achter bis neunter Monat)
- Gleichgewichtsreaktionen aus dem Sitz nach hinten (zehnter bis elfter Monat)
- Abstützen der Arme nach vorne, ab dem sechsten Monat

Kann sich das Kind sich seitlich im Sitzen abstützen, so hat es das Gleichgewicht im Sitzen erreicht.

Abb. 7.4 „Pilotentest" oder axillare Hängereaktion

Beachte
Das Gehirn kennt Bewegungsmuster und keine einzelnen Muskeln.

Fußentwicklung

Schon beim ersten Heben des Kopfes arbeiten die Füße als Gegenhalt mit. Durch die Hand-Fuß-Koordination mit sieben Monaten – das Kind greift in Rückenlage nach seinen Füßen – wird die erste Formung der Fußgewölbe angeregt. Im Zwergensitz, zur gleichen Zeit, erfolgt dann das erste Abstützen der Füße auf der Unterlage. Beim späteren seitlichen Gehen im Meilenstein „Küstenschifffahrt" ab dem zehnten Monat werden die Fußquergewölbe geformt. Das erste Gehen ist ein Watschelgang und erst mit drei Jahren ähnelt der Gang des Kindes einem Erwachsenen. Mit drei Jahren kann das Kind seine Füße auf dem Untergrund abrollen. Erst jetzt hat sich aus dem kindlichen Knicksenkfuß ein aufgerichtetes Fußgewölbe geformt. Viel Barfußgehen unterstützt die Formung eines gesunden Fußes.

GUT ZU WISSEN
Mit acht Jahren ist der Fuß vollständig ausgebildet. Fußfehlstellungen sind danach nicht mehr zu korrigieren. Fußfehlstellungen zeigen immer, dass die Wirbelsäule in sich nicht aufgerichtet ist und nicht in allen Segmenten beweglich ist.

Tab. 7.1 Die Fußentwicklung hat einen entscheidenden Anteil an der Entwicklung der Aufrichtung

Entwicklungsalter	Merkmale der Entwicklung
Neugeborenphase	• Bei allen Reflexen sind die Füße und die Fußstellung mitbeteiligt, wie z. B. beim Bauerreflex, Schreitreflex, Greifreflex der Füße • Alternierendes Strampeln, abwechselndes Beugen der Beine • In Bauchlage werden die Beine noch häufig unter den Bauch gezogen
Zweiter Monat	• In der Bauchlage stemmen die Fußspitzen in den Boden und unterstützen damit die Kopfaufrichtung • In der Rückenlage können die Füße schon leicht von der Unterlage abgehoben werden • Massenbewegung – alles bewegt sich
Dritter Monat	Beine werden in der Rückenlage von der Unterlage in 90° Stellung parallel abgehoben, die Füße haben freies Spiel, in Bauchlage sind die Beine gestreckt
Vierter Monat	Beine sind von der Unterlage abgehoben, Großzehen berühren sich in Rückenlage
Viereinhalb Monat	Innenkante der Füße berühren sich
Fünfter Monat	Beine werden in Rückenlage abgehoben und Fußsohlen berühren sich, Fersen stemmen sich in die Unterlage hinein bei abgelegten Beinen
Sechster Monat	Beine in Schrittstellung zum Drehen
Siebter Monat	• Pivoting: Zirkeln in Bauchlage um die eigene Achse (➤ 6.1), dabei helfen die Füße mit, das Quergewölbe beginnt sich dadurch zu formen • Zwergensitz (➤ 6.1.2): das Kind kann auf der Seite stabil liegen und stellt seinen oberen Fuß auf dem Boden auf, dies ist die erste Berührung der Fußsohle mit dem Boden.
Achter Monat	Schräger Sitz (➤ 6.1.2), unterschiedliche Stellung der Füße (Supination und Pronation – nach innen und nach außen gedrehte Füße)
Neunter Monat	• Unqualifiziertes Krabbeln: die Füße sind dabei in Dorsalextension (hochgezogene Füße) und krabbeln auf den Knien, die Unterschenkel sind hochgehoben • Qualifiziertes Krabbeln, gereiftes Krabbeln: Unterschenkel sind abgelegt und befinden sich im Schlepptau des schwänzelnden Beckens, Füße stehen Plantarflexion (ausgestreckte Fußstellung)
Zehnter Monat	Halbkniestand – beginnende Belastung der Füße
Elfter Monat	Küstenschifffahrt – beginnende Ausformung der Füße
13 ½ Monate	Freies Laufen, noch watschelnder Gang durch gekipptes Becken und vorgewölbter Bauch
Drei Jahre	Abrollen der Füße durch Aufrichtung des Beckens, Positionierung der Hüftgelenke und flacher Bauch
Acht Jahre	Der Fuß ist vollständig entwickelt in Quer- und Längswölbung, Füße zeigen beim Gehen dezent nach außen. Abrollung über äußere Ferse und Großzehengrundgelenk

An der Fuß- und Handentwicklung – zur Fußentwicklung ➤ Tab. 7.1 – lässt sich das Entwicklungsalter des Kinds erkennen. Das tatsächliche Alter muss damit nicht übereinstimmen, dies zeigt sich ganz besonders bei der Entwicklung eines Frühchens.

Bein- und Fußstellung im Tragetuch oder in der Tragehilfe

Die **Beine** werden im sogenannten Dreiklang (➤ 2.2.2) gehalten. Dies bedeutet: Beide Hüftgelenke sind gebeugt, abgespreizt und leicht nach außen gedreht bzw. befinden sich in Flexion, Abduktion und Außenrotation. Die Kniegelenke zeigen an den Schultergelenken vorbei nach außen.

In den ersten drei Monaten werden die Knie vermehrt hochgezogen. Sie liegen ungefähr in der Höhe des Bauchnabels. Dadurch bildet sich zwischen Ober- und Unterschenkel ein spitzer Winkel. Je älter und größer das Kind wird, umso mehr wandern die Knie tiefer als der Bauchnabel und damit wird der Winkel zwischen Ober- und Unterschenkel größer.

Achten Sie darauf, dass das Hüftgelenk nicht nach innen gedreht (rotiert) ist: Das ist daran zu erkennen, dass die Unterschenkel des Kindes nicht eng am Körper der Mutter anliegen, sondern vom Körper nach hinten wegstehen. Dadurch ist die Hüfte nicht ausgerichtet, sondern leicht nach innen gedreht, wodurch wiederum das Becken automatisch in eine Beugestellung kommt: Das heißt, die Beckenschaufeln bewegen sich nach vorne zur Mutter, die Lendenwirbelsäule kommt in eine Hyperlordose (Hohlkreuz). Diese Position ist für das Kind auf die Dauer sehr unangenehm, da auch die Halswirbelsäule in eine Überstreckung kommt. Entspannung sieht anders aus.

Die **Füße** werden im Sprunggelenk im rechten Winkel hochgezogen, die Fußsohlen zeigen leicht zur Mutter und berühren dort evtl. den Beckengurt der Tragehilfe. Die Supination der Füße ist eine natürliche Fußstellung ab dem 4. Monat.

Handentwicklung

An der Handentwicklung zeigt sich das Entwicklungsalter des Kindes (➤ Tab. 7.2).

Tab. 7.2 Merkmale der Handentwicklung des Kindes

Entwicklungsalter	Fähigkeit	Stellung der Hand am Körper
Neugeborenes	Faust mit eingeschlagenem Daumen	U-Haltung der Arme
4. Woche	Locker gefaustete Hand, Daumen liegt außerhalb	Lockere Armhaltung
6. Woche	Fingerspitzen berühren sich	Hand-Hand-Koordination
8. Woche	–	Hand-Mund-Koordination
3. Monat	• Betrachtet seine Hände und lauscht seiner eigenen Stimme • Dreht die Hand	• Greift zum Bauch • Bauchlage: Symmetrischer Ellenbogenstütz
4. Monat	• Beginnt ulnar zu greifen (Kleinfingerseite) • Greift Spielzeug von außen • Greift Spielzeug aus der BL	• Greift zu den Genitalen • Bauchlage: Einzelellenbogenstütz • Dreht sich auf die Seite
4,5. Monate	Greift mit ganzer Hand	• Greift zu den Oberschenkeln
5. Monat	• Greift Spielzeug aus der Mitte • Greift Spielzeug in BL aus erhöhter Position	• Greift zu den Knie • „Horizontales Sitzen"
6. Monat	• Greift radial (Daumenseite) • Greift über die Mitte • „Scherengriff"	• Greift zum Unterschenkel • Dreht vom Rücken auf den Bauch
7. Monat	„Pinzettengriff"	• Greift zum Fuß • Dreht vom Bauch auf den Rücken
8. Monat	„Zangengriff"	Hand-Fuß-Mund

SCHAU, WAS ICH SCHON KANN
Die schnellste Fortbewegung ist das qualifizierte Krabbeln. Nun will der Raum nach oben entdeckt werden. Das Kind zieht sich zuerst mit den Armen an Möbelstücken nach oben, kurze Zeit später schafft es dies mit der Unterstützung der Beine aus dem Halbkniestand. Seitlich gehend wird der Raum weiter entdeckt.

7.2 Das Baby betrachten
Birgit Kienzle-Müller

Das Kind hat sich in den Stand hochgezogen. Zu Beginn nur mit beiden Armen, ohne die Beine zu benutzen. Ein bis zwei Wochen später kommt das Kind über den Kniestand und dann über den Halbkniestand – das Stützen mit einem Knie und einem aufgestellten Fuß – hoch in den gehaltenen Stand. Der Stand ist noch unsicher und instabil. Die Unsicherheit ist daran zu erkennen, dass die Zehen eingekrallt werden und die Sprunggelenke nach innen ausweichen. Der Fuß steht in einer starken Knick-Senk-Fuß-Position. Die Knie werden durchgedrückt und halten der Belastung nur kurz stand. Plumps findet es sich auf dem Po wieder.

Je sicherer das Kind im Stand wird, umso schmäler wird die Standfläche. Die Hals- und die Brustwirbelsäule bleiben aufgerichtet, eine leichte Kyphose (Beugung) in der Brustwirbelsäule und eine Lordose (Hohlkreuz) in der Halswirbelsäule sind beim Erlernen des aufrechten Standes zu beobachten. Mit mehr Sicherheit und Gleichgewicht, werden sich diese Wirbelsäulenabschnitte schnell aufrichten. Die Lendenwirbelsäule und das Becken gehen wieder zurück in die Hyperlordose, dies bleibt bis zum dritten Lebensjahr. Jetzt wird das Kind versuchen seinen Schwerpunkt zur Seite zu verändern, um somit seine Fortbewegung seitlich fortzuführen. Das Einkrallen der Zehen endet erst mit dem sicheren freien Gang.

7.3 Entwicklungsfördernde Impulse
Birgit Kienzle-Müller

Reifungsprozess geschehen lassen

Die Küstenschifffahrt ist ein wichtiger Schritt ins Laufalter. Diese Phase formt das Fußquergewölbe. Das Hochziehen kräftigt die Beinmuskeln und auch das sich Strecken auf den Zehenspitzen ist das Training für die spätere Abdrückphase des Gehens.

Beachte
Greifen Sie in diesen Prozess nicht ein, indem Sie das Vorwärtsgehen üben, denn dadurch unterbrechen Sie zum einen den Reifungsprozess des Gehens und zum anderen fördern Sie das Gehen auf Zehenspitzen und die Entwicklung von Knick-Senk-Füßen.

Tipps und Tricks
- Am Laufstall von außen oder an einem Treppenschutzgitter lässt es sich gut hochziehen.
- Mit „Lederpuschen" oder Rutschsocken mit durchgehender Gummisohle an den Füßen lässt es sich bestens aufstehen.

Variationsreiches Tragen

Variationsreiches Tragen ist in jedem Alter empfehlenswert. Mütter sollten am Tag nicht nur eine Trageweise anwenden, sondern abwechslungsreich tragen. Es empfiehlt sich mehrmals am Tag die Trageseite zu wechseln, das Kind auf dem Rücken als auch vor dem Körper zu tragen. Durch das Wechseln der Tragepositionen bekommt das Kind unterschiedliche Reize und Bewegungsimpulse vermittelt. Die Propriozeptoren (Tiefenwahrnehmung) werden auf unterschiedliche Weise angesprochen. Auch beim Spielen, beim Handling, beim Umgang in alltäglichen Situationen nimmt das Kind unterschiedliche Körperpositionen ein. Es bewegt sich selbst oder wird bewegt. Niemals bleibt es still in einer Position liegen. Aus diesem Grund ergibt es einen Sinn, variationsreich ein Kind zu tragen und dadurch auch beim Tragen ein bewegtes Kind zu haben.

7.4 Das Baby als Tragling
Ulrike Höwer

7.4.1 Streifzug durch die Geschichte des Tragens in Europa

Die Geschichte des Tragens in Europa ist nicht so einfach zu erforschen. Geht man in die großen Museen, etwa in den Louvre, so fallen viele Bilder zum Thema Wochenbett und Stillen auf, man findet aber nur sehr wenige Bilder zum Thema Tragen.

Die Darstellung der Maria Lactans oder die „Stillende Gottesmutter" ist ein sehr gängiges Motiv. Es hat seine Verbreitung ab dem 3./4. Jahrhundert und in der Westkirche besonders ab dem 13./14. Jahrhundert. Eine ganz besondere Verbundenheit Gottes mit den Menschen wird in diesen Bildern zum Ausdruck gebracht.

Obwohl sich in der Bibel viele Gedanken zum Tragen finden, ist das Tragen eines Kindes kein eigenständiges Thema in der Kunst geworden. Dort, wo Maler biblische Szenen oder Heiligenbilder vor dem Hintergrund des zeitgenössischen Alltags gemalt haben, findet man Bilder von Kindern getragen auf dem Rücken oder der Hüfte in sehr verschiedenen Tragetüchern.

Vielen bekannt ist die oft als Weihnachtspostkarte genutzte „Flucht nach Ägypten" von Giotto. Gemalt als Teil des Freskenzyklus über das Leben der Maria in der Arenakapelle in Padua. Hier hat Maria Jesus in einem schmalen Tragetuch. Ein ähnliches Bild findet sich auch in Assisi. Hieraus können wir schließen, dass es in Italien um 1300 Tragebänder gegeben haben muss. Ein ähnliches Trageband findet sich auf einem Glasfenster von 1640, im Louvre, auf dem die Durchquerung des Roten Meeres Darstellung findet. Somit muss es ähnliche Tragebänder auch 1640 im deutschsprachigen Raum gegeben haben.

Einen weiteren Hinweis gibt das Bild des heiligen Christophorus, aus dem berühmten Westminster Psalter von 1200, wo er das Jesuskind in einem auf der Schulter geknotetem Tragetuch trägt. Ein vergleichbares Bild bietet die Flucht nach Ägypten von Franz Francken in der Gemäldegalerie in Dresden. Auf diesem Bild wird Jesus von seinem Ziehvater Josef getragen.

In den Zeiten, in denen die Bilder gemalt wurden, wurden Kinder während einer längeren Reise in entsprechenden Körben, Tragewiegen und eben auch in Tüchern und Bändern mitgenommen. Hier war das Tragen mit Teil der väterlichen Aufgabe.

Machen wir einen großen Sprung in das frühe 19. Jh. Hier findet sich ein Bild der niederländischen Malerin Cornelia Scheffer-Lamme, „Soldatenwitwe mit Kind", ausgestellt in Amsterdam in einer Ausstellung zum Thema „Lieve Lasten". Wir sehen ein friedlich schlummerndes Kind, eingebunden in eine uns auch heute noch sehr vertraute Rückentragetechnik mit einem langen Tragetuch. Auf den Höfen wurden zu dieser Zeit ebenfalls Hocktücher verwendet, die die Arme beim Tragen der Kinder entlasten sollten.

Eine Besonderheit stellt der Hockmantel (> Abb. 7.6) aus Thüringen dar: Eine Pelerine (> Abb. 7.7), die um das Kind geschlungen wird und Mutter und Kind beim Tragen auf der Hüfte (> Abb. 7.8), etwa zum Gang in das Dorf, warmhält.

Betrachten wir das vorhandenen Bildmaterial, so können wir nicht wirklich auf eine Kultur des Tragens in Mitteleuropa schließen, wie wir dies etwa in Afrika oder Südamerika finden, wo das Tragen aus der täglichen Säuglingsversorgung nicht wegzudenken ist. In Mitteleuropa hingegen war das Tragetuch als Utensil für eine Reise zu Fuß mit einem Kind immer schon bekannt. Für die tägliche Versorgung des Kindes wurde das Kind auf den Armen getragen oder in der Wiege geschaukelt. Dass die Wiege Teil der täglichen Säuglingsfürsorge war, belegen nicht nur die zahlreichen Abbildungen und Wiegen, die sich heute noch in Museen finden lassen, sondern auch die vielen Wiegenlieder. Nicht zuletzt wurde der Säugling allgemein auch als Wiegenkind bezeichnet.

Dass das Tragen von Kindern, wie dies in anderen Kulturen üblich ist, die Menschen im 19. Jh. fasziniert hat, zeigt ein Buch von Heinrich Ploss aus dem Jahr 1881 „Das kleine Kind – Vom Tragbett bis zum ersten Schritt, Über das Legen, Tragen und Wiegen, Stehen und Sitzen der kleinen Kinder bei den verschiedenen Völkern der Erde." Zudem gab es zu dieser Zeit eine Fülle an Postkarten und Zeichnungen in anthroposophischen Zeitungen.

Eine Renaissance des Tragens in Mitteleuropa, mit einer neuen Interpretation der Möglichkeiten hat Erika Hoffmann (➤ Abb. 7.5) auf den Weg gebracht, die mit dem Weben und Verkauf der Didymostücher seit 1972 wirklich eine ganz neue Tragekultur entwickelt und ermöglicht hat.

In der DDR gab es ebenfalls eine eigene Tragetuchentwicklung: das Dyadetuch (➤ 4.4.1). Basierend auf den Forschungen des Dresdner Orthopäden Büschelberger, der durch das Tragen auf der Hüfte die physiologische Hüftreifung unterstützen wollte.

Und heute? Heute ist das Tragen der Kinder aus dem Stadtbild nicht mehr wegzudenken. Es gibt in Mitteleuropa zahllose Firmen, die Tragetücher und Tragehilfen herstellen, spezialisierte Läden, die ne-

Abb. 7.7 Durch seine raffinierten Fältchen, ist der Mantel enorm weit und liegt dennoch körpernah an.

Abb. 7.5 Erika Hoffmann mit ihrer Tochter Lisa [V744]

Abb. 7.6 Der Hockmantel in seiner ganzen Größe auf dem Boden ausgebreitet. Er besteht aus zwei Lagen Material und ist warm von innen gefüttert. Ein dichter Rüschenkragen schließt den Mantel am Hals warm und dicht ab.

Abb. 7.8 Das Kind wird auf der Hüfte angehockt, und der hintere als auch der vordere Teil des Mantels werden um seinen Körper herumgeschlungen und untergesteckt. Die obere Pelerine ist wie ein zusätzliches Cape und hält Mutter und Kind auch bei Wind und leichtem Regen warm und geschützt.

ben den Produkten eine intensive Beratung mit anbieten und eine Reihe von Trageschulen, in denen die Kunst des Tragens für Eltern und Trageberaterinnen vermittelt wird. Das Tragen ist heute nicht mehr nur eine Möglichkeit für den Spaziergang im Park, sondern für viele Ausdruck des Lebens mit ihrem Kind als Teil einer bindungsorientierten Elternschaft.

7.4.2 Tragen konkret: Mobil mit Kind

Kinderwagen oder Buggy – immer sind Stufen im Weg. Manchmal sind auch beängstigend viele Menschen unterwegs und öffentliche Verkehrsmittel voll mit Fahrrädern. Dennoch schwingt auch oft die Sorge mit, dass das Kind nun zu schwer sein kann, für den eigenen Rücken. Wie immer in widersprüchlichen Situationen, sind sich abwechselnde Lösungen eine gute Idee: Benutzen Sie mal den Buggy, ein anderes Mal das Tuch oder die Tragehilfe. Vielleicht werden sie sogar feststellen, dass das hoch und fest gebundene Kind auf dem Rücken weniger die eigenen Bandscheiben belastet, als wenn Sie mit leicht vorgebeugter Haltung den Buggy vor sich herschieben.

Doch gerade, wenn es hinaus in die Natur gehen soll, sind Tragetücher und Tragehilfen unschlagbar (> Abb. 7.9). Sei es am Wochenende mit der ganzen Familie oder um ein bisschen eigene Fitness zurückzuerobern.

7.5 Den Alltag gestalten
Sabine Hartz

7.5.1 Krabbeln und Umgebung: an Grenzen entlang bewegen

Mit zehn Monaten hat Ihr Kind seinen eigenen Willen schon klar im Blick – es will immer mehr **auch** machen, seinen Weg suchen, Varianten entdecken und sich stolz in seinen Fähigkeiten und Erfolgen der Welt präsentieren. Es fordert die Zeit ein, die es braucht, um etwas zu erforschen und auszuprobieren und bestenfalls erfolgreich zu sein. Versuch und Irrtum ermüden die Kinder in diesem Alter nicht. Darin können sie uns wahre Lehrmeister sein – so ungeduldig sie mit uns sein können, so geduldig sind sie in der eigenen Erkundung dessen, wie alles funktioniert, bis sie alles selbst hinbekommen.

Hoch- und Runterkrabbeln

Dies gilt sowohl für die Feinmotorik, in der sie mit den kleinen Händchen ausprobieren, als auch in der Fortbewegung. Es geht hoch und runter, drüber und drunter, rein und raus – klettern ist das Größte, Höhen überwinden echte Herausforderung.

Die entscheidende Frage ist: „Wieviel Treppe halte ich als Mutter/Vater aus?" Kinder lieben es, Stufen

Abb. 7.9 Mutter und Tochter machen es vor: Kind auf den Rücken, die Nordic Walking Stöcke in die Hand und auf geht es an die frische Luft.

zu nehmen – es scheint fast Programm zu sein, dass es in dem einen und anderen Fall blaue Flecken auf der Stirn gibt, denn der noch immer schwere Kopf plumpst gern voraus, wenn es eine Stufe nach unten zu überwinden gilt. Die Kleinen beginnen diese Bewegung meist mit dem Kopf voran. Den Körper in der Schwerkraft einzusetzen und die Ebene zu verlassen – das ist eine Herausforderung: für alle!

Hier können Sie zu Ihrer eigenen Beruhigung das Bewegungslernen Ihres Kindes unterstützen: Seien Sie in diesen Zeiten der neuen Erfahrungen stets präsent: Immer, wenn Ihr Kind eine Stufe hinabklettern möchte, zeigen sie ihm die Bewegung, die hilfreich ist, um rückwärts nach unten zu gelangen. Helfen Sie Ihrem Kind den Körper so zu drehen, dass die Füßchen vorangehen. Haben Sie dies einige Mal gemacht, wird Ihr Kind dieses Muster übernehmen und sich immer, wenn es über eine Stufe nach unten geht, rückwärts drehen und sich mit seinen Füßchen vorantasten.

Darüber hinaus beginnt Ihr Kind, unter Dingen hindurch, in Kästen hinein oder durch einen Tunnel hindurch zu robben. Es hält inne und erforscht seinen Körper in der neuen Situation immer wieder neu, bis es sich sicher fühlt.

Vom Stehen zurück ins Sitzen kommen

Manche Kinder haben es in diesem Alter schwer, vom Stehen in den Sitz zurück zu gelangen. Das Hochbewegen in den Stand und das Sichaufrichten und das Gewicht auf die Füße zu bekommen, ist offensichtlich deutlich leichter, als der Weg vom Stehen zurück zum Sitzen. Deshalb bleiben manche Kinder einfach stehen und stehen, sie sind stolz, so groß zu sein und warten auf unsere Hilfe. Manche lassen einfach los und plumpsen zurück auf den Po, das ist mal mehr, mal weniger geschickt. Denn der Schwung kann dazu führen, dass Ihr Kind rückwärtsfällt und das Köpfchen stößt. Das ist meist nicht so schlimm, motiviert allerdings nicht so sehr zu einem neuen Versuch. Durch unsere Unterstützung kann dies vielleicht sogar vermieden werden.

Wechsel zwischen verschiedenen Positionen

Für Kinder ist es eine Herausforderung Positionen einzunehmen, eine andere Herausforderung besteht aber auch darin, sich zwischen zwei Positionen hin und her zu bewegen. Dies gilt eben auch für den Weg zwischen Sitzen und Stehen.

Übung für Bezugspersonen: Prüfen Sie doch selbst mit welchen Bewegungen Sie vom Stehen ins Sitzen kommen. Unter den vielen Möglichkeiten, die es gibt, lassen sich folgende Unterschiede feststellen: Bei dem einen Weg vollziehen beide Körperseiten die gleiche Bewegung – dies wird als paralleler Weg bezeichnet. Wenn sich beide Seiten auf unterschiedliche Weise bewegen, indem sich zunächst nur eine Hand Richtung Boden bewegt und dann der Körper nach und nach in seinen Teilen folgt, handelt es sich um den so genannten spiraligen Weg. Welcher Weg ist kontrollierter und damit sicherer? Auch wenn wir in parallelen Bewegungsmustern sehr geübt sind und diese bevorzugt anwenden, brauchen wir dafür deutlich mehr Muskelkraft. Es ist gut, dass wir das können, für einen kleinen Menschen ist das aber schwierig, da er seine Muskelkraft noch nicht gegen die Schwerkraft einsetzen kann.

Das kleine Kind: Es braucht erst die Erfahrung, die es möglich macht, das Gewicht über seine Knochen abzugeben, damit die Muskeln frei sind für die Bewegung. Das macht das spiralige Bewegungsmuster möglich! Deshalb sollten Sie es Ihrem Kind ermöglichen zu lernen, die Beinchen so zu beugen, dass sie zu Boden gleiten können und nicht mehr plumpsen müssen. Zeigen Sie ihm den Weg wie in (➤ Abb. 7.10). Ihre Hände an Brustkorb und Becken können es erleichtern, mit diesem Bewegungsweg/-muster vertraut zu werden. Je vertrauter Sie in der gemeinsamen Bewegung sind, desto leichter wird es Ihnen fallen, Alternativen und stimmige Wege zu entdecken.

SCHAU, WAS ICH SCHON KANN
Unzählige Male plumpst ein Kind z. B. vom Zweibeinstand auf den Boden und übt unermüdlich, wieder in die höhere Position zu kommen. Dies kann es aus sich selbst heraus tun, **wenn** es sich bereits sicher im Sitzen oder Vierfüßlerstand, also in tieferen Positionen erfahren hat.

7.5 Den Alltag gestalten

Abb. 7.10 Unterstützung vom Stehen ins Sitzen [K383]

Fühlt Ihr Kind sich im Stehen stabil und beweglich, beginnt es von dort, auf seinen kleinen Beinchen seine kleinen Schritte in die Welt zu gehen. Dabei bleibt es weiter verbunden mit den tieferen Positionen und verfeinert sein Geschick in Fortbewegung und Feinmotorik.

▌ **Mein Kind mag es, wenn ich es auf die Füße stelle. Ist das sinnvoll?**
Voraussetzung für die Fähigkeiten, in höhere Ebenen zu kommen ist, dass Ihr Kind bereits souverän in der vorherigen Position sein kann – wie beschrieben, muss Ihr Kind erst sitzen können, bevor es im Stehen unterstützt werden sollte. Das ist ein wichtiger Hinweis! Wir sollten die Kleinen also nicht zu früh in höhere Positionen bringen. Davon ausgenommen sind alle Bewegungen, die sich vollziehen, wenn wir uns mit dem Kind im direkten Kontakt, in einem gleichzeitig-gemeinsamen Anpassungsprozess in Bewegung befinden, wenn wir z. B. gemeinsam im Spiel über den Boden rollen: Dann ist eine beständige Anpassung an die körperlichen Rückmeldungen über Spannungsveränderung des Kindes möglich. Kinder lernen das Laufen bereits in tieferen Positionen, denn das A und O in jeder Position ist zum einen, die Position einnehmen zu können, zum anderen aber auch, darin beweglich zu werden und Gewicht von einer Seite auf die andere zu bringen. Aus diesem Bewegungsspiel wächst also die Fähigkeit im wahrsten Sinne des Wortes, sich Schritt für Schritt in die nächst höhere Position zu bewegen.

Will Ihr Kind bereits stehen, obwohl es noch gar nicht stabil sitzen kann, so helfen Sie ihm immer wieder in die tiefere Position, damit es lernt, sich dort feiner einzurichten. Zeigen Sie ihm den Weg zurück. Geben Sie nicht der Versuchung nach, Ihr Kind im Stehen zu unterstützen, auch wenn es Freude hat und süß aussieht. Es ist wichtig, dass Ihr Kind sich in tieferen Positionen selbst erfährt und sich selbstständig dorthin bewegt, bevor es höhere Positionen erobert, die es noch gar nicht selbst einnehmen kann. ▌

7.5.2 Mein Kind ist ein Po-Rutscher

Es kann sein, dass Ihr Kind seine ganz eigene Fortbewegungsmethode entwickelt und sich beispielsweise hinsetzt und mithilfe seiner Beinchen, schwungholend auf dem Boden entlang rutscht. Kinder zeigen hier verschiedene Varianten. Dies gelingt besonders dort erfolgreich, wo es einen rutschigen Boden zu Hause gibt.

Zu Hause können wir helfend einwirken, indem wir kleine durch die Veränderung der Umgebung Störungen einbauen. So kann Ihr Kind neue Bewegungsmuster einüben. Denn aus dieser eher parallel orientierten Bewegungsgewohnheit wird Ihr Kind es schwer haben, sich nach links und rechts zu bewegen und sich damit in andere Positionen zu begeben, die besser geeignet sind für das Lernen der Fortbewegung.

Auf jeden Fall sollte Ihr Kind lernen, sich in der Bauchlage, später im Vierfüßlerstand (Krabbelposition) fortzubewegen. Auch hier gilt: Fehlen in einer Position Fähigkeiten, hilft die tiefere Position, um „nachzulernen" und Kompetenzen zu integrieren (hier also vom Sitzen ins Liegen). Es ist heute bekannt, dass durch das Lernen in jeder Position weitere Fähigkeiten entwickelt werden, welche die Gesundheitsentwicklung betreffen, wie z. B. Schlafen, Schreiben, Sprechen, Konzentration. Wenn Sie z. B.

einen kleinen Parcours mit Stillkissen, festen kleinen Kartons oder anderen Dingen errichten, geben Sie Ihrem Kind die Möglichkeit, den Körper anders zu nutzen, als es das bis dahin als sinnvoll erachtete: Es kann sich so z. B. in der Bauchlage oder dem Vierfüßlerstand erfahren. Legen Sie das gerade begehrte Spielzeug o. ä. an das Ende des Parcours. Ermutigen Sie Ihr Kind, sich allein dort hin zu bewegen, helfen Sie, wo nötig in der Bewegung und körperlichen Ausrichtung. Bauen Sie keine zu großen Herausforderungen – Ihr Kind und Sie sollen Spaß dabei haben – Ehrgeiz ist nicht hilfreich. Verbunden mit therapeutischer Unterstützung wird Ihr Kind das Vertrauen in weitere Bewegungen entwickeln und lernen, sich auf andere Weise fortzubewegen.

7.5.3 Bewegung und Interaktion

Nicht nur Kinaesthetics betont den hohen Stellenwert von gemeinsamer Bewegung und Lernen in Interaktion zwischen Kindern und ihren Bezugspersonen. Die Komplexität vielfältiger Arten des Lernens – sei es durch das eigene Tun, durch die erwachende Neugier, durch Versuch und Irrtum hilft dabei, sich in das Leben hinein zu entwickeln. Die Möglichkeit, Varianten von Bewegung und Interaktion in einer Situation auszuprobieren (z. B. in der Familie), hilft später, sich in unterschiedlichen Situationen individuell anpassen zu können. Diese Fülle an Erfahrungen ist später die Quelle von hilfreichem Handeln im gesundheitlichen, sozialen und gesellschaftlichen Kontext. Der Psychologe Piaget hat uns hier schon Anfang/Mitte des letzten Jahrhunderts eine feinfühlige Idee zur Ausrichtung im Kontakt mit Kindern gegeben. Unsere Herausforderung im Kontakt mit Kindern liegt heute darin, mit den hohen Ansprüchen, die wir oft an die Kleinen haben, sie nicht zu unter- aber auch nicht zu überfordern.

> **GUT ZU WISSEN**
> Jean Piaget, ein Schweizer Psychologe (1896–1980), hat sich insbesondere mit Entwicklungspsychologie beschäftigt. Seine Erkenntnisse basierten zunächst auf der Beobachtung seiner eigenen Kinder, wodurch er sich von experimentell arbeitenden Psychologen unterschied, die komplizierte Versuchsanordnungen in eigens eingerichteten Versuchslaboren für die Forschung nutzten (und

nutzen). Davon ausgehend, dass bei einem Säugling Reflexschemata, Instinkte und Funktionen angeboren sind, ergaben sich insbesondere zwei Annahmen für das menschliche Verhalten.
- Das menschliche Verhalten dient generell der Adaption, also der Anpassung von Mensch und Umwelt. Diese Fähigkeit zur Adaption an die Umgebung verfeinern wir vom ersten Lebenstag: Sei es, dass wir uns mit unseren Vorstellungen/Bedürfnissen **und** Fähigkeiten an die Umwelt anpassen (Akkommodation) oder dass Gegebenheiten der Umwelt an unsere Vorstellungen/Bedürfnissen **und** Fähigkeiten angepasst werden.
- Wir haben zudem das Bedürfnis nach Integration der eigenen Fähigkeiten in komplexe Systeme mit dem Wunsch nach Ausgewogenheit. Etwas nicht zu können, schafft Spannungen, die Anreiz sein können, weiter zu lernen, um diese Spannung zu überwinden.

Piaget geht davon aus, dass wir unsere Welt in frühem Alter (ab der Geburt) durch eigenständige („selber tun") Auseinandersetzung konstruieren. Zunächst findet dies auf sensomotorischer Ebene statt: Wir erfahren uns als selbstwirksam und stabilisieren dadurch unsere eigenen Fähigkeiten. Sind diese Fähigkeiten gelernt, können wir uns an verschiedene Situationen anpassen oder es gelingt uns, die jeweilige sich unterscheidende Situation, differenziert zu betrachten. Darin gründen die Fähigkeiten zu eigenständigem und logischem Denken in reiferem bis zum Erwachsenenalter.
In unserem Kontext ist es interessant, wie der deutliche Stellenwert für Bewegung und Interaktion besonders in der frühen Kindheit betont wird.

7.5.4 Mit dem Baby sprechen und gebärden

Bislang freuen wir uns, wenn ein Kind seine Hand für „Tschüss" benutzt und winkt – diese Fähigkeit und Freude an der eigenen Mitteilung können Sie gemeinsam mit Ihrem Kind bereits ab dem 6. Lebensmonat auf leichte und freudige Weise aufnehmen und erweitern.

In der Auseinandersetzung mit den Möglichkeiten der Verständigung über Gebärden bei und mit taubstummen Menschen, begann vor einigen Jahren der Transfergedanke zu der Interaktion mit kleinen Menschen, denen noch das gesprochene Wort fehlt, um sich differenzierter mitzuteilen. Daraus wuchs bis heute das Angebot für Kinder und ihre Eltern, sich frühzeitig über Gebärden mitzuteilen. Zeigen Sie Ihrem Kind parallel zum Sprechen einige einfache Handzeichen – diese kann Ihr Kind dann aufnehmen und sich über diese Handbewegung mitteilen. Sie unterstützen damit die sprachliche Entwicklung Ihres Kindes und bereichern die Interaktion mit Ihrem Kind.

Im Alter von neun bis zwölf Monaten beginnt Ihr Kind beispielsweise sehr viel zu verstehen, wenn es zuhört und zuschaut. Die Gebärden helfen dem Kind, Zusammenhänge zu entdecken und Bedürfnisse wie Trinken oder Essen über ein Zeichen mitzuteilen. Zunächst zeigen Sie die Handzeichen, wenn Sie etwas gemeinsam beobachten und darüber sprechen: Schau, der Schmetterling. Da zwitschert der Vogel. Wir gehen nach Hause. Später, nach einiger Zeit, kann Ihr Kind dann selbst diese Zeichen zeigen.

Probieren Sie es über weitere Literatur oder einen Kursbesuch, sich mit dem Thema vertraut zu machen. Es macht viel Spaß, wenn man gelassen mit diesem Angebot für Eltern und Kind beginnt.

Abb. 7.11 Babysprache „Ente" [K385]

KAPITEL 8

Vierzehn Monate

8.1 Entwicklungsschritte: Bewegungsentwicklung – das Gehen
Birgit Kienzle-Müller

Der Moment, in dem Ihr Kind Ihnen ganz unverhofft in die Arme läuft, wird lange herbeigesehnt und kommt dann doch ganz unerwartet. Das freie Laufen ist von allen Meilensteinen ein besonderes Ereignis. Auch für Ihr Kind ist diese neue Errungenschaft großartig. Sobald es einmal begonnen hat, zu gehen, ist es nicht mehr zu stoppen. Das Kind geht um des Gehens willen … und plötzlich ist Ihr Kind nicht mehr so klein.

8.1.1 Die ersten Schritte

Das seitliche Gehen an der Wand, die „Küstenschifffahrt" (➤ 7.1.2) kann unterschiedlich lang dauern, bis sich Ihr Kind in den Raum dreht und später dann von alleine losgeht. Wenn Ihr Kind nur noch mit einer Hand Halt an einem Möbelstück sucht, so lässt der erste Schritt nicht mehr lange auf sich warten. Das erste Gehen (➤ Abb. 8.1) wird oft begleitet von häufigem Hinfallen und einem erschreckten Gesicht. Kann das Kind beim Gehen innehalten und die Richtung wechseln, ist das Gehen ausgereift.

Auch wenn das Kind bereits im Haus gehen kann, fällt ihm das Gehen auf dem Rasen noch schwer. Barfußgehen unterstützt die Tiefensensibilität des Fußes, es fördert das Gleichgewicht und kräftigt die Muskulatur. Im Haus kann man getrost auf Hausschuhe verzichten, ebenso auf Lauflernschuhe. Denn sie fördern nicht das freie Gehen, sondern schränken die feinen Fußbewegungen ein, die für das Gleichgewicht notwendig sind. Ohne Schuhe lernt das Kind einfacher und qualitativ besser laufen. In Ausnahmefällen – dies setzt den Rat der evtl. behandelnden Physiotherapeutin voraus – sind Schuhe für eine bessere Stabilität der Sprunggelenke erwünscht.

> **GUT ZU WISSEN**
> Betrachtet man die Meilensteine, so lässt sich erkennen, dass sie in ihrer Abfolge darauf ausgerichtet sind, die Aufrichtung des Menschen und die Fähigkeit der Fortbewegung zu ermöglichen und zu gewährleisten. Da am Ende der Meilensteine die Hände frei sind und zweibeinige Fortbewegung möglich ist, kann sich nun das Begreifen der Welt bahnen und damit die Entwicklung des Geistes. Für die geistige Reifung sind das rechtzeitige Erreichen und die Qualität der Meilensteine ein wichtiger Schritt.

8.1.2 Haltung und Bewegung

Bewegung ist Ausdruck des Lebens und Grundlage zur Orientierung. Es ist die Grundlage des Lernens und ist oder bewirkt Veränderungen. Bewegung ist die Basis zum Handeln und ist das Gegenteil von Haltung.

Haltung ist das Gegenteil von Bewegung und bedeutet, dass eine zuverlässige Position eingenommen wird. Ohne Haltung ist keine Bewegung möglich. Bewegung beginnt mit einer sicheren Haltung und endet mit ihr. Die Wirbelsäule bietet den Hal-

Abb. 8.1 Der erste Schritt ist etwas ganz besonders – lange ersehnt, kommt er dann doch unerwartet.

tungshintergrund für Bewegung. Haltung und Bewegung gehören zusammen. Denn nur was stabil ist, kann auch nachgeben. Zudem wird durch Stabilität Mobilität möglich.

Voraussetzung für Haltung und Bewegung ist die Fähigkeit, dass das **Gleichgewicht** gehalten werden kann: Der Gleichgewichtssinn nimmt jede Veränderung des Körpers im Raum war und reagiert gegen die Schwerkraft haltungsbewahrend. Er wirkt vereinend zwischen Bewegung und Haltung. Ihm selbst unterliegt die Steuerung der Augen- und der Halsmuskulatur. Er ist überlebenswichtig.

Auch zentrale Bewegungsprogramme im Gehirn müssen zur Verfügung stehen. Sie sind genetisch vorprogrammiert und bieten die Basis für differenzierte Funktionen und Fertigkeiten. Mit allen Sinnen spüren und erleben wir uns. Durch das Hören, Sehen, Fühlen, Riechen und Schmecken nehmen wir uns und unsere Umwelt wahr. Mit unseren Sinnen erleben und spüren wir uns selbst.

GUT ZU WISSEN
Sensomotorische Erfahrungen machen das Kind und der Tragende durch das Tragen und das Getragenwerden. Durch Tragen wird Bewegung und Haltung angebahnt. Das Kind lernt über das Gefühl von Haltung und Bewegung

Abb. 8.2 Von der instabilen Rückenlage zum freien Gehen.

8.1.3 Erste Schuhe

Die ersten Schuhe haben keine Eile. Denn das Barfuß gehen fördert Gleichgewicht und schärft unsere Sinne. Je länger barfuß gegangen wird, umso besser. Doch sobald das Kind Schuhe braucht, sollten Sie sich klarmachen: Das eine Kind hat zierliche und sehr bewegliche Füße, ein anderes Kind hat evtl. noch eine Sichelfußstellung. Jeder Fuß ist individuell und braucht evtl. eine weiche oder eher eine feste Führung.

Gebrauchte Schuhe sind keine Lösung für einen jungen Fuß, auch wenn diese Schuhe nur kurz getragen wurden. Denn jeder Fuß ist anders und hinterlässt seinen Abdruck im Schuh. Junge Füße sind formbar und nehmen gerne vorgegebene Strukturen – auch ungünstige Stellungen – an. Da der Fußgreifreflex noch nicht vollständig erloschen ist, lässt ein falscher Schuh den Fuß einkrallen und verhindert ein Öffnen der Zehen, das für das spätere Abrollen des Fußes so wichtig ist.

Beachte
- Geeignete Schuhe findet man in Kinderschuhläden mit Beratung. Zu beachten ist auch: nicht nur die ersten Schuhe sind wichtig, auch die nachfolgenden.
- Acht Jahre braucht der Fuß, um sich zu entwickeln. Schlechte Schuhe können in dieser Zeit die Füße und somit die Haltung des Rumpfes ungünstig beeinflussen.
- Der Mensch steht auf seinen zwei Füßen, darüber richtet er sich auf und bewegt sich fort.

„Zeigt her eure Füße, zeigt her eure Schuh …" wie schon dieses Kinderlied aussagt, kann man so einiges an Kinderfüßen und an den Schuhen erkennen. Kinderfüße zeigen den Entwicklungsstand des Kindes, die Aufrichtung und Entfaltung der Wirbelsäule, die Stellung des Beckens und die Entwicklung der Hüftgelenke. Je mehr sich die Füße in sich aufrichten, je stärker sich die Fußgewölbe ausgebildet haben, sich das Abrollen über die äußere Ferse über den Fußmittelstrahl zum Großzehengrundgelenk vollzogen hat, die Zehen gestreckt sind, umso aufgerichteter steht das Becken und dient als Basis für die gesamte Aufrichtung der Wirbelsäule. Ein Zeichen für eine aufgerichtete Wirbelsäule ist der Bauch, er wölbt sich nicht mehr nach vorne, da das Becken nun aufgerichtet ist. Die Hüftgelenke wandern von vorne mehr nach hinten und bilden zusammen mit dem Ohr und der Ferse eine gerade Linie. Diese Entwicklung dauert drei Jahre. Bis die Füße vollständig entwickelt sind, vergehen acht Jahre und bis die Wirbelsäule ausgewachsen ist 16 Jahre. Dies heißt nicht, dass etwas verwächst, nein Fehlstellungen wachsen mit, wenn sie nicht korrigiert werden.

8.2 Entwicklungsschritte: Sprechenlernen und Feinmotorik

Birgit Kienzle-Müller

Im vierten Quartal der Entwicklung ist meist das Ende der Stillzeit angekommen. Und somit auch die Zeit, auf natürliche und organische Art und Weise das innige Band zwischen Mutter und Kind zu lockern. Je harmonischer dieses Band geknüpft war, umso einfacher ist es, in kleinen Schritten Ihr Kind in die Selbstständigkeit gehen zu lassen. In den nächsten drei Jahren bleibt die Mutter der sichere Hafen für alle Forschungsreisen des Kindes. Die Geborgenheit, die das Kind erfahren hat, gibt ihm Sicherheit und gibt ihm Möglichkeiten, neue Erfahrungen zu machen.

Durch die Fähigkeit Dinge mit Worten zu bezeichnen, entwickeln sich für das Kind neue Möglichkeiten, Ereignisse mit seinem Denken zu verbinden. Es lernt, sich nach außen zu verständigen. Es lernt, dass es wahrgenommen wird. Emotionales Erleben spielt bei der Sprachfindung eine große Rolle. Emotionen haben mit Handeln zu tun und so beginnt die Sprache mit den Händen. Auf die Frage: „Wie groß bist Du?", nimmt das Kind seine Hände so hoch, wie es kann und strahlt über das ganze Gesicht.

Mit acht Monaten beherrscht das Kind den **Zangengriff** (> 4.1.2). Der Daumen kann von der Hand abgespreizt werden und bildet zusammen mit dem Zeigefinger eine Zange. Diese Fähigkeit hat nur der Mensch. Daumen und Zeigefinger greifen einen kleinen Gegenstand. Dabei sind alle Gelenke der Finger gebeugt. Diese Form des Greifens ist die schwerste bzw. differenzierteste Greiffunktion, die

Kinder im ersten Lebensjahr erlernen. Gegenstände werden zur Daumenseite mit Daumen und Zeigefinger hin ergriffen, die Handfläche kann nach oben gedreht werden und das Kind braucht keine Blickkontrolle mehr für seine Handlungen. Die Zusammenarbeit von Hand und Gehirn zeigt sich in diesen Fertigkeiten. Die Feinmotorik der Hand und die Sprachentwicklung gehören zusammen. Je feiner die Handlungen werden, umso mehr Sprache entsteht.

SCHAU, WAS ICH SCHON KANN

Ihr Kind greift zwei Bauklötze und hält sie fest, packt Schränke, Kisten und Schubläden aus, räumt sie (seltener) wieder ein. Es beginnt mit Knöpfen zu spielen. So steckt es beispielsweise einen Knopf in die Öffnung einer Flasche und versucht zu sehen, wie er hineinfällt oder erforscht mit dem Zeigefinger ein kleines Auto, insbesondere die Räder. Das Kind freut sich besonders über Dinge, die bewegt werden können. Es kann Spielsachen an einer Schnur zu sich heranziehen (Werkzeuggebrauch) und schiebt Spielzeug auf Rädern hin und her. Es schüttelt einen Behälter mit Bauklötzen und horcht auf das Klappern. Mit ca. 12 Monaten beginnen erste Ballspiele. Das Kind wirft Gegenstände bewusst herunter, findet versteckte Spielsachen z. B. die Rassel unter einer Decke. Oder es zieht sich selbst ein Tuch über das Gesicht, um sich zu „verstecken", zieht es dann plötzlich vom Gesicht und freut sich bei der Reaktion: „da ist er wieder". Jetzt kann es auch Gegenstände annehmen und sie wieder zurückgeben: es reicht Erwachsenen etwas, erwartet aber, es sofort zurück zu bekommen. Nimmt man ihm etwas weg, protestiert es.

An der Entfaltung der **Hände** kann man das Gleichgewicht, die Sprachentwicklung und die Aufrichtung im Rumpf erkennen. Je mehr die Hände geöffnet werden, umso besser ist die Anhaftung der Schulterblätter am Rumpf. Dies wiederum setzt voraus, dass die Wirbelsäule aufgerichtet, symmetrisch und frei beweglich ist. Die vordere Rumpfmuskulatur vom Mundboden bis zum Beckenboden kann durch die gerade Haltung aktiviert und genützt werden. Speichel wird heruntergeschluckt, die Zunge liegt locker im Mundboden, der Mund kann geschlossen werden, das Sabbern versiegt. Das Kind verschluckt sich nicht (> Abb. 8.3). Die vordere und hintere Rumpfmuskulatur arbeiten zusammen und bilden den Haltungshintergrund für die Sprache, das Schlucken, das Gleichgewicht und das Spielen mit den Händen.

Abb. 8.3 Genüsslich und selbstständig isst das Kind eine Brezel. Es hat gelernt, seine Hände und Finger zu gebrauchen. Es wird selbstständig.

Beachte
Es ist wenig erfolgversprechend Handmotorik zu üben oder Schluck- und Esstraining durchzuführen, ohne den Haltungshintergrund mit Muskelspannung, Körperaufrichtung und Schulterblattstellung zu beachten.

GUT ZU WISSEN
- Bevor mit der Wortbildung begonnen wird, müssen die motorischen und sensorischen Voraussetzungen gegeben sein: Der Rumpf muss aufgerichtet sein und genügend Stabilität bieten. Die Zunge muss frei beweglich sein. Die Zunge und die Hände gehören zusammen: Zunge, Lippen, Mund, Zahnleiste, Hand und Finger gehören zu den kleinräumigen Bewegungen, zur Feinmotorik. Hand- und Mundmotorik stehen in enger Wechselbeziehung zueinander. Bereits mit 4 Wochen findet die Hand die Zunge und die Zunge die Hand. Spielen mit den Händen verbessert die Zungenbeweglichkeit. Sprechen ist auch nur möglich, wenn der Hörsinn vorhanden ist.
- Meist beginnt das Sprechen mit dem Beginn des freien Laufens. Die Worte Mama und Papa kommen meist noch vor dem Laufen.
- Das gemeinsame Spielen und Betrachten von Bilderbüchern unterstützt die Sprachentwicklung. Nur durch Gemeinsamkeiten, durch gemeinsam erlebte Ereignisse, kann Sprache entstehen.
- Bis zu einem halben Jahr plappern alle Kinder, Kinder mit einer Hörschädigung werden einsilbig danach.
- Nach neuester Forschung, schreien schon Neugeborene sehr unterschiedlich Im Hinblick auf die Tonhöhe – je nach ihrer sprachlichen Herkunft. Im Bauch der Mutter nehmen Ungeborene ihre Muttersprache wahr und verinnerlichen die Sprachmelodie.

SCHAU, WAS ICH SCHON KANN
Das Kind kann im Laufen innehalten und die Richtung wechseln, es kann frei stehen und sich ohne Hilfe aufrichten. Es hat die Fortbewegung freien Gehens erreicht. Mit seinen Händen kann es dabei Gegenstände tragen. Mit Daumen und Zeigefinger können kleinste Fusseln aufgenommen und untersucht werden. Der Zeigefinger zeigt auf Dinge.
Die ersten Worte, wie Papa und Mama werden bewusst eingesetzt. Nach dem Erreichen des Meilensteins freien Gehens wird die Sprachentwicklung deutlich erkennbar.

8.3 Das Kind betrachten
Birgit Kienzle-Müller

Das freie Stehen, das Gehen (> Abb. 8.4) und das freie Aufstehen treten meist zur gleichen Zeit auf. Mit 16 Monaten können fast alle Kinder freigehen, die Hälfte der Kinder geht mit 13½ Monaten, einige wenige gehen etwas früher.

Es ist nicht das Ziel, so schnell wie möglich ins Gehen zu kommen. Im Gegenteil, das Krabbeln ist im Hinblick auf die Motorik viel anspruchsvoller als das Gehen, da durch das Krabbeln aufgrund der speziellen Anforderungen mehr entwicklungsfördernde Impulse gesetzt werden. Ist der erste Schritt gemacht, erfolgt das Gehen recht schnell in einem Automatismus: Ein Schritt folgt auf den nächsten, ohne drüber nachzudenken. Zuerst sind die Schritte noch klein und breitspurig und das Kind droht schnell aus dem Gleichgewicht zu geraten. Es fehlt der Rhythmus in der Bewegung. Nur wenig Zeit vergeht und der Gang wird deutlich sicherer. Immer seltener fällt das Kind hin.

Beim Gehen (> Abb. 8.5) kann das Becken noch nicht in einer Linie gehalten werden, im Gegensatz zum Krabbeln. Es weicht in eine Hyperlordose, Hohlkreuz aus. Die Kopfgelenke (Atlantoaxialge-

Abb. 8.4 Das Kind kann frei aufstehen und losgehen.

Abb. 8.5 Das zehn Tage alte Kind hat sich vom Schreitreflex zum freien Gehen mit 13 ½ Monaten entwickelt. Das Kind wird selbstständig und entscheidet selbst.

lenk) und die Beckengelenke (Iliosakralgelenke) müssen zum Zeitpunkt des freien Gehens frei beweglich sein. Es braucht drei Jahre, bis das Becken senkrecht zur restlichen Wirbelsäule steht. Daran ist ersichtlich, dass die Stellung des Beckens Einfluss nimmt auf die Stellung der Hüftgelenke. Diese stehen bis zu diesem Zeitpunkt in einer Beugehaltung. Eine Hüftstreckung beim Gehen ist in den ersten drei Jahren nicht möglich. Durch die noch fehlende Streckung, Aufrichtung in den Hüftgelenken – dieser Aufrichtungsprozess ist an die Aufrichtung des Beckens geknüpft und wird sich in den nächs-

ten drei Jahren vollziehen – können die Füße noch nicht abgerollt werden. Zum Ausbalancieren werden stattdessen die Arme angewinkelt. Jederzeit kann die Schwerkraft siegen. Gehen will gelernt sein. Das Gehen ist der einzige Meilenstein, indem das Kind keinen Spielzeuganreiz benötigt. Es läuft aus reinem Vergnügen und das ganze Gesicht strahlt.

Lange braucht das Kind, bis es eine Handlung während des Gehens ausführen kann, z. B. während des Gehens ein Eis essen, wie die folgende, selbst erlebte, Geschichte aufzeigt: Eine Mutter kauft an einem Eisstand für sich und ihr etwa dreijähriges Kind ein Eis. Sie nimmt ihr Kind an der Hand und geht mit ihm weiter. Die Mutter genießt ihr Eis sichtlich und ist ganz darauf konzentriert. Ihr kleines Mädchen fixiert mit den Augen die Kugel Eis, kann aber nicht während des Gehens am Eis schlecken. Eine Frau mit einem größeren Hund kommt den Beiden entgegen. Der Hund macht in der Höhe des Kindes „schwupp" und klaut die Eiskugel. Das Kind starrt entsetzt auf die leere Tüte und die Mutter? „Ach, Du hast Dein Eis schon gegessen?" Was das Kind noch nicht konnte, während des Gehens ein Eis zu essen, schaffte der Hund mühelos.

8.4 Das tut jetzt besonders gut
Birgit Kienzle-Müller

- Gemeinsam Bilderbücher anschauen: Selbst, wenn es gefühlt, tausendmal das gleiche Büchlein ist, ist es doch immens wichtig, eben dieses immer wieder anzuschauen, denn dadurch werden die Erinnerung und das Sprachverständnis gefördert.
- Kreativität unterstützt die Intelligenz. Spielen Sie Schüttspiele, indem Sie Sand oder Wasser aus einem Becher fließen lassen. Schraubverschlüsse auf Dosen oder Flaschen drehen, ist jetzt hochinteressant.
- Gehen fällt leichter, wenn sich das Kind an etwas festhalten kann. Ein Teddy, ein Schmusetuch, ein Rührlöffel kann solch eine Hilfe sein.
- Spielzeug kann nicht das gemeinsame Kuscheln und Spielen ersetzen.

- Kein Fernsehen! Die Bilder, die Geschichten können weder begriffen noch verarbeitet werden. Die Lichtreize überfordern das Gehirn. Das Kind möchte selbst machen.

Tipps und Tricks

- Je natürlicher ein Kind das Gehen selbst lernt, ohne Hilfe von außen zu bekommen, umso physiologischer wird sein Gang. Warten Sie es ab, bis Ihr Kind von selbst die Initiative ergreift und alleine geht.
- Schuhe werden nur für den Außenbereich benötigt. Im Haus sollte jedes Kind barfuß oder mit Rutschsocken unterwegs sein.
- Für den Kauf von passenden Schuhen sollte viel Zeit, Ruhe und Sachverstand aufgewendet werden. Denn die Füße jedes Kindes sind einzigartig.

Beachte
Jedes Kind bringt seine Fähigkeiten mit auf diese Welt. Wie es seine Fähigkeiten entfalten kann, ist nicht nur vom Kind abhängig, sondern auch von seinem Umfeld. Wie wird es aufgenommen in seiner Welt? Wird es geliebt? Liebe und Zuwendung sind die Nahrung für alles Lernen.
Es ist nicht egal, wie wir mit unseren Kindern umgehen, wie wir es „berühren", es unterstützen, es fördern und fordern. Jeder Umgang mit dem Kind hat eine Wirkung auf seinen Körper, auf seinen Geist und seine Seele. Jede Begegnung hinterlässt Spuren.

8.4.1 Zusammenfassung der Entwicklung

Die kindliche Entwicklung folgt einem festgelegten Plan und folgerichtigen aufeinander aufbauenden Schritten. Ein Eingreifen in diesen Plan, wie das vorzeitige Hinsetzen, behindert den Bewegungsfluss, stoppt die Koordination von Bewegungen und verändert den motorischen Ablauf und die Aufrichtung. Die optische Orientierung, das Sehen, ist die Initialzündung der Aufrichtung. Die Neugier ist der Motor. Die Aufrichtung beginnt aus der Bauchlage.

Mit einem Jahr soll sich das Kind auf eine Art – sei es durch Robben, Krabbeln freies Gehen – vorwärts bewegen können und es sollte sich drehen können.

Abb. 8.6 Vieles wird jetzt erforscht, entdeckt und ausprobiert.

Zudem sollte es die Mimik eines anderen Menschen deuten können, wie z. B. Freude oder Traurigkeit. Dies lässt sich an der eigenen Mimik des Kindes erkennen. Sich selbst beruhigen und evtl. Stress reduzieren, wie z. B. sich von der überanstrengenden Situation wegdrehen oder Augen schließen. Dies sind die Kernpunkte im ersten Lebensjahr eines Kindes.

Sollte Ihr Kind diese Stufe nicht mit einem Jahr erreicht haben, dann sprechen Sie bei der U6 Ihren Kinderarzt darauf an.

8.4.2 Entwicklungsförderung durch das Tragen

Tragen unterstützt die natürliche Entwicklung und gibt dem Kind immer wieder neue Bewegungsimpulse. Sensomotorische Erfahrungen machen das Kind und der Tragende durch das Tragen und das Getragenwerden. Beim Kind wird durch das Bewegtwerden seine natürliche Neugier stimuliert, gefördert und gestillt.

Durch das Tragen wird zudem Bewegung und Haltung angebahnt. Das Kind lernt über das Gefühl von Haltung und Bewegung, Bewegungsabläufe. Die Bewegungen des Tragenden werden durch die Spiegelneuronen – ein Resonanzsystem im Gehirn, das Gefühle und Stimmungen anderer Menschen beim Empfänger zum Erklingen bringt – auf den Bewegungsablauf des Kindes „übertragen". Die Qualität von Haltung und Bewegung wird beim Tragenden wie auch beim Kind durch das Getragenwerden beeinflusst.

Tragen ist Interaktion zwischen dem Tragenden und dem Kind. Tragen stimuliert das Gleichgewicht, die Koordination, die Ausdauer und die Kraft beim Kind, wie beim Tragenden. Rhythmus ist Bewegung. Tragen aktiviert den Haltungshintergrund und die Aufrichtung des Rumpfes. Die Gelenke kommen in ihre physiologische Mittelstellung. Die Hüfte wird durch den Dreiklang (> 2.2.2) zentriert. Die Abstützmöglichkeit am Beckengurt unterstützt die aktive Aufrichtung. Durch die Steigbügelhaltung mit den Händen des Tragenden, wird die funktionelle Fußstellung unterstützt.

8.4.3 Zwölf Hilfen für gutes Tragen

Die folgenden Hilfen beziehen sich sowohl auf das Tragen im Tuch als auch auf das Tragen in der Tragehilfe.

1. Auf den Dreiklang von Flexion, Abduktion und Außenrotation achten.
2. Kind tief ins Tuch oder Tragehilfe setzen und den sogenannten „tiefen Sesselsitz" einnehmen lassen. Dieser gibt Haltungsimpulse, stimuliert die Muskulatur und gewährleistet die Selbstregulation des Kindes.
3. Eventuell kleines Moltontuch zur Nackenunterstützung anbringen, um den empfindlichen Halsbereich zu schützen. Das Tuch darf keinesfalls einengen.
4. Die Hände der Mutter am Becken des Kindes geben Stabilität und Aufrichtung.
5. Wenn das Kind die Hände zum Mund führt, werden Atmung, Wahrnehmung und Aufrichtung unterstützt.
6. Nackte Füße stimulieren und aktivieren den Kreislauf.
7. Seitliches Sitzen aktiviert die Drehbewegung in der Wirbelsäule, denn die meisten Muskeln sind in einer Rotationsbewegung angelegt.
8. Durch das Überkreuzen der Tragegurte oder Bänder auf dem Rücken in Höhe der Schulterblätter erhalten die Wirbelsäule des Kindes und des Tragenden aktivierende Aufrichtungsimpulse.
9. Bei noch kleinen Kindern Kopfkusshöhe einhalten: Die Mutter kann ihrem Kind einen Kuss auf das Köpfchen geben.
10. Die Kopfstellung im Tuch, in der Tragehilfe entspricht der natürlichen Kopfhaltung des Kindes in Bauchlage.
11. Der sogenannte Beckengurt muss oft deutlich oberhalb des Beckens positioniert werden, damit das Gewicht des Kindes verteilt ist und es gut sitzt.
12. Empfehlenswert ist variationsreiches Tragen, d. h. das häufige Wechseln von Techniken und Produkten.

Beachte
Nicht das Kind muss sich unserem Tragen anpassen, sondern wir passen das Tragen dem Entwicklungsstand und der Entfaltung der Wirbelsäule des Kindes an.

8.5 Das Baby als Tragling
Ulrike Höwer

8.5.1 Zwischen Autonomie und Verbundenheit

Die spannende Herausforderung der jungen Elternschaft ist, sich die eigenen Erziehungsideale und Ziele deutlich zu machen. Meist werden Selbstständigkeit und die Fähigkeit, Verantwortung zu übernehmen, als auch Höflichkeit und gutes Benehmen als vorrangige Erziehungsziele formuliert.

Beide Ideale spiegeln das Spannungsfeld wider, in dem wir Menschen leben: Jeder lebt für sich allein und doch in der Verbindung mit anderen. Neben dem Prinzip der Selbstständigkeit und Autonomie (Independenz) muss das Prinzip der gegenseitigen Verbundenheit (Interdependenz) stehen. Gegenseitige Verbundenheit bedeutet, auf einander bezogen zu sein und in Wechselwirkung miteinander zu stehen.

Schlicht gesagt, sind wir als Menschen auf einander angewiesen. Um im Leben gut zurecht zu kommen, ist es ebenso wichtig, sich selbst und seine Bedürfnisse zu kennen, als auch die Bedürfnisse anderer zu erfassen und sich entsprechend mit einander abzustimmen.

Indem unsere Kinder ein Bewusstsein für gegenseitige Verbundenheit und Abhängigkeit entwickeln, dürfen und sollen sie erfahren, dass sie abhängig von anderen sind, aber auch Einfluss nehmen können auf andere Menschen und deren Lebenswelt.

Zunächst sind sie sich dieser Wirkung vielleicht nicht immer bewusst, aber mit zunehmendem Alter wissen sie um ihre Handlungen und deren Auswirkungen und erfahren sich als „selbstwirksam", d. h. sie wissen, dass sie selbst etwas bewirken können. Sie erleben aber auch die Reaktionen anderer auf ihre Handlungen. Mit der Zeit erfahren unsere Kinder, dass Menschen sich wechselseitig beeinflussen und auf einander einstellen können und üben dadurch soziale Kompetenz ein.

Selbstwirksamkeit ist eine wichtige Fähigkeit, um die Höhen und Tiefen des Lebens gut zu meistern. Können Kinder und Jugendliche, Fragen wie: „Werde ich das schaffen? Werde ich das können? Werde ich einen Unterschied machen können?" positiv für sich beantworten, dann werden sie mit einem starken Selbstbewusstsein leben und sich in diesem Sinne als unabhängig von anderen erfahren.

Fähig zu sein, ein Gespür für Verbundenheit und Abhängigkeit zu entwickeln, schwächt demnach nicht den eigenen Handlungsspielraum, sondern erweitert ihn durch das Erleben der Selbstwirksamkeit.

8.5.2 Empathie

Was hat das nun alles mit unserem großen Thema, dem Tragen zu tun? Tragen und Getragenwerden ist ein konkretes Erleben von Ver-bundenheit und sich auf einander einstellen, von Bindung und gegenseitiger Nähe.

Aus der Bindung und Beziehung ergibt sich ein Gespür für die gegenseitigen Bedürfnisse. Eltern nehmen die leisen Signale des Kindes wahr und im Erfüllen seiner grundlegenden Bedürfnisse, wird das Kind befähigt und innerlich frei, später die Bedürfnisse seiner Mitmenschen zu erfüllen.

Im Erleben der elterlichen Gefühle lernt das Kind Empathie. Durch die gegenseitige Nähe entwickelt sich nicht zuletzt mithilfe des Oxytocins gegenseitiges Wohlwollen. Die erhöhte Ausschüttung des Bindungshormons führt dazu, dass die Menge an Stresshormonen zurückgeht, sowie beruhigend wirkende Boten- und hirneigene Belohnungsstoffe gebildet werden. Durch diese biologischen Prozesse wird die Tür weit geöffnet für Resilienz (➤ 1.3.1) und Empathie.

Resilienz (➤ 1.3.1) ist die Fähigkeit, mit Belastungen und Lebenskrisen umzugehen, ohne an ihnen zu zerbrechen, sondern gestärkt aus ihnen hervorzugehen. Menschen mit einer hohen Resilienz erleben sich als selbstwirksam. Sie können Beziehungen aktiv gestalten und haben die Fähigkeit, ihre Gefühle und Handlungen zu sanktionieren. Sie wissen sich getragen von einem Netz an engen und weiteren Bindungen. All dies befähigt dazu, nicht im Problem stecken zu bleiben, sondern nachhaltige und gemeinsame Lösungen zu finden. Kinder, die hierzu in der Lage sind und auf die drei Säulen von Resilienz, Empathie und Wohlwollen zurückgreifen können, sind auch in der Lage, sich ihrer selbst und der anderen bewusst, zu agieren – sie handeln selbst-bewusst.

Beachte
Es sind nicht Distanz und Trennung, die ein selbstbewusstes Kind hervorbringen, sondern Nähe und Verbundenheit.

8.5.3 Tragen konkret: Lösungen für kleine Läufer, die auch mal müde werden!

Stolz und selbstbewusst flitzen unsere Kinder durch die Wohnung oder durch den Garten. Selbst zu gehen, ist nicht nur ein bedeutender Meilenstein, sondern auch mit viel Kraft und Anstrengung verbunden. Wunderbar, wenn man zwischendurch kurze Pausen machen darf und auf den Arm genommen wird. Selber laufen und auf dem Arm sein, ist das typische Wechselspiel unserer nun „großen" Kinder.

Sicherlich kennen Sie auch das Spazieren „stehen". Jeder Stein am Weg ist so spannend, dass der Weg das Ziel sein muss, denn mit dem eingeschlagenen Tempo kommt man nirgendwo an. Will man doch noch ein Ziel erreichen, muss das Kind mal eben auf den Arm genommen werden. Bequemer für den eigenen Rücken wird dies mit einem sogenannten „Hipseat" oder unkomplizierten Hüfttragen (➤ Abb. 8.7).

8.5 Das Baby als Tragling **149**

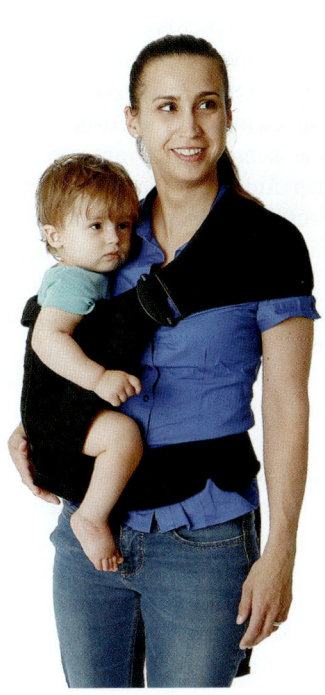

Abb. 8.8 Das kleine Mädchen ist müde und möchte auf den Arm.

Abb. 8.7 Auf dem Bild sehen wir eine reine Hüfttrage, die sich schnell und unkompliziert anlegen lässt und damit ideal ist für alle, die gerne auf der Hüfte tragen oder etwas ganz unkompliziertes und Rückenentlastendes für den Vater, die Großeltern oder den Babysitter suchen.

Ein Hipseat ist ein **Hüftkissen,** welches mit einem Beckengurt am eigenen Körper befestigt wird – meist mit Klettbändern und zusätzlicher Schnalle. Der Hipseat hat meist kein zusätzliches Rückenmaterial und ist somit nicht für längere Tragestrecken oder kurze Schläfchen geeignet. Viele Eltern empfinden den Hipseat als eine Entlastung des eigenen Rückens. Gerade in der Zeit, in der Kinder ein paar Meter gehen möchten, um etwas Interessantes zu entdecken und kurze Zeit später wieder auf dem Arm sein möchte (➤ Abb. 8.8, ➤ Abb. 8.9), erfährt der eigene Körper eine größere Belastung. Dieses Wechselspiel und das Gewicht der kleinen Läufer kann für die eigene Hüfte eine ganz schöne Herausforderung sein. Der „Hipseat" bietet hier Entlastung, da man gerade stehen bleiben kann, ohne eine Kompensationshaltung einzunehmen, weil das Kind auf der Hüfte sitzt.

Abb. 8.9 So macht es Spaß und die Bretzel schmeckt!

8.6 Den Alltag gestalten
Sabine Hartz

8.6.1 Zwischen Autonomie und Verbindung

Die Fülle der Erziehungsratgeber ist riesig. In dieser Vielfalt an Aspekten und Blickrichtungen, Haltungen und Meinungen einen eigenen Platz einzunehmen, ist nicht leicht und die Gestaltung einer eigenen Erziehungskultur in der Familie kann eine ziemliche Herausforderung sein. Gibt es ein „falsch", ein „richtig", wenn es um Struktur im Alltag geht oder um „Essensregeln"? Was ist das richtige Maß oder was ist zu viel oder zu wenig, wenn es um spezielle Angebote für die Kleinen geht?

Kinaesthetics geht davon aus, dass es in der Erziehung für Kinder wichtig ist, in der Interaktion mit Bezugspersonen sich selbst immer differenzierter in Bewegung, im Kontakt, in Autonomie und Verbindung zu erfahren. Kinder wollen sich, ihrem Alter entsprechend, in all ihrer Individualität und Fülle selbst erfahren dürfen. Dafür brauchen sie uns als Vorbilder – „uns" das sind natürlich an erster Stelle Sie selbst als Bezugsperson, die nähere und weitere Familie, Freunde, Kindergarten, Schule bis hin zur Gesellschaft als soziokultureller Rahmen, in dem sie sich bewegen und ihren ganz eigenen Platz einnehmen wollen und sollen. Eine hilfreiche Grundlage für diese Schritte im Heranwachsen sind die Entwicklung eines differenzierten Bewusstseins für sich selbst in Bezug zu anderen, ein kreativer Umgang mit kritischen Situationen und eine Feinfühligkeit in der Fürsorge für sich und andere.

Dieses Lernen beginnt schon von Beginn an. Bewegung ist dabei die Quelle von Lernaktivitäten wie Essen, Spielen, An- und Ausziehen. Alles was Sie mit Ihrem Kind gemeinsam tun, gibt Lernimpulse und schafft Vertrauen über Liebe, Beständigkeit und Verlässlichkeit. Je kleiner Ihr Kind ist, desto mehr benötigt es Ihre Nähe, um zu lernen – es folgt Ihnen und manches Mal werden Sie sich selbst in der Geste, Mimik, dem Ausdruck Ihres Kindes wiederfinden: Sie sind das Vorbild Ihres Kindes.

Die ersten Schritte zu gehen, wie mit etwa 14 Monaten ist ein großer Moment, der die Kleinen mit Stolz und Freude erfüllt. Gleichzeitig wird jeden Tag aufs Neue gelernt (> Abb. 8.10, > Abb. 8.11). Machen Sie sich frei von Vergleichen mit anderen Kindern, überlassen Sie den Ehrgeiz der Erwachsenenwelt. Je kompetenter Ihr Kind in der Bewegung wird, desto besser kann es sich anpassen in den unterschiedlichen Aufgaben, die ihm im Alltag gestellt werden. Frustration und doch weiter entdecken wollen liegen in der kleinen Welt nah beieinander.

Kinder können uns Vorbilder sein in ihrer Unermüdlichkeit. Versuchen Sie einmal mitzuzählen, wie oft Ihr Kind Dinge – wie das Aufstehen, Schritte gehen, Hinplumpsen – wieder und wieder erprobt, bis es sich von Tag zu Tag sicherer fühlt. Darf Ihr Kind in seinem Tempo lernen, wird es sich seiner selbst immer bewusster werden und sich in seiner **Individualität differenzieren und anpassen** lernen. Eigene Bewegungskompetenz als Grundlage für das eigene Leben und das Leben mit anderen macht es Ihrem Kind möglich, dem weiteren Leben in all seiner Vielfalt und Komplexität mit Vertrauen und Zuversicht begegnen und sich hineinentwickeln zu können.

Auf Grundlage dieser Sichtweise erkennen Sie Ihr Kind als autonomes, in sich selbst gesteuertes Wesen an,– von Anfang an. Sie können Angebote machen, eine Familienkultur schaffen,– regulieren kann Ihr Kind sich nur in sich selbst, um zu schlafen, zu spielen, Dinge einzufordern oder abzulehnen.

Unsere eigene Bewegungskompetenz und Sensibilität für das eigene Tun und die Angebote an Kinder sind Grundlage für diesen Prozess und die Qua-

Abb. 8.10 Stolzes Kind, das selbst kann – spielerisch und mit viel Freude entdeckt das Kind, wie es die Klötzchen in den Würfel stecken kann. [K383]

8.6 Den Alltag gestalten

Abb. 8.11 Kinder lieben es, Hindernisse zu bewältigen und lernen, sich dabei differenziert und zunehmend sicherer in der großen Welt zu bewegen. [K383]

lität von Erziehung. Die Interaktion und Erziehung mit und von Kindern wird so erfolgreich sein, wie wir den Raum dazu geben und auch uns selbst immer wieder anpassen an die verschiedenen Situationen des Alltags mit Kindern.

▌▌ **Wie weit darf sich mein Kind von mir entfernen?**
Da Interaktion immer auch mit Bewegung zu tun hat, begleitet die Entwicklung von Bewegungskompetenz die gesamte Zeit der Erziehung. Je größer Ihr Kind wird, desto mutiger wird es, sich in seiner zunehmenden Kompetenz und Differenziertheit von Ihnen zu entfernen. Dies ist ein Zeichen dafür, dass es sich sicher genug und mit Ihnen so verbunden fühlt, dass es sich auf eigenen Beinchen in der Balance von Nähe und Distanz üben mag.

Dies ist eine der ersten Herausforderungen im Loslassen von Kindern. Sie brauchen ihren eigenen Erfahrungsspielraum, um sich ihrer selbst immer bewusster zu werden. Gleichzeitig prüfen Sie, als Bezugsperson, wo Ihre eigenen Grenzen liegen, wann Sie einschreiten und wann Sie Ihrem Kind den eigenen Umgang mit kleinen Hindernissen zutrauen oder zumuten wollen. Kinder lernen an Grenzen entlang – so wie wir auch. Dadurch entstehen Spielräume. Die „Kribbelzone" (Prof. Dr. med. Brisch, Dr. von Haunersches Kinderspital; München), in der Sie die Luft anhalten und Ihr Kind strahlend weiter forscht, auf die Gefahr hin, mal hin- oder umzufallen, ist ein Bereich, den Sie nur gemeinsam im gemeinsamen Lernen und ausloten bestimmen können – immer wieder neu … in gegenseitigem Vertrauen. ▌▌

8.6.2 Wickeln im Stehen: Bedürfnisse und Fähigkeiten anerkennen

Spätestens in diesem Alter werden An und Auskleiden, besonders aber auch das Wechseln einer Windel zu einer Herausforderung im gegenseitigen Zusammenspiel. Wahrscheinlich ist Ihr Kind nicht mehr bereit, sich geduldig auf den Rücken zu legen, auch das Wickeln auf dem Schoß kann zu einer Herausforderung werden. Daher versuchen Sie sich wieder an den Entwicklungsstand Ihres Kindes anzupassen.

Abb. 8.12 Kann sich das Kind in der Umgebung festhalten und stabilisieren, wird der Windelwechsel ganz leicht. [K383]

Folgen Sie der Freude, sich hinzustellen und an einer Stelle etwas zu erforschen. Ihr Kind kann an einem kleinen Tischchen oder Hocker stehen und sich mit einem Spielzeug beschäftigen. Sie können im Stehen die Windel wechseln (wenn uns nicht gerade ein kleines Häufchen erwartet – aber auch dann würde es mit zunehmendem Geschick gehen). Ziehen Sie die Hose aus, öffnen Sie den Body und entfernen Sie die Windel. Umgekehrt legen Sie die Windel von hinten an, führen Sie durch die Beine und schließen Sie vorne (> Abb. 8.12). Diese Variante hat sich bereits in vielen Kindergärten bewährt, ohne, dass es zu Spannungen zwischen den Kindern und Betreuungspersonen kommt. Versuchen Sie sich darin mit Gelassenheit und Humor.

8.6.3 Kommunikation durch Berührung und Bewegung

In der Beschreibung der vielen Aktivitäten vom zehnten Lebenstag zum 14. Lebensmonat wird deutlich, wie wichtig es für die Entwicklung von Kindern ist, dass sie sich immer wieder selbst in der Bewegung erfahren können. Dabei sind wir „nur" Helfer, Unterstützer, die Varianten anbieten können, um gemeinsam in Bewegung zu gehen, auch Bewegung neu zu entdecken. Das gegenseitige Kennenlernen von Möglichkeiten und Grenzen, von Vorlieben und Abneigungen, das Entwickeln einer gemeinsamen Familienkultur ist schön und herausfordernd in den unterschiedlichsten Situationen des Alltags. Dabei wird es deutlich, dass wir uns erst in uns selber regulieren können müssen, z. B. erst sitzen zu können, bevor wir zusätzlich etwas tun, z. B. essen oder mit anderen in Kontakt gehen können. Auf wissenschaftlicher Grundlage gibt uns Verhaltenskybernetik u. a. Antworten auf die Bedeutung von Bewegungskompetenz in uns und mit anderen für lebenslanges Lernen.

> **GUT ZU WISSEN**
>
> Verhaltenskybernetik, ein Spezialgebiet experimenteller Psychologie, ist eine wichtige und richtungsgebende wissenschaftliche Grundlage von Kinaesthetics (Begründer ist der Physiologe, Psychologe und Doktorvater von Frank Hatch, Karl Ulrich Smith). Aus der Erkenntnis der Zusammenhänge in Systemen sind die Begriffe von Social und Body Tracking entstanden.
>
> **Body Tracking** beschreibt den Blick auf die eigene Bewegung im Hinblick auf die Beziehung der Körperteile zueinander. Es ermöglicht den analytischen Innenblick in der eigenen Bewegung und macht deutlich, dass die eigene Bewegung Quelle für alle Wahrnehmung, jedes Verhalten und alle Aktivitäten ist. Die Frage ist immer wieder: Wie werde ich sensibel und fein in der Abstimmung und dem Zusammenspiel der einzelnen Körperteile untereinander? Beispiele: Was genau geschieht zwischen Arm und Brustkorb, wenn ich mich anziehe oder esse? Wie organisiere ich meine Bewegung, wenn ich vom Stuhl aufstehe mit dem Innenblick der Beziehung der Körperteile, dem Zusammenspiel von Muskeln und Knochen?
>
> Was wäre hilfreich, um mit diesen Erfahrungen mit anderen in Kontakt zu gehen? Letztere Frage wird dem **Social Tracking** zugeordnet: hier wird alles beschrieben, was im Kontakt mit anderen Menschen entsteht. Wir können uns erst dann fein abstimmen, differenzieren oder anpassen, Ja oder Nein sagen, wenn wir uns unseres eigenen Körpers bewusst sind. Das Bewusstsein für Body Tracking ist also die Voraussetzung für das Lernen im sozialen Kontakt, also mit anderen.
>
> Im Zusammenhang mit Kinaesthetics ist insbesondere der Stellenwert von Berührung und Bewegung in uns und mit anderen interessant für ein lebenslanges Lernen in uns und mit anderen.

Anhang

Auf einen Blick: Wirkungen des Tragens

Im Hinblick auf die einzelnen Organsysteme und Strukturen des Körpers können die folgenden entwicklungsfördernden Wirkungen des Tragens unterschieden werden.

- **Bewegungsförderung und Aufrichtung:**
  - Neue Verknüpfungen im Gehirn
  - Aktivierung der optischen Orientierung
  - Anbahnung von Bewegung
  - Aktivierung des Gleichgewichts
  - Aktivierung der Koordination
  - Aktivierung der Aufrichtung
- **Stimulation der Symmetrie:** Gangtypisches Rumpftraining
- **Muskeln und Gelenke:**
  - Muskeltonusregulation
  - Aktivierung der Nackenmuskulatur
  - Kräftigung der Rumpfmuskulatur
  - Mittelstellung der Gelenke von Schulter und Hüfte
  - Unterstützung der Hüftentwicklung durch den Dreiklang der Flexion, Abduktion und Außenrotation
  - Förderung der Fußentwicklung
- **Reflexe und Reaktionen:**
  - Hemmung frühkindlicher Reflexe (Reaktionen)
  - Aktivierung der Halte- und Stellreaktionen
  - Aktivierung der Abstützreaktion der Hände
- **Organentwicklung:**
  - Verbesserung des Schluckmechanismus
  - Darmregulation
- **Sensomotorik:**
  - Stimulation der Tiefensensibilität durch propriozeptive Reize
  - Bewegungsübertragung durch den Gang der Mutter
- **Soziale Kompetenz und Selbstregulation:**
  - Gehalten werden: Bindung – Bonding
  - Förderung der nonverbalen Kommunikation
  - Lösung von Spannungen
  - Entspannungsfördernd
  - Kind reagiert auf Bewegungen der Mutter
  - Mutter reagiert auf Bewegungen des Kindes

Auf einen Blick: Zwölf Hilfen für gutes Tragen

Die folgenden Hilfen beziehen sich sowohl auf das Tragen im Tuch als auch auf das Tragen in der Tragehilfe.
1. Auf den Dreiklang von Flexion, Abduktion und Außenrotation achten.
2. Kind tief ins Tuch oder Tragehilfe setzen und den sogenannten „tiefen Sesselsitz" einnehmen lassen. Dieser gibt Haltungsimpulse, stimuliert die Muskulatur und gewährleistet die Selbstregulation des Kindes.
3. Eventuell kleines Moltontuch zur Nackenunterstützung anbringen, um den empfindlichen Halsbereich zu schützen. Das Tuch darf keinesfalls einengen.
4. Die Hände der Mutter am Becken des Kindes geben Stabilität und Aufrichtung.
5. Wenn das Kind die Hände zum Mund führt, werden Atmung, Wahrnehmung und Aufrichtung unterstützt.
6. Nackte Füße stimulieren und aktivieren den Kreislauf.
7. Seitliches Sitzen aktiviert die Drehbewegung in der Wirbelsäule, denn die meisten Muskeln sind in einer Rotationsbewegung angelegt.
8. Durch das Überkreuzen der Tragegurte oder Bänder auf dem Rücken in Höhe der Schulterblätter erhalten die Wirbelsäule des Kindes und des Tragenden aktivierende Aufrichtungsimpulse.
9. Bei noch kleinen Kindern Kopfkusshöhe einhalten: Die Mutter kann ihrem Kind einen Kuss auf das Köpfchen geben.
10. Die Kopfstellung im Tuch, in der Tragehilfe entspricht der natürlichen Kopfhaltung des Kindes in Bauchlage.
11. Der sogenannte Beckengurt muss oft deutlich oberhalb des Beckens positioniert werden, damit das Gewicht des Kindes verteilt ist und es gut sitzt.
12. Empfehlenswert ist variationsreiches Tragen, d. h. das häufige Wechseln von Techniken und Produkten.

Beachte
Nicht das Kind muss sich unserem Tragen anpassen, sondern wir passen das Tragen dem Entwicklungsstand und der Entfaltung der Wirbelsäule des Kindes an.

Literatur

Ayres J. Bausteine der kindlichen Entwicklung. Heidelberg: Springer, 2013.

Bauer J. Warum ich fühle, was Du fühlst. München: Heyne, 2016.

Beigel D. Flügel und Wurzeln. Dortmund: verlag modernes lernen, 2011.

Bloemeke VJ. Es war eine schwere Geburt. München: Kösel, 2015

Blois M. Babywearing. Plano: Hale Publishing, Pharmasoft 2005.

Brisch K-H. SAFE – Sichere Ausbildung Für Eltern. Stuttgart: Klett-Cotta, 2017

Careiro JE. Osteopathie bei Kindern und Jugendlichen. München: Elsevier, 2015.

Crosby JF. The selfhood of the human Person. Washington: Catholic University of America Press, 1996.

Deyringer M., Harms T. Bindung durch Berührung. Gießen: Psychosozial-Verlag, 2016

Fettweis E. Das kindliche Hüftluxationsleiden – Die Behandlung in Sitz-Hock-Stellung. Landsberg: ecomed, 1992.

Fettweis E. Hüftdysplasie: Sinnvolle Hilfen für Babyhüften. Stuttgart: Trias, 2004.

Fettweis E. Orthopädische Gründe und Grundlagen für das Tragen in Tüchern oder anderen Hilfsmitteln. In: Höwer U (Hrsg.). Tagungsband Dresdner TrageTage. Dresden: Die Trageschule, 2007.

Foerster von H. Wahrheit ist die Erfindung eines Lügners. Heidelberg: Carl-Auer, 2016

Gerhardt S. Why love matters. Oxford: Routledge, 2015.

Gericke W. babySignal – Mit den Händen sprechen: Spielerisch kommunizieren mit den Kleinsten. München: Kösel, 2009

Gopnik A., Kuhl P., Meltzoff A. Forschergeist in Windeln. München: Piper, 2007

Grossmann K. (Hrsg.). Bindung und menschliche Entwicklung. Stuttgart: Klett Cotta, 2003.

Harms T. (Hrsg.). Auf die Welt gekommen. Gießen: Psychosozial-Verlag, 2017

Hassenstein B. Verhaltensbiologie des Kindes. München: Piper, 1978.

Hatch F., Maietta L. Kinaesthetics Infant Handling. Bern: Hans Huber, 2011

Hilsberg R. Körpergefühl. Reinbek, 1992.

Hout van I. Lieve Lasten. Amsterdam: Koninklijk voor de Tropen, 1993.

Kienzle-Müller B., Wilke-Kaltenbach G. Babys in Bewegung. München: Elsevier, 2015.

Kienzle-Müller B., Wilke-Kaltenbach G. Schau, was ich schon kann. München: Gräfe und Unzer, 2011.

Kirkilionis E. Bindung stärkt. München: Kösel, 2008.

Kirkilionis E. Ein Baby will getragen sein. München: Kösel, 2013.

Nilsson L. Ein Kind entsteht. München: Mosaik, 1994.

Montague A. Körperkontakt. Stuttgart: Ernst Klett, 1974

Müllerheim R. Die Wochenstube in der Kunst. Enke: Stuttgart, 1904

Pikler E. Lasst mir Zeit. München: Pflaum, 2001

Renz-Polster H. Kinder verstehen. 9. A. München: Kösel, 2015

Rizzato M., Donelli D. I am your mirror. Turin: Blossoming books, 2014

Rohen J., Lütjen-Drecoll E. Funktionelle Embryologie: Die Entwicklung der Funktionssysteme des menschlichen Organismus. Stuttgart: Schattauer, 2012

Sacher R. Angeborene Fremdreflexe. München: Elsevier, 2015

Schaefgen S. Praxis der sensorischen Integrationstherapie. Stuttgart: Thieme, 2007

Schmidbauer M. Der gitterlose Käfig – Wie unser Gehirn die Realität erschafft. Springer: Berlin, 2004

Small MF. Our Babies ourselves. New York: Anchor, 1999

Uvnäs Moberg K. Oxytocin, das Hormon der Nähe. Heidelberg: Springer, 2016

Vojta V., Schweizer E. Die Entdeckung der idealen Motorik. München: Pflaum, 2009

Zglinicki von F. Die Wiege. Regensburg: F. Pustet, 1979

Zinke-Wolter P. Spüren-Bewegen-Lernen. Dortmund: Borgmann Media, 1992

Register

A
Abstützreaktion 99
Angst 55
Anhockposition 89
Anhock-Spreiz-Haltung 7, 29, 41
Anziehen 48, 92
asymmetrisch tonischer Nackenreflex (ATNR) 21, 22, 59
Atlantoaxialgelenk 145
Atmung 98
auditives System 66
Aufnehmen, Neugeborenes 45, 46
Aufrichtung, Aufrichtevorgang 13, 77
Ausziehen 48, 91
Ayres, Jane 65

B
Babinski-Reflex 100
Baden 48
– Badeeimer 50
– Badewanne 49
Basissinne 65
Bauchlage
– anbieten 72
– asymmetrische 26
Bauchnabel, Abheilung 30
Bauchweh 31
Bauer-Reflex 27
Beckenbodenentlastung 68
Beweglichkeit, dystone 58, 59
Bewegungen
– ungerichtete 19
– zielgerichtete 19
Bewegungsempfindung 35
Bewegungsentwicklung 1
– acht Monate 111
– acht Wochen 57
– Schwangerschaft 2
– sechs Monate 95
– Stadien nach Vojta 11
– vierzehn Monate 141
– zehn Monate 127
– zehnter Tag 19
Bewegungserfahrung 110
– nach der Geburt 8
– Tragetuch 36
– vor der Geburt 8
Bewegungssturm 58
Bindung, Bindungsentwicklung 6, 36, 66, 67

Blickkontakt 57
Body Tracking 152
Bonding 36
Bowlby, John 68
Büschelberger, Johannes 87

D
Drehen 107
– erster Drehvorgang 95
– in Bauchlage 108
– in Rückenlage 108
Dreiklang 29, 32, 131
Dreimonatskolik 61
Dyadetuch 87, 134

E
Einzelellenbogenstütz 83, 112
Ektoderm 34, 66
Ellenbogenstütz 77
– einseitiger 77
– Einzelellenbogenstütz 131
– symmetrischer 10, 112, 131
Elternschaft 118
emotionale Intelligenz 98
Empathie 148

F
Fechterstellung 58
Feinmotorik 78
– vier Monate 80
– vierzehn Monate 143
– Vojta 11
Fernsinne 65
Fersensitz 114
Fettweisgips 88
Fingerfertigkeit 17
Fremdeln 116
Fuß, Entwicklung 29
Fußgreifreflex 21

G
Ganzkörperbewegungen 58
Ganzkörpergreifen 58
Gartenzwerg 121
Gebärden 138
Gehen
– freies 11, 93, 117, 130, 141, 144
– Reifungsprozess 132
– seitliches 141
geistige Entwicklung 11
Gleichgewichtsorgan, Entwicklung 35

Gleichgewichtsreaktionen 22
Greifen
– erstes 77
– gezieltes 79
– ulnares 79
– vier Monate 82
Greif-Klammer-Reaktion 28
Greifreflex 7, 25, 28
gustatorisches System 66

H
Halte- und Stellreaktionen 22, 128
Haltungsasymmetrie 30
Hand 15
– Entwicklung 131
– vier Monate 78
– vierzehn Monate 143
– zehnter Tag 25
Handgreifreflex 21
Hand-Hand-Koordination 14, 79, 102
Hand-Mund-Koordination 79, 102
Handstütz 95
Häschen-Hüpfer 117
Hassenstein, Bernd 4
Hatch, Frank 7
Haut
– Ektoderm 34
– innere 2
– marmorierte 55
– Schutzhülle 34
– und Gehirn 34
– zentrale Rolle 66
Herz, Entwicklung 2
Hinlegen, Neugeborenes 45, 47
Hitze 55
Hockhose 88
Hockmantel 133
Hören 13
Hörsinn 144
Hüftdysplasie 88
Hüftgelenke 27
– Anhock-Spreiz-Haltung 29, 41
– Entwicklung 58, 84, 85
Hüftreifung 85
Hüfttrage 89, 149
Hunger 54

I
Iliosakralgelenk 145
Interaktion 7

K
Kälte 55
Kinaesthetics
– Anwendung 9
– Bewegung 138
– Entwicklungs- und Bindungs-
  förderung 7
– Grundannahmen 7
– Hierarchie der Kompetenzen 124
– Konzepte 7
KiSS-Syndrom 22
Knieläufer 117
Kontaktweinen 5, 6
Kopfdrehung 78
– ersten drei Monate 26
– natürliche 26
– zehnter Tag 22
Kopfkontrolle 10, 14
– acht Wochen 57, 59
– Anregung 32
– Unterstützung 73
Krabbeln 16, 146
– acht Monate 114
– auslassen 115
– Hinabkrabbeln 136
– Hochkrabbeln 135
– zehn Monate 135
Küstenschifffahrt 16, 141

L
Lächeln, soziales 57
Lagereaktionen nach Vojta 22
Langsitz 15, 113, 115
lumbrikaler Griff 80

M
Magnetreflex 21
Maietta, Lenny 7
Massenbewegungen 24, 59
Meilensteine 9
Meilensteine, Entwicklungsschritte
– acht Monate 111
– acht Wochen 57
– erstes Lebensjahr 9
– vierzehn Monate 141
– zehn Monate 127
– zehnter Tag 19
Mororeflex 21, 59
Motorik, ideale 32, 115
motorische Entwicklung 11
Müdigkeit 54
Muskeln, Entwicklung 3

N
Nacktbonding 36
Nagura, Shigeo 87
Nervensystem 2, 34
Nestflüchter 4
Nesthocker 4
Neuralrohr 2

O
olfaktorisches System 66
optiko-fazialis Reflex 99
optische Orientierung 11, 23
– acht Monate 116
– Aufrichtung 146
– sechs Monate 102
– vierzehn Monate 146
Osteopathie 63
Oxytocin 66

P
Piaget, Jean 138
Pinzettengriff 16, 79
Pivoting 112
Po-Rutscher 117, 137
Primitivreflexe 21

R
Reflexe 20, 58, 114
– ablösen 81
– Babinski-Reflex 100
– frühkindliche 13, 20, 81
– Primitivreflexe 21
– Schutzreflexe 98
– tonische 22
Reflexlokomotion 11
Reflux 62
Resilienz 6, 148
Ring Sling 89
– Benutzung 89
– Geschichte 91
Robben 112, 146
Rocking 114
Rooting 21
Rooting-Reflex 97
Rückenlage
– asymmetrische 24
– symmetrische 82

S
Saugreflex 21
Schlafen im Elternbett 75
Schlafen legen 52
Schluckauf 31
Schoß, Kind auf dem 74
Schräger Sitz 15, 113, 114
Schreck 55
Schreiphasen 62
Schreitreflex 21
Schritte, erste 141
Schuhe, erste 142
Schulterblätter 80
Schwangerschaft 3
– Bewegungsentwicklung 2
– Sinnesentwicklung 2
Schwerkraft 9, 74, 77
Sehen, Sehsinn 23, 116
sensorische Integration 64
Sinne, Sinnessystem
– Basissinne 65
– Fernsinne 65
– kinästhetisches 7
– Tastsinn 34
– zehnter Tag 23
Sitzen 101, 113, 121
– horizontales 100, 131
Social Tracking 152
Split-Brain-Phase 81
Sprechenlernen 143
Suchreflex 21
symmetrisch tonischer Nackenreflex
  (STNR) 22, 99

T
taktiles System 65, 66
Tastsinn 34
Tiefensensibilität 95
tonischer Labyrinthreflex (TLR) 22
Tragehilfen
– angepasste 70
– Beinstellung 131
– flexibel einstellbare 69
– Hüftreifung 87
Tragekultur 36
Tragen 147
– als Slow-Motion 36
– auf dem Rücken 105, 118
– auf der Hüfte 88
– Bindetechniken 36, 41
– elastisches Tragetuch 40
– Entwicklungsförderung 32, 64, 89, 132, 146
– Geschichte 133
– Hilfen 147
– Hilfen, zwölf 154
– Hüfttrage 149
– KInd auf dem Rücken 135
– mit Blickrichtung nach vorne 102
– Neugeborenes 36
– richtige Bindung 41
– variationsreiches 132
– Wickelkreuztrage 37
– Wirkungen 32, 153
Tragetuch
– Beinstellung 131
– elastisches 40
– Hüftreifung 87

Tragling 4, 5
– aktiver 6
– passiver 6

U
Überforderung 54
Unterarmstütz 77

V
Verhaltensbiologie 4
Verlassenheitsgefühl 54
Verwöhnen 67, 119
Vierfüßlerstand 15, 95, 112

visuelles System 66
Vojta, Vaclav 11

W
Weinen 6, 54
– Maßnahmen 55
– Ursachen 54
Wickelkreuztrage 37
Wickeln
– auf dem Schoß 109
– im Stehen 151
– vier Monate 84
– zehnter Tag 51

Wiegenkind 133
Wirbelsäule
– erste Drehung 77
– Verknöcherung 117
– vier Monate 80
– zehnter Tag 25
Wochenbett 33
Wortbildung 144

Z
Zangengriff 143
Zwergensitz 111, 113, 121